「国家2011计划」出土文献与中国古代文明研究协同创新中心成果

明清

总撰稿 ◎ 卜宪群

撰　稿 ◎ 中国社会科学院历史研究所

图书在版编目(CIP)数据

中国通史．明清／卜宪群总撰稿．--北京：华夏出版社；合肥：安徽教育出版社，2016.5（2024.1重印）
ISBN 978-7-5080-8663-7

Ⅰ．①中… Ⅱ．①卜… Ⅲ．①中国历史－明清时代 Ⅳ．①K20

中国版本图书馆CIP数据核字（2015）第278072号

中国通史——明清

总 撰 稿：	卜宪群
撰 稿：	中国社会科学院历史研究所
责任编辑：	杜晓宇 董秀娟 王 敏
责任印制：	顾瑞清
出版发行：	华夏出版社有限公司 安徽教育出版社
经 销：	新华书店
印 装：	三河市万龙印装有限公司
版 次：	2016年5月北京第1版 2024年1月北京第12次印刷
开 本：	787×1092 1/32开
印 张：	14.75
插 页：	4
字 数：	285千字
定 价：	62.00元

华夏出版社有限公司 地址：北京市东直门外香河园北里4号 邮编：100028
网址：www.hxph.com.cn 电话：（010）64663331（转）
若发现本版图书有印装质量问题，请与我社营销中心联系调换。

明宣宗行乐图之《蹴鞠》

大威德金刚像　明

驯马图(局部) 明

美岱召大雄宝殿壁画(局部)

嘉庆婴戏大瓶　清

狮钮活佛印 清

《中国通史》总目

第一卷《从中华先祖到春秋战国》

第二卷《秦汉魏晋南北朝》

第三卷《隋唐五代两宋》

第四卷《辽西夏金元》

第五卷《明清》

总撰稿 ◎卜宪群

撰 稿 ◎陈时龙（明太祖朱元璋——崇祯帝）

撰 稿 ◎鱼宏亮（明清更迭 自强运动——维新与革命）

撰 稿 ◎林存阳（清王朝的稳固——文治与文字狱）

撰 稿 ◎卜宪群（帝制的终结）

第五卷 《明清》

001　明太祖朱元璋

021　永乐迁都

037　郑和下西洋

053　内阁制度

071　土木堡之变

087　王阳明心学

103　海疆与互市

119　张居正改革

133　耶稣会士来华

149　江南市镇

165	白银资本
183	崇祯帝
197	明清更迭
217	清王朝的稳固
235	统一大业
259	收复台湾
277	军机处
295	摊丁入亩
315	文治与文字狱
339	鸦片战争
357	太平天国
383	自强运动
401	甲午战争
421	维新与革命
445	帝制的终结

明太祖朱元璋

明太祖朱元璋像

1914年,也就是民国三年,一位名叫严修的学者来到北京西苑紫光阁,瞻仰了历代帝王画像。他感叹道,历代帝王相貌"以唐太宗为最伟,明太祖为最奇"。严修所说的相貌最奇特的明太祖,便是明朝开国皇帝朱元璋。

从留存至今的朱元璋画像看,主要有两类。一类把明太祖描绘得极其英武;另一类却恰恰相反,将明太祖画得极为丑陋,不但歪嘴,而且满脸麻子,五官不正,被称为"五岳朝天"。严修所见的画像,想必是那极丑陋的一类了。人们对朱元璋极丑陋的那些画像有过多种解释,但都没有令人完全信服的说服力。因此,到今天为止,朱元璋的真容依旧是一个谜。当然,相貌并不重要。重要的是,朱元璋开创了一个朝代。而且，作为明朝的开国皇帝，朱元璋堪称中国历史上最成功的统治者之一。

时势造英雄，建立大明国。安徽省凤阳县城西北的凤阳山日精峰下曾经有一座寺庙，元朝末年时，它被称作於觉寺。明朝建立后，它便被改名为皇觉寺，因为朱元璋曾经在这里出家做了和尚。朱元璋做皇帝后，曾经想在原址扩修寺院，后来因为考虑到寺庙离自己的祖坟太近，便改在别处建了一座皇家寺院，即今天犹存的龙兴寺。

清朝末年，一位名叫孙家鼐的学者曾在龙兴寺题了一联，上联是"生于沛学于泗长于濠，凤郡昔钟天子气"，下联是"始为僧继为王终为帝，龙兴今仰圣人容"。一个处于社会下层的游方僧人，最终崛起为一个新王朝的开创者，朱元璋在这一点上与汉高祖刘邦有点相像。

元致和元年（1328年），朱元璋出生于濠州钟离县太平乡（今安徽凤阳）的一个庶民家庭，初名重八，后改名兴宗。参加红巾军起义后，改名为朱元璋，字国瑞。十七岁那年，朱元璋的父母、长兄等亲人一个个离他而去。因为家境贫穷，朱元璋的父母下葬时都没有棺椁。在元朝末年连年不息的战乱中，每天的温饱成了朱元璋的大问题。无奈之下，他只得入於觉寺为僧，在於觉寺待了几个月，又因寺中缺粮而四处化缘。此时，红巾军起义爆发。刘福通在颍州，徐寿辉、陈友谅在蕲州，郭子兴在濠州，纷纷揭竿而起。不属于红巾军系统的张士诚、方国珍，则分别活跃于江苏一带和浙江东部。时势造英雄，朱元璋正是在这种群雄并起的背景中脱颖而出的。

元至正十二年（1352年），朱元璋迎来了他人生的第一个转折点，离开於觉寺，加入红巾军。据说在做出选择之前，他曾通过占卜的方式选择去留，而每次占卜的结果都是鼓励他离开於觉寺，加入起义军。朱元璋绝对料想不到，这次似乎随机的选择，最终会使他在十六年之后成为这个庞大国家的主宰者。朱元璋投奔濠州的郭子兴后，先是做了郭子兴的亲兵，后因作战勇敢而有谋略，得到了郭子兴的信任，还娶了郭的养女马氏（即后来的马皇后），他在军中的地位逐步上升，人称"朱公子"。

至正十三年（1353年），朱元璋受郭子兴之命回家乡募兵，并成功招募到七百余人。随着朱元璋能力的凸显，郭子兴开始感受到威胁。为了打消郭子兴的疑虑，朱元璋将手下大部分军队交给了郭子兴，仅率领亲信徐达等二十四人，向南发展。在此后数年中，朱元璋连续攻占定远、滁州等地，收降了不少民兵力量。羽翼渐丰的

马皇后像

常遇春像

徐达像

宋濂像。明初著名政治家、文学家、史学家、思想家。与高启、刘基并称为"明初诗文三大家",被朱元璋誉为"开国文臣之首"。后因卷入胡惟庸案而被流放茂州,途中病逝。

刘基(伯温)像。明初军事家、政治家、文学家,明朝开国元勋。通经史、晓天文、精兵法,以神机妙算、运筹帷幄著称。

朱元璋开始不再为温饱而战,而是向更高的目标发起冲击。至正十五年(1355年),朱元璋率军从和州渡江,次年三月攻占元朝的集庆路,改名应天府,即今天的南京。从此,朱元璋以应天府为根据地,不断扩大自己的地盘,并吸纳了宋濂、刘基等地主阶级知识分子,开始建立江南行中书省等政权组织,自称吴国公。

1353年回家乡募兵与1356年占领南京,对朱元璋的发展有重要的意义。他在家乡所招募的人员如徐达、汤和等,再加上后来陆续收用的李善长、常遇春等,大致构成了明朝的淮西开国功臣集团,是朱元璋打天下的主要班底。占据"龙盘虎踞、帝王都会"的六朝古都南京,不仅有重要的号召力,还有很高的战略价值。有了自己的根据地,朱元璋在与长江中游的陈友谅、东面苏州的张士诚等人的角逐中,就可以从容进退了。同时,由于北面有韩林儿、刘福通红巾军所建立的"宋"为屏障,朱元璋不会与北方的元朝军队发生直接冲突,所以发展比较顺利。在很长的一段时间里,朱元璋主要是与长江中游的陈友谅和下游的张士诚争夺势力范围。

根据谋士刘基提出的"先灭陈友谅,再灭张士诚"的战略构想,朱元璋命耿炳文、吴良分别扼守长兴、江阴,防止张士诚西侵,然后向西不断蚕食陈友谅在江西的领地。从至正二十年(1360年)起,朱元璋与西面的陈友谅政权进行了持续的拉锯战。

南京城墙

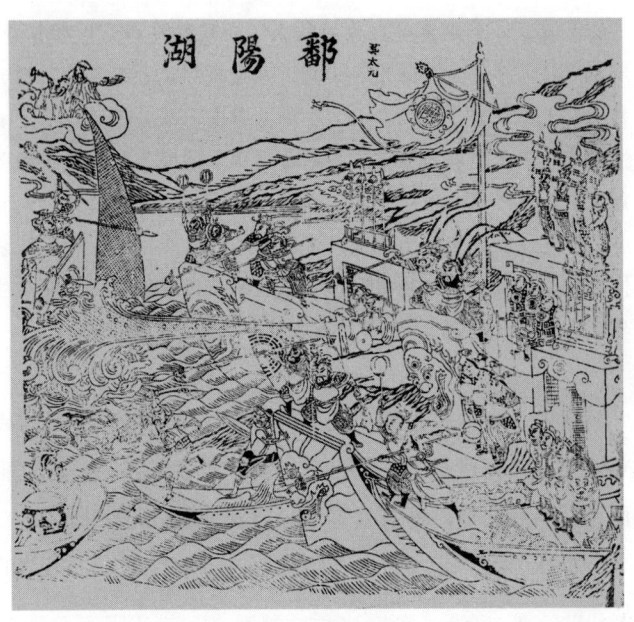

清刻本《鄱阳湖水战》，描绘朱元璋与陈友谅在鄱阳湖激战的情景。

至正二十三年（1363年），朱元璋和陈友谅在鄱阳湖进行决战，陈友谅战死。次年，朱元璋征讨武昌，陈友谅之子陈理投降。至正二十七年（1367年），徐达攻陷苏州，张士诚败亡。同年，盘踞浙东的方国珍向朱元璋投降。

消灭陈友谅、张士诚后，朱元璋建国的条件已然成熟。1368年正月初四，朱元璋在南京即皇帝位，国号大明。同年八月，朱元璋的手下大将徐达占领了元朝的大都，即今天的北京。中国历史进入明朝统治时期。

废除相权，强化君主专权。打天下易，治天下难。朱元璋接下来面临的问题，是如何将政权牢固地控制在自己的手中。因此，重建政治、经济、社会秩序，创建保证新王朝长治久安的制度，便是朱元璋接下来将面临的主要任务。从开国到洪武十三年（1380年），朱元璋统治下的大明朝的政治制度都保留着浓厚的元朝制度的痕迹。

在洪武十三年之前，明朝的政治构架是：中央由中书省、御史台、大都督府分掌行政、监察和军事；中书省下设吏、户、礼、兵、刑、工六部；地方上设行中书省，简称行省；行省之下设府或直隶州；府之下设州、县。都司和卫、所是军事管理机构，但部分具有疆土管理的功能。例如，洪武七年（1374年）所建的乌思藏都司、朵甘都司，就是明朝中央政府用以羁縻管理青藏高原地区的最高军政机构。

在明朝最初的十几年中，中书省是政治运作的中枢，设左、右丞相。朱元璋本人也特别重视中书省丞相的人选。第一任中书省左、右丞相，分别是开国功臣李善长和徐达。李善长富贵而骄，引起了朱元璋的不满。洪武四年（1371年），朱元璋命李善长退休，表明他对中书省丞相权力过大的情形开始有所警觉。

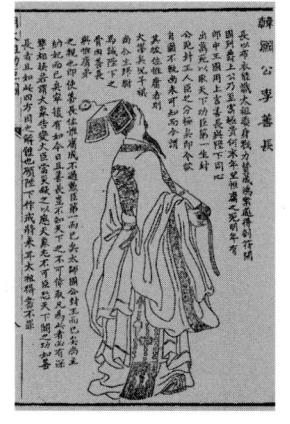

李善长像

胡惟庸像

李善长之后,朱元璋对丞相的人选举棋不定。他找刘基商量,问他对杨宪、汪广洋和胡惟庸等人的看法。刘基说,杨宪"有相才无相器";而汪广洋"褊浅",缺乏宰相"持心如水"的度量。至于胡惟庸,刘基说,如果用驾车来比喻治理国家的话,他担心胡惟庸会将车打翻。然而,由于没有更合适的人选,朱元璋还是提拔汪广洋为中书省右丞相,胡惟庸为中书左丞。汪广洋是一个好酒的文人,没有什么政治头脑,中书省大权渐归于胡惟庸之手。洪武六年(1373年)七月,胡惟庸成为中书省右丞相,后来升左丞相。从洪武六年到十三年(1380年),胡惟庸负责中书省事务八年之久,是明初任职时间最长的宰相。

胡惟庸是有一定的才能的。《明史》也说,朱元璋"以惟庸为才"。然而,胡惟庸的品行却很恶劣。吴晗先生在1934年所撰写的《胡惟庸党案考》中曾说:"胡惟庸的本身品格,据明人诸书所记是一个枭猾阴险、专权树党的人。以明太祖这样一个十足地自私惨刻的怪杰,自然是不能相处在一起。"

随着权力的膨胀,胡惟庸"生杀黜陟,不奏径行",还刻意结纳一些有罪而遭惩罚的勋臣,密相往来。胡惟庸还曾私下扣押犯罪的人所藏的名画——宋代画家夏珪的《长江万里图》,后来被朱元璋从胡惟庸府中抄出,成了他贪赃的证据。

胡惟庸本人的胡作非为，最终引爆了洪武十三年皇权和相权的冲突。这年正月，胡惟庸被杀。以胡惟庸之死为标志，明代政治体制发生了重大转折。

朱元璋杀胡惟庸，表面上是因为胡惟庸胡作非为，归根结底却应该是皇权与相权的冲突。自秦朝以来的一千多年中，宰相是辅助君主执政的大臣，是统领百官、总揽全国政务的最高行政长官。在不同朝代，宰相的名称和职权虽然会有所变化，但其作为皇权和官僚制度之间的枢纽的性质却没有变化。相权与皇权的关系是矛盾的：一方面，相权是皇权的延伸，是协助皇帝治理国家的权力的伸展；另一方面，相权却又制约或威胁皇权。纵观中国历史，在皇权与相权博弈的过程中，皇权日尊而相权日衰。然而，权力欲极强的朱元璋，不能容忍任何对皇权的挑战，所以他选择了废除宰相制度。

处死胡惟庸后，朱元璋决定废除中书省，同时革除大都督府。他下诏说："朕自临御以来，十有三年矣。中间图任大臣，期于辅弼，以臻至治，故立中书省以总天下之文治，都督府以统天下之兵政，御史台以振朝廷之纪纲。岂意奸臣窃持国柄，……蠹害政治，谋危社稷。……朕欲革去中书省，升六部，仿古六卿之制，俾之各司所事。更置五军都督府，以分领军卫。如此则权不专于一司，事不留于壅蔽。"

中书省废除后，其职权一分为六，由吏、户、礼、兵、刑、工六部分掌；大都督府的权力则被一分为五，由中、前、后、左、右五军都督府分掌。此外，朱元璋在洪武十一年（1378年）增设通政司，掌内外章奏；洪武十四年（1381年）改御史台为都察院。这样，之前中书省、御史台、大都督府向皇帝负责的政治架构，变成了五军都督府、六部、都察院、通政司等十三个机构共同向皇帝负责的格局。

后来，朱元璋在《皇明祖训》中强调他废除宰相制度的目的。他说："我朝罢丞相，设五府、六部、都察院、通政司、大理寺等衙门，分理天下庶务，彼此颉颃，不敢相压，事皆朝廷总之，所以稳当！"所谓"事皆朝廷总之"，就是一切政务都由皇帝总揽，一切权力集中在皇帝的手中。

朱元璋在《皇明祖训》中还规定："以后子孙做皇帝时，并不许立丞相。臣下敢有奏请设立者，文武群臣即时劾奏，将犯人凌迟，全家处死。"如此严厉的规定，使得在中国历史上延续了一千五百多年的宰相制度从此废除，再也没能恢复。

朱元璋还加强了六科给事中和监察御史的职权。六科设于午门之外的东西朝房，负责驳正六部的违误，都察院监察御史职司进谏，合称"科道"。科道官员品低而权重，可以弹劾各级官员。在地方上，朱元璋在洪武九年（1376年）废行中书省，改设布政使司，掌民政。布政使司与掌刑狱的按察使司、掌军事的都指挥使司合称"三司"。"三司"彼此不相统属，各自直属中央。

废宰相之后,皇权与相权合二为一,君主专权得到了空前强化。然而,从政治运作的角度看,废除宰相却造成了一系列恶果,例如宦官专权的问题。明末清初的著名学者黄宗羲在其《明夷待访录》中感叹道:"有明之无善治,自高皇帝罢丞相始也。"而且,朱元璋可以凭其超强的工作能力,把大权独揽于身,但他的子孙后代却不能与他相比,从而留下了隐患。朱元璋处心积虑的废宰相之举,其实并不能化解封建末期的危机。

重本抑末,寓兵于农。政治制度的调整与完善,巩固了朱元璋的统治地位。然而,新兴的王朝要得到长治久安,还需要经济和财政的合理运行。财政的来源在民,而财政的最大支出在军队。因此,如何对百姓进行治理?如何维持一支有战斗力的军队?这些问题也是朱元璋建国后亟待解决的。

朱元璋的理想,是要建立一个静态的农业社会。他强调以农为本,例如,规定农民可以穿纱,而商人只许穿布,以示"重本抑末"。当然,构建一个稳定的农业社会,关键是牢牢抓住人口和土地两大要素。洪武三年(1370年),朱元璋下令在全国范围内调查户口,

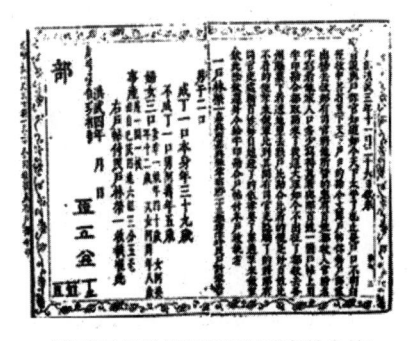

《洪武四年徽州府祁门县汪寄佛户帖》

明太祖朱元璋

推行户帖制度。现存的《洪武四年徽州府祁门县汪寄佛户帖》，除刷印了朱元璋的白话圣旨外，还抄录了汪寄佛一家的人口和事产，事产包括田地、房屋、家畜等项。洪武四年（1371年），朱元璋在江南的农业发达地区实施粮长制。他命令以税粮一万石为一个单位，设置粮长。粮长由各地缴纳税粮较多的大户充任，负责征收秋粮并解送至南京。

里甲制的推行与黄册、鱼鳞图册的编纂，标志着明初社会秩序的重构。洪武十四年（1381年），朱元璋下令州县以下推行里甲制，以一百一十户为一里，其中十户为里长，每十户为一甲，甲首一人。

同年，以里甲制为基础，朱元璋命令核查全国户口，编制户籍册，每里一册，详列各户的人口、田土、房屋，编成后抄成四份，布政司、府、县各存一份，一份送呈户部。由于送呈户部的户籍册以黄纸为封面，故称黄册。黄册送到南京之后，储存在后湖湖心岛屿的黄册库之中。田土册的绘制从洪武十三年（1380年）开始，到洪武二十五年（1392年）完成，也是以里为单位对相邻田土按顺序编号、绘图，记录每块田地的名称、类别、面积、田主姓名和四至。由于田土册图形相接，状如鱼鳞，故称鱼鳞图册。

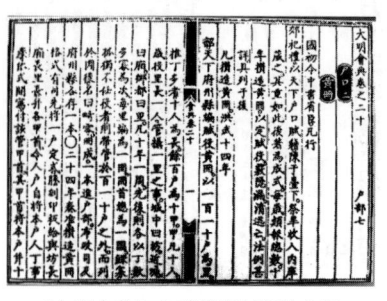

《大明会典》中对黄册制度的介绍

1950年，梁方仲先生在《明代黄册考》一文中说："作为政府剥削农民的田赋制度，到了明代达到一种空前的严密的结构。这种严密的结构表现在两个基石上：一为黄册，一为鱼鳞册。"

编制黄册和鱼鳞图册，是明太祖整顿赋税制度的一大建树。尽管历朝历代都有人口和土地登记制度，但黄册、鱼鳞册在明朝所得到的重视，及其涉及地域和规模之广、影响之远，都是无与伦比的。按规定，黄册每十年重编一次。尽管此后地方官对黄册的编纂往往应付了事，并不精确，但是，黄册的编纂却从未中止过。从洪武十四年到崇祯十五年（1642年），明朝总共二十七次编纂黄册。

朱元璋建立的军事体制，主要是军户制和卫所制。洪武元年（1368年），朱元璋建卫所军制，卫五千六百人，千户所一千一百二十人，百户所一百一十二人。卫所的军兵是世袭的，称为军户。每个军户从政府获得五十亩田地和耕牛、农具，向

朱元璋"圣谕六训"：孝顺父母，孝敬长上，和睦乡里，教训子孙，各安生理，毋作非为。

明太祖朱元璋 | 13

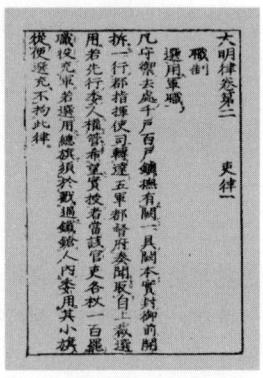

《大明律》,由开国皇帝朱元璋总结历代法律施行的经验和教训,详细制定而成。

《御制大诰》,又名《明大诰》,是朱元璋亲自编纂的一部带有特别法性质的重刑法令。

卫所缴纳"子粒"并且服兵役。卫所还实行屯田,称作军屯。边境军队供给还通过商屯获得补充。商屯即商人们出资在边地招民耕种,将粮食就近缴纳给军队,换取食盐运输和销售凭证"盐引",以便从事食盐贸易。

尽管"子粒"、军屯、商屯诸法,并不足以完全解决军事供应问题,但是,明初军队开支并不完全依赖中央财政,表明朱元璋的"寓兵于农"政策在一定的历史阶段是成功的。因军屯而形成的聚落,因与周边文化存在差异,往往保留了独立的文化特征,形成了今天颇有特色的屯堡文化。

苛察吏治与亲藩体制。"自暴秦以后所绝无而仅有者。"这是清初主修《明史》的学者万斯同对朱元璋杀戮功臣之惨的感叹。开国立制之余,朱元璋的许多治国措施都是非制度性的,其中最为后人所诟病的,无疑是他大杀功臣的行为。朱元璋屠戮功臣,残忍而且彻底。

胡惟庸之死,标志着一场声势浩大的杀戮行动已经拉开了帷幕。洪武十九年(1386年),胡惟庸的罪名变成"通倭谋逆",

明大将高阳伯李文铁券
(铁券凹面镌有十字:若犯死罪,禄米全不支给。)

株连三万多人,包括原中书省左丞相李善长。洪武二十六年(1393年),大将军蓝玉以谋反之罪被处死,株连一万五千人。朱元璋为胡惟庸案和蓝玉案分别编纂了《昭示奸党录》和《逆臣录》。通过胡、蓝之狱,朱元璋总共诛杀四万余人,其中封公、封侯、封伯的大功臣就将近四十人。

平民出身的朱元璋,认为元朝灭亡的主要原因是官吏腐败。因此,在与其官僚机构打交道的过程中,朱元璋的内心充满紧张。洪武十五年(1382年)的空印案,充分反映了朱元璋的偏激心态。

每年,各地布政司与府、州、县都要派人到户部报告地方财政状况。远道而来的官员们往往会带上事先盖好衙门印信的报销册。一旦原来呈报的报销册有误而被驳回，他们便在南京修改，从而省去往来的旅途劳顿。

这原本是公开的秘密。然而，这一现象被朱元璋得知后，他断言其中必定存在腐败。他下令将各地衙门掌管印信的长官一律处死，副手打一百杖然后充军。这就是空印案。在空印案中，朱元璋似乎与整个官僚机构为敌。

朱元璋绝对是一个苛察的统治者。他在《皇明祖训》中告诫子孙要以法治国，切勿"法外用刑"。然而，他却认为自己可以"法外用刑"，因为自己"亲理天下庶务，人情善恶真伪无不涉历"。这种矛盾陈述，透露出这位开国之主极强的自负。在殿廷上肆意杖责大臣，以提高皇帝的威权，称作"廷杖"。设置锦衣卫及镇抚司狱，直属皇帝指挥，也是朱元璋法外用刑的专政工具。

朱元璋对官员们的监视也很严密。有些官员在家里作一首诗，第二天朱元璋就会知道。有些官员在上朝前，会先与家人诀别，因为担心晚上会回不来。朱元璋对官吏的贪腐行为也予以严惩，官吏凡贪污六十两银子以上就会被处以死刑。因此，在洪武一朝，士大夫们多数将做官视为畏途。这就是明太祖的"以重典驭臣下"。

洪武二十八年（1395年），朱元璋编定《皇明祖训》。这部明朝皇帝的家法，同时也是国法。年近七旬的朱元璋对身后的事情做了周密的安排。他强调，朱姓诸王在朝廷出现"奸臣"时可以奉密诏"靖难"。清朝的四库馆臣们点评道，朱元璋《祖训录》（即《皇明祖训》）所念念不忘的，即其"亲藩体制"。

从洪武三年（1370年）起，朱元璋将其儿子陆续分封到各地。藩王有极高的地位，拥有护卫军。朱元璋封王建藩的目的，就是要子孙共同维护朱姓天下。

然而，所谓亲情，永远只是一个相对有限的圈子，是一个以核心家庭为中心向外适度扩散的圈子。而且，朱元璋大概也没有想到，祸起萧墙往往比来自外部的攻击更具有毁灭性！

农民出身的朱元璋有强烈的"家天下"思想，这点很像汉代的开国皇帝刘邦。刘邦分封同姓诸王，杀白马以盟，称"非刘氏而王，天下共击之"。朱元璋分封诸子为王，是出于同样的目的，希望通过分封来保证朱氏家族永远的尊荣。平民出身的帝王，于历尽磨难、苦尽甘来之际，小家子气自然流露。汉代在分封后不久便发生诸侯王叛乱，即"七国之乱"。明初曾有人以"七国之乱"的史实来提醒朱元璋。但是，朱元璋却认为这些人在"间吾骨肉"。像叶伯巨这样敢说真话的小臣，最终就死在了监狱之中。然而，从历史趋势来看，朱元璋分封诸王，与加强中央集权是背道而驰的。

明孝陵

洪武三十一年（1398年），朱元璋完成了他人生的谢幕。从农民变为皇帝，朱元璋的一生绝对可以用传奇来形容。他改变了中国的历史，创建了一个持续了二百余年的王朝。明朝灭亡后，清朝的康熙帝到南京谒祭朱元璋孝陵，题下"治隆唐宋"四字。清修《明史》对朱元璋的评价是："武定祸乱，文致太平，太祖实身兼之。"当然，这都是传统史家对朱元璋的评价。今天看来，朱元璋的历史地位有两点：首先，他结束了元末二十余年的战乱，统一全国，建立了一个统一的大明帝国；其次，正如吴晗在《明史简述》中所说，他创造了一

康熙帝题"治隆唐宋"碑

个"历史上从来没有过的高度中央集权制的政治系统"。

也许,在朱元璋闭眼的那一刻,他是安详的,他自认为给子孙留下了千秋大业,解决了所有他认为有可能出现的问题。然而,建文四年(1402年),分封在北平的燕王朱棣推翻了朱元璋所立的继承人——长孙建文帝朱允炆,夺取皇位。这大概是朱元璋始料未及的。一位清初诗人在游历南京时写了一首诗,诗的前两句是:"靖难师来孰闭门,孝陵云树黯销魂。"孝陵是朱元璋的陵寝。在诗人的笔下,黯然销魂的孝陵云树,是皇室骨肉相残惨象的真实写照!早已撒手人寰的朱元璋,如地下有知,不知会有何感想!

永乐迁都

明成祖朱棣像

位于今天北京城中心的故宫,是世界上现存最大的宫殿建筑群。

这里曾居住了明清两代二十四位皇帝。最早居住于此的,是明朝第三任皇帝——永乐皇帝朱棣。永乐十九年(1421年)正月初一,在刚刚修建完工的奉天殿上,朱棣接受了群臣的朝贺。这标志明朝的都城从南京迁到北京。自此以后,明、清两代至民国初年,五百多年的时间里,北京一直是中国的首都。

那么,朱棣为什么要把明朝的都城从南京迁到北京呢?

建文帝朱允炆像

控四夷而制天下——迁都的战略构想。洪武三十一年（1398年），朱元璋逝世。由于太子朱标已去世，朱元璋遗命皇太孙朱允炆继位，年号建文，史称建文帝。建文帝担心分封在外的叔父们不受朝廷约束，遂着手削藩，在短短半年内削夺了周王等五个藩王的封号。分封在北京的燕王朱棣，次年举兵反叛朝廷。

建文四年（1402年），经过四年的鏖战，朱棣成功地率领军队攻下了南京城。燕军入城之日，南京宫城中大火。有人认为，建文帝在宫中自焚身亡；也有人认为，建文帝潜逃出宫，隐匿于民间。

六月十七日，在谒拜朱元璋孝陵归来的途中，燕王朱棣及群臣导演了一场"黄袍加身"的劝进闹剧，朱棣装模作样地在南京"勉强"即皇帝位。即位后，朱棣改次年为永乐元年。明朝历史进入永乐时期。

十九年后，朱棣把都城迁到他的龙兴之地——北京。

在永乐元年（1403年）之前，北京从来不叫北京。这里曾经是女真族建立的金朝的都城，叫作"中都"，2010年，考古工作者发现了面积约一千平米的金中都建筑遗址；这里也曾经是蒙古族建立的元朝的都城，叫作"大都"，有元大都城垣遗址为证。

1368年明朝建立后,朱元璋的大将徐达攻下了元大都,改名"北平"。为了加强北部的边防,朱元璋在洪武三年(1370年)将自己的第四个儿子朱棣分封到北平。洪武十年(1377年),朱棣离开南京,来到北平封地。此后,除了短暂地到南京觐见父皇以外,朱棣大部分时间都在北平。所以,我们可以想象,他应该已经习惯了在北平的生活。

对于朱棣来说,北平是他的福地,是他的第二故乡。于是,善于揣摩上意的礼部尚书李至刚,在永乐元年正月给皇帝上了一疏,说:"自昔帝王,或起布衣平定天下,或由外藩入承大统,而于肇迹之地,皆有升崇。切见北平布政司,实皇上承运兴化之地,宜遵太祖高皇帝中都之制,立为京都。"朱棣很高兴地同意了,命以北平为"北京"。

然而,南京对朱棣来说却是另外一层意义。尽管这里是父亲朱元璋确定下来的都城,然而一场皇位争夺,已经让南京染上了血腥。

朱棣即位后,对忠于建文帝的官员大肆屠戮。他让有着"读书种子"之称的方孝孺替他写即位的诏书,遭到方孝孺的拒绝。狂怒的朱棣下令诛杀方孝孺"十族",据说比"九族"还多杀了"门生故吏"一类人。黄子澄、练子宁等人,也都遭受极残酷的刑罚而死。一个

方孝孺像

人被株连，又会有更多的人受到连累，就像瓜藤一样绵延不绝，形成了所谓的"瓜蔓抄"。15世纪初的南京城，血腥、恐怖和疑惧的气氛久久不散。

民国年间，著名的学者黄裳先生游历南京，在文章中感叹地说："明朝在南京建都了两代，燕王永乐靖难以后，大约是他看见在南京所流的血太多了，……近自朝廊，远及附郭的雨花台，都血迹斑斑，难免目击而心有不安，所以毅然迁都到了北京。"这样一番猜度，也许道出了几分真实。毕竟，再强悍的心灵，于夜深人静之时扪心自问，多少也会有几分脆弱与不安吧！

因此，将都城迁往北京，不仅能使篡夺皇位的副作用降到最小，也许还能让朱棣的心灵多一些平静。

心灵的不安，是一方面。另一方面，则是更为现实的考虑。

在1368年元顺帝退出大都后，回到北方草原的蒙古政权仍然具有强大实力，史称"北元"。洪武三年（1370年），元顺帝在应昌逝世，他的儿子爱猷识理达腊继位，改年号为"宣光"，决心与明朝继续展开角逐。为此，朱元璋将几个儿子分封在对蒙古作战的前线之上，如北平的燕王、大同的晋王、大宁的宁王、宣府的谷王。

靖难之役后，朱棣将宁王内迁到南昌，将谷王迁到长沙，明朝的北方边境防御因此被削弱。为此，朱棣在正式迁都北京之前，曾经三次发动对蒙古的战争。在这些战争中，北京是明朝军队的集合地点，也是军队给养的中转站。因此，历史学家们认为，朱棣迁都北京的现实考虑是要加强北部边防，即所谓"天子狩边"。

然而，也有历史学家对"天子狩边"的说法表示疑问。他们认为，迁都北京是因为朱棣有更宏大的视野。在朱棣看来，北京是天下的中心，"四方万国，道里适均"。明末清初的学者孙承泽在《天府广记》中形容北京说："燕蓟内跨中原，外控朔漠，真天下都会。"对于雄才大略的朱棣来说，"溥天之下，莫非王土"，北方广袤的草原，同样应该在大明帝国的统辖范围内。

因此，北京作为"天下之中"，是当时朱棣对世界的想象。然而，随着之后明朝军事力量的日益削弱，"天子狩边"也就越来越成为历史事实！

中国人民大学教授 毛佩琦

明成祖如果要做一个伟大的帝王，他有一个现成的学习榜样——忽必烈。北京不仅可以控制黄河两岸、江南江北，还可以控制长城以北、大漠以北，这是一个体现其雄才大略的选择。

行政权力向北京集中。 永乐七年（1409年），朱棣第一次北巡。二月十一日，朱棣从南京出发，在三月初九到达了北京。在封建时代，天子所在的地方称"行在"。因此，此时北京便成了"行在"。随行的朝廷大员，职责中也多了"行在"的相应事务。

例如，户部尚书夏原吉成了"行在户部尚书"，而且"兼掌行在礼部、兵部、都察院事"；兵部侍郎方宾则"兼掌行在吏部事"。这表明，皇帝的北巡不纯粹是游山玩水，而是带着一个处理政务的班子在行动。如果说之前将北平改称北京只是一个名称的改变的话，皇帝及政府大员的到来则表明此时的北京分担了部分帝国行政的功能。次年，朱棣率军三十万从北京出发，发动了对蒙古的第一次御驾亲征，击败了蒙古的本雅失里汗及阿鲁台。北征结束后，他在十一月回到南京。

永乐十一年（1413年），朱棣再次北巡，到永乐十四年（1416年）才回到南京；永乐十五年（1417年），朱棣第三次北巡，从此再也没有回到南京。实际上，从永乐七年（1409年）第一次北巡开始，朱棣在南京停留的时间仅有三年左右。皇帝越来越喜欢住在北京，北京逐渐成为帝国的权力中心。第二次北巡时，朱棣还命令将徐皇后的灵柩护送到北京。在北京北面的昌平，朱棣为徐皇后营建了陵墓。按照明朝太祖关于帝后合葬的定制，这座陵墓也将会是朱棣本人的陵寝。傅衣凌先生在《明史新编》中说："永乐七年、十一年、十五年，成祖三次北巡，坐镇北京，计八年零八个月，使决策、军事、行政系统逐渐北移。"

南京地位下降的另一个标志，是永乐十五年三月朱棣颁布的《东宫留守事宜》。此前朱棣北巡，太子则在南京"监国"。然而，太子由"监国"改为"留守"，说明南京的行政地位正在下降。而且，朱棣规定："内外文武大小官员，俱从行在吏部、兵部奏请铨选。"这样,处在北京的行在吏部、行在兵部掌控选任文武官员的权力,充分表明了帝国权力的北移。科举考试的会试,也从永乐十三年(1415年)起改在北京举行。选才、任官都集中到行在北京,南京的"清闲"于是势不可免。

因此,从永乐七年营建长陵起,朱棣想要放弃南京迁都北京的构想已然无法掩饰了。随着权力的逐渐北移,迁都北京之心已经昭然若揭了。那么,既然朱棣的决心已下,为什么却又要等到十余年后才正式宣布迁都北京呢?

疏通运河。迁都显然是一项极其巨大而复杂的工程。

一旦决定迁都,面临的第一个问题就是:粮食怎么办?大批政府官员和士兵涌入北京,粮食的需求大大增加了。然而,从唐宋以来,中国的经济中心已经南移,在经济上,北方要依赖于南方。元朝定都于大都,粮食却要从江南海运而来。一旦南北运输切断,大都的粮食则无法自给自足。元末明初的叶子奇在他的《草木子》一书中说:"元京军国之资,久倚海运。及失苏州,江浙运不通。失湖广,江西运不通。元京饥穷,人相食,遂不能师矣。"

中国开凿运河的历史可以追溯到公元前5世纪的战国时期。大业元年(605年),隋炀帝命人开凿以洛阳为中心,南起杭州、北至涿郡的京杭大运河。到元代,大运河由原来的弓状被拉直了，变成了一条北起大都、南至杭州的相对较直的南北大动脉。在明朝初年，大运河的几段还有通航能力：从南京到淮安一带的运河，从淮安到河南卫辉府的黄河，从卫辉府到天津的卫河，构成了明初南北内河运输的主体。不过，三段内河运输并不能整体贯通，其中几个环节要通过陆路转运。

朱棣把疏通运河的任务交给了工部尚书宋礼。宋礼疏通了元朝开凿的会通河。会通河位于山东境内，洪武二十四年（1391年）因黄河决口而淤塞。永乐七年（1409年）二月到八月，宋礼征调了三十万民工，经过六个月的劳作，修浚了会通河。为了解决水量的问题，宋礼命人将运河东侧的汶水以及汶上的各道小河逼入运河，在南旺一带形成一个巨大的分水枢纽。水库内的水，百分之六十向北沿着运河流向临清，百分之四十向南流向徐州。这个巨大的水库，便形成了南旺湖。南旺湖的开设，解决了会通河"水浅"的问题。次年，宋礼率领舟师沿运河运粮到了北京。八十年后，朝廷命令在南旺湖为宋礼修建祠庙来祭祀他。

永乐十三年（1415年），朝廷基本停止海运。原先负责海运的平江伯陈瑄，其职务改为总督漕运。陈瑄总督漕运后，对运河做了进一步的疏浚，开凿了清江浦。在清江浦开凿之前，从江南北上的漕船，到达淮安之后，要卸下粮食，通过陆运翻过河坝，到达清河，然后再入黄河。永乐十三年，陈瑄沿淮安城西的管家湖开凿了一条长约二十里的河道，即清江浦运河。这样，漕船就可以一路不用转运，直接从运河经清江浦运河进入黄河。后人总

清代，大运河仍在发挥重要作用，图为《康熙南巡图》中所绘南北大运河的漕运景象。

结说："漕渠之在江淮间者，平江侯陈瑄功为大；在齐鲁间者，（宋）礼功居多。"宋礼和陈瑄使明朝的南北漕运通畅起来。漕运的畅通，沟通了南北之间的物质交流。南方的粮食及其他物资，可以源源不断地向北供应，为迁都北京奠定了基础。

中国人民大学教授 毛佩琦

大运河，就好比是京广铁路，它的开通带动了周边一系列地区经济文化的繁荣，促进了南北经济交流。

杨柳青年画《长坂坡》。杨柳青年画的兴盛,与大运河密切相关。苏州的颜料、宣城的纸张、湖州的毛笔,这些品质优秀的南方材料,形成了杨柳青年画的独特风格。

修建紫禁城。朱棣还要解决他在北京的宫殿的问题。在永乐七年(1409年)第一次北巡的时候,朱棣在所谓的"奉天殿"接受臣民的朝贺,实际上,"奉天殿"不过是当初燕王府的承运殿改了个名称而已。如果迁都北京,自然需要有更符合皇帝身份的更高规格的宫殿建筑群。

在此之前,朱棣的父亲曾经在南京和中都凤阳先后营建过规模浩大的宫殿群。朱棣将要建造的北京紫禁城,其形制布局直接源于明南京和中都的宫城。当然,根据学者们的研究,明代北京紫禁城的形制布局与之前的金中都宫城和元大都宫城,也有密切的承袭演变关系。

永乐十四年(1416年)十一月,朱棣命文武群臣一起讨论迁都事宜。由于群臣都清楚迁都是朱棣的夙愿，自然不敢表示反对，而且对迁都北京的合理性做了一番夸颂。廷议群臣共同上奏说："北京乃圣上龙兴之地，北枕居庸，西峙太行，东连山海，南俯中原，沃壤千里，山川形势，足以控四夷，制天下，诚帝王万世之都。宜敕所司营建。"至此，营建北京宫殿群正式提上了日程。

大规模的宫殿营建，从永乐十五年（1417年）正式开始。但是，从永乐四年（1406年）起，物料采办的工作就已经开始了。物料的采办，包括木、石、砖、瓦等建筑材料。采办木料，需要进入深山之中，工作辛苦。在永乐四年，仅湖湘之地，就役使了十万民众入山采木。当时采、运木料的军民，估计超过百万。四川、浙江、福建，也都是重点的采木区域。四川屏山县中都镇附近的神木祠遗址，便是当初纪念巨木不由人力浮江而下的凭证。督办官员一旦不能认真抚慰役夫，还会激起事变。永乐六年（1408年），北京附近运木的役夫们就有"怨谤语"。永乐七年（1409年），江西安福县因采木而发生了李法良的叛乱。

永乐四年，砖瓦的制造工作开始了。在山东临清，大量官窑正在烧制澄浆城砖。江南苏州、松江（今上海）等地，则专门生产坚如钢铁、润如墨玉的"金砖"，用以铺设内殿。工部在北京设了五个大厂，分别是崇文门外储木材的神木厂、朝阳门外的大木厂、崇文门内"贮薪苇"的台基厂、陶然亭一带烧制青瓦的黑窑厂、和平门外的琉璃厂。据说，今天陶然亭公园的湖泊，就是当年取土制胚的遗迹。

物料筹办停当之后，北京的营建工程在永乐十五年（1417年）六月全面展开。具体管理宫城建设的人是工部营缮司郎中蔡信。明人雷礼《国朝列卿纪》载，"时营建北京，一切调度，俱信承行"。当然，蔡信之下，应当还有大量供其指挥的官吏以及默默无闻的工匠和役夫。他们中的大多数人为北京宫殿建设付出了血汗，但却泯灭在历史之中。不过，幸运的是，来自苏州西南香山的一批杰出工匠，像蒯祥等人，却得以青史留名。20世纪，著名的明史学家谢国桢先生在江南访得一本图书，即《香山小志》。在该书题跋中，谢先生写道："香山一地，自明初以来，多出工艺哲匠，如明初蒯祥、徐杲等大建筑家。在明永乐以迄正统，北京天安门与三大殿等各项大建筑，多出蒯祥、徐杲诸家之手。二人亦由工匠而至工部左侍郎，成为当时之异数。技巧之妙，有'活鲁班'之称。"可见，北京的宫殿建设，是凝聚了人民的血汗与智慧的。

故宫养心殿鸟瞰

永乐十八年（1420年），北京宫殿群的建设工程基本竣工。在南北长九百六十米、东西宽七百七十米、面积七十二公顷的矩形平面内，宫殿、楼阁、亭榭密布，内河流经。其恢弘的规模、缜密的设计，是中国建筑史上的一朵奇葩。

竣工同一年的十一月，朱棣发布了次年将在新修的大殿上朝的谕旨。这年年底，朱棣的太子朱高炽和皇太孙朱瞻基也从南京驰赴北京。这表明，从此以后，"南京监国"或"留守"的政府系统也不再必要。

永乐十九年（1421年）正月初一，朱棣在奉天殿接受群臣朝贺。时人萧仪在《皇都大一统颂》中描述了这一场景。这位后来因反对迁都而被杀的官员，以极娴熟的才情对新都的奠定予以颂扬："是日，天气和朗，瑞日融霁，祥光辉焕，斯有以见天心之眷顾者，极其盛矣。臣庶率相庆忭，九夷八蛮，莫不来廷，山呼之声，远迩欢动。"然而，欢乐之声没有持续太久。就在同一年的四月初八，刚刚完工不到一年的三大殿在一场火灾中化为灰烬。直到朱棣去世，三大殿也没有得到重建。

朱棣的儿子朱高炽即仁宗洪熙皇帝即位后，下令将都城迁回南京。但是，朱高炽没有实现迁都的愿望就去世了。继位的宣德皇帝朱瞻基，虽然仍以南京为都城，但他本人及其行政中心却从来都没有离开过称作"行在"的北京。

直到朱棣的曾孙——正统皇帝朱祁镇统治时期，三大殿才得以修复。正统六年（1441年）九月，三殿、两宫重修完成。十一月初一，十五岁的朱祁镇在奉天殿上接受群臣的朝贺，下诏"罢称北京行在"，在南京各衙门的印信上加上"南京"二字。

明人所绘《皇都积胜图》，描绘了京城及郊外商贾云集的繁华景象。

从此，北京名正言顺地成为明帝国的首都。

明代的两京制与"天子狩边"。迁都北京的两个最直接的后果是：一、南京成了陪都；二、"天子狩边"的形成。北京成为都城后，朱棣决定保留南京为陪都，从而形成了两京制度。两京制不是朱棣的发明。然而，明朝却似乎是将两京制度设计得最为规整的一个朝代。明朝在南京保留了整套的中央机构，包括吏、户、礼、兵、刑、工六部及都察院、大理寺等机构，差别就在于南京各部门的名称之前要加上"南京"二字。南京和北京，以及连接南北的运河大动脉，一起构成了明帝国的战略核心，非但控制着大平原，也可以让皇帝对富饶的长江中下游与多事的北方边境进行直接控制。

然而，没有帝王驻留的京城，终归是要衰落的。从正统六年

（1441年）到明朝灭亡，整整两百多年间，南京只迎接过那位贪玩成性的武宗皇帝。明朝皇帝，即便厌倦紫禁城里的生活，也似乎很少有出巡的爱好与勇气。因此，南京总是在一种崇高的名分与卑微的现实中，与明王朝相终始。于是，总有一些让皇帝不太满意的高级官员，被安置到南京。嘉靖初年，一位被皇帝派往南京的高级官员则感慨地赋诗道："江南闲煞老尚书！"颓坏的宫殿、闲散的官员、诗酒风流的秦淮河，以及在晚明被迫与临近的苏州、松江竞争文化中心地位的处境，成了南京城在明朝二百余年间有形的、无形的资产。

迁都北京，可以说是明朝初年最大的体制改革。对于明帝国来说，最大的威胁不是西方和南方，也不是东面和南面的海洋，只有北方的蒙古才足以构成真正的军事威胁。需要大量屯兵的地方只是北方。以北京为都城，皇帝就能够牢牢掌握那些军队，甚至可以亲自统率军队征战。

然而，迁都北京固然加强了明朝的北部边防，但都城距离边境太近，也容易成为游牧的少数民族攻击的目标。终明一朝，北京多次暴露在蒙古及满洲等少数民族军队的直接攻击之下。一旦大同、宣府等边镇告急，京师就将进入戒严状态。弘治十三年（1500年），兵部在给皇帝的奏疏中说："顷北虏入寇大同，势甚猖獗，京师戒严，人心恟惧。"正统十四年（1449年）和嘉靖二十九年（1550年），蒙古骑兵两度兵临北京城下。

迁都带来的间接影响，可能还包括朝廷对南方逐渐失去了兴趣，以及相应带来的航海事业的停止。法国年鉴派学者布罗代尔写道："（郑和）的船队于 1433 年 7 月 22 日回到南京。……明代的中国无疑将面临北方游牧民族日益强大的威胁。首都从南京迁到了北京。（大航海）这段历史已经成为过去。"

郑和下西洋

郑和像

15—16世纪，开始出现世界性大航海活动。欧洲人从大西洋绕过好望角进入东方的印度洋和太平洋，或者向西发现美洲，再穿越德雷克海峡进入太平洋。全球化贸易也将随之而来。参与此次世界性大航海的，不仅仅是欧洲人，还有中国人。1405—1433年，在从中国东南沿海到印度洋之间的航路上，一支规模浩大的船队曾经七次穿梭于浩瀚的大海之间。这是一支来自中国的船队。船队的领袖叫郑和。

耀兵异域，示中国富强。郑和本姓马，字三保，回族，昆阳（今云南晋宁）人。他在洪武朝入宫，后供职于北平燕王府。据说，成年的郑和"身长九尺，腰大十围，四岳峻而鼻小"，"齿若编贝"，"声音洪亮"。对于郑和，人们还有"博辨机敏""谦恭谨密""知兵习战"的赞誉。显然，英俊的仪表与机敏的性格，使郑和很快就得到了燕王朱棣的重视。

洪武末年，1393年到1397年间，郑和跟随燕王对蒙古作战。靖难之役中，郑和也屡立战功。据《明史·郑和传》记载，郑和"从燕王起兵靖难，出入战阵，多建奇功"。作为回报，永乐二年（1404年），郑和被提拔为内官监太监，赐姓郑，成为永乐皇帝朱棣最信任的宦官之一。《郑和家谱》明确将郑和赐姓郑之事系于永乐二年正月初一。一年之后，郑和受命远航西洋。

郑和远航，史称"郑和下西洋"。在明朝人的眼中，西洋与东洋是对称的，界线大约在今天印尼的加里曼丹岛，以东的群岛称东洋，以西的群岛及海岸国家，包括印度及非洲东海岸在内，称为西洋。

中国人对于这一片水域并不陌生。早在5世纪初的东晋时期，高僧法显就从今天的印度出发，搭乘商船回到广州。到7世纪的唐朝，中国瓷器源源不绝地从广州经苏门答腊和马来亚，到达锡兰、印度，再远达波斯湾的锡拉弗（Siraf）与阿曼。

宋元时期，中国的航海活动进入又一个新的高潮。南宋人周去非在《岭外代答》中描述了中国人浮海远航的生活。他这样写道:"浮南海而南,舟如巨室,帆若垂天之云,桅长数丈。一舟数百人,中积一年粮,豢豕酿酒其中,置死生于度外,径入阻碧,非复人世。……其舟大载重,不忧巨浪而忧浅水也。"元朝,政府鼓励海外贸易,泉州、广州是海外贸易的重要港口。在泉州,阿拉伯、波斯等各国商人云集,海外归来后的商品也多在此卸货,并向官府缴纳关税;中国商人也带着青花瓷、丝织品从这里出发,驶向海外。

随着贸易的发展,中国人有关东南亚各地的地理学著作也陆续出现,如前面提到的周去非的《岭外代答》,以及赵汝适的《诸蕃志》、周达观的《真腊风土记》等。元人汪大渊的《岛夷志略》,则记载了二百二十个国家和地区。长期积累的航海经验、技术及地理知识,为郑和的远航打下了基础。

然而,元末数十年的战乱使海外贸易受到了影响,海盗与倭寇也出没于海上。1368年明朝建立后,明朝政府重视海防以及与诸国使节的往来,曾向浡泥(今文莱)、三佛齐(今苏门答腊岛巨港)等国派出使节。洪武年间,爪哇国也至少向中国派遣了八个使团。

不过,到朱元璋逝世前一年,礼部的大臣们告诉他:"诸番国使臣、客旅不通。"对海外事务茫然不知的明朝君臣还以为"诸番不通"是三佛齐国在作祟,而不知三佛齐早在二十年前便已经被爪哇国所灭。在洪武三十年(1397年)明朝派向三佛齐国的使节的诏书中称"三佛齐国梗我声教",并说:"倘天子震怒,遣一偏将，将十万之师，恭行天罚，易如覆手。"然而朱元璋对于耀兵海外终归是没有兴趣的。早在洪武四年（1371年）的《祖训录》中，朱元璋就宣布包括安南、苏门答腊、爪哇、浡泥等在内的东南亚国家为"不征之国"。

朱棣通过"靖难之役"夺取皇位后，在对外关系上采取了更为积极的政策。在他统治期间，他至少派遣过七十五个由宦官率领的使团进行海外探索。《明史·宦官传》中说："当成祖时，锐意通四夷，奉使多用中贵。"郑和下西洋，是朱棣信用宦官的体现，更是积极的对外政策的一部分。15世纪初的郑和下西洋，是明朝政府在海外贸易及中外关系上的一场夸张的表演！大剧的主角是郑和，幕后导演则是明成祖朱棣。

朱棣是一个有雄才大略的皇帝。学者蔡石山在其《永乐大帝——一个中国帝王的精神肖像》一书中这样写道："在他统治明代中国二十二年期间，他为明帝国定下了欢快明亮的基调……经济增长，文化再生，领土扩张以及外交上的荣耀。"的确，朱棣似乎是一个天生喜欢宏大计划的人。他编纂了中国古代最大部头的百科全书《永乐大典》，还建造了世界上最大的宫殿群紫禁城。郑和下西洋，应该是他宏大规划的一个组成部分。

当然，对于郑和下西洋，人们有更直接的解释。人们说，朱棣派遣亲信宦官郑和多次远下西洋，真实的动机是要到海外寻找建文帝。据说1402年朱棣夺取皇位后，建文帝朱允炆并没有死，而是潜逃出宫了。为此，朱棣即位后，从永乐五年（1407年）便派胡濙借寻访道人张三丰的名义，四处探寻建文帝的下落。《明史·郑和传》似乎相信这种说法，说："成祖疑惠帝亡海外，欲踪迹之。"不过，《明史》的纂修者并没有完全局限于这样一种解释，还添了一句："且欲耀兵异域，示中国富强。"

著名的东南亚史家王赓武先生说："也许，没有任何一种单一的理由足以解释明朝何以耗费如此巨大的人力和物力进行此类远征。寻找宝藏、炫耀实力与财富、希望了解帖木儿和亚洲极西地区的蒙古人在做什么、扩大朝贡体系、永乐个人的虚荣自大和对荣誉的贪求、宫廷内外的权力斗争和政治事态，所有这些都可能是导致永乐做出此项决定的原因。"这些原因当中，最重要的是两个：一、在政治和外交上，招徕各国前来朝贡；二、在经济上，重新打开中国与东南亚及南亚各国之间的贸易通道。

中国人民大学教授 毛佩琦

我们怎么理解"耀兵异域，示中国富强"呢？明成祖交给郑和一封敕书，敕书中说，要把我的意图向普天下讲清楚。我的意图是：天之所覆、地之所载、日月照临、霜露所濡之处，人民老幼皆欲使其遂其生业。这是一个伟大的抱负，他想让普天下所有的人都过上好日子。

招徕海外各国前来朝贡，似乎只是一种外交上的努力。但是，这种外交努力是服从于明王朝的政治的，目的是要建立一种"中国居内以制夷狄，夷狄居外以奉中国"的朝贡体系外交模式。这种朝贡秩序，体现了皇权的国内统治方式向外部的逐渐扩大，着力于建立一个"四夷来朝"的礼制体系。日本学者浜下武志先生认为，这种朝贡关系，是按照中央影响力的强弱顺序，朝贡国依次位于相邻的同心圆的不同圆环上，从而形成一个以中国为中心，包括东南、东北、西北、西南的亚洲各部以及同印度经济圈交错的地区在内的朝贡关系圈。明朝皇帝在这种体系的营建上，孜孜不倦。

永乐帝登基后不久，即派宦官作为使节到海外宣诏，鼓励东南亚、南亚和中东的国家前来与明廷建立关系。朱棣一方面四处征战，冀图以丰功伟业来改变自己"篡位"的形象；另一方面他还希望各国前来朝贡，营造一种"万国来朝""四海一家"的盛世景象，烘托自己作为"天下共主"的气势。

除了外交之外，朱棣还热衷于扩展海外贸易。他认为对外贸易有两个作用，一是"资国用"，一是"来远人"。"来远人"，是招徕各国朝贡、怀柔远人的意思；"资国用"，则表明中国其实在郑和下西洋的活动中也是可以获益的。实际上，郑和下西洋，除却带回各国遣往中国的使节以外，还采购大批香料、犀角、象牙、珍宝，换回黄金等贵重金属。更为重要的是，中国的青花瓷器、丝织品出口量的增加，刺激了国内手工业的迅速发展。海外贸易和海洋经济的发展，给国家财政收入以有力的补充。

郑和航海是否为明朝带来了经济效益，学界有不同的看法。如果不考虑郑和航海对民间海外贸易的推动，而仅仅就国家财政上说的话，政府组织如此规模的航海活动，自然是要耗费巨资的。明人王士性在《广志绎》中说："三宝郑太监下西洋，赍银七百余万，费十载，尚剩百万余归。"照这种模糊的计算，郑和下西洋曾携带大量白银，以换购海外各国的奇珍异兽、香料以及供宫廷消费的奢侈品。不过，郑和航海的根本动机不是经济上的，而是政治上的。这个目的，就是要建立以明代中国为核心的朝贡贸易秩序。通常情况下，"赏赐"总是大于"朝贡"的。

远航的正式开始是在永乐三年（1405年），但远航的决定可能在朱棣即位的次年便已经做出。永乐元年（1403年），朱棣命令福建修造一百三十七艘用于远洋航行的帆船。之后，苏州、江西、浙江等地的造船厂，也纷纷开始接受修造远洋航行船只的任务。

船舶有"马船""粮船""战船""坐船"等种类，而体积最大的是"宝船"。负责建造"宝船"的，主要是当时设在南京城外西北方向、隶属工部的龙江船厂，故又称"宝船厂"。1957年，龙江船厂遗址出土了一根长达11.07米的巨型舵杆。专家据此推测，船长在四十八至五十三丈之间，排水量达两万五千吨。这与文献中宝船"长四十四丈四尺，宽十八丈"的记载是相近的。在设计上，宝船还应用了防水隔舱、平衡舵等技术。

郑和宝船

永乐三年（1405年），郑和率领由六十三艘大船和二百五十五艘小船、两万七千八百余人组成的船队，满载丝绸、棉布、麻布、瓷器、铁制用品、茶叶等物品，在祭拜过天妃宫的妈祖神之后，由刘家港（今江苏太仓东浏河镇）下海。据说，船上还载有船员们的生活必用品，如盐、酱、茶、油、酒、食用的淡水、不变质的干货、米麦等粮食。

船队在福建短暂停留后，继续南行，陆续抵达占城（今越南）、爪哇，沿海岸线往南经由满剌加（今马六甲海峡）进入印度洋，沿途不断补充食物和淡水。船队到达锡兰（今斯里兰卡），受到锡兰国王的冷淡对待。到当年的冬天，船队到达了明人所说的"西洋大国"古里（今印度南部科泽科德）。接下来，郑和可能一直在古里进行贸易。次年，船队回航。在马六甲海峡，郑和船队剿灭了占据苏门答腊岛北部最重要城市旧港的海盗陈祖义，确保了马六甲海峡通航的顺畅。

永乐五年（1407年）九月，郑和船队回到南京，前后历时两年三个月。他们将这次航海的顺利归来，归功于妈祖的保佑，向朝廷请求给天妃娘娘加上"护国庇民妙灵昭应宏仁普济天妃"的徽号。

第一次远洋航行结束之后，朱棣命令郑和陆续展开了接下来的五次远航。不同的记载中有关这几次远航的时间略微有一些差异。郑和船队在多次远航中积累下了丰富的经验，船队通常会利用占城、苏门答腊、锡兰、古里等交通中心站，向外派出小型船队，而贸易则相对集中在满剌加、古里、忽鲁谟斯等地进行。郑

明宣宗朱瞻基像

和的船队,最远到达赤道以南、非洲东海岸的麻林,即今天肯尼亚的马林迪。船队给朱棣带回了奇异的非洲动物,如鸵鸟、斑马、犀牛、长颈鹿等。

永乐二十年(1422年),郑和第六次远航归来。此时,文官们已经开始批评皇帝的海外政策了,他们认为,皇帝从遥远的海外取来的通常无益的物品耗费了巨额的金钱。两年后,永乐皇帝朱棣在出征蒙古回师的途中病逝于榆木川。继位的洪熙皇帝朱高炽对远洋航行没有兴趣,命令停止远航,并且将郑和安置在南京。郑和在南京提督南京城外大报恩寺的修筑工作。

郑和的第七次远航。宣德五年(1430年),宣德皇帝朱瞻基决定第七次派郑和下西洋。《明史·郑和传》对郑和最后一次远航的动机是这样描述的:"帝以践阼岁久,而诸番国远者犹未朝贡,于是和、景弘复奉命历忽鲁谟斯等十七国而还。"在朱瞻基登基之后的第五年,因为由远方前来朝贡的国家越来越少,他决定派郑和再度下西洋。当然,也有学者认为,第七次远航决定的做出，是因为需要下西洋继续采购皇室所需要的奢侈品。

宣德八年（1433年），第七次远航的郑和船队回到中国。然而，关于此时郑和是否还活着却是一个谜，因为据说郑和在当年航海途中逝世于印度的古里。人们怀疑南京江宁区牛首山南麓的郑和墓只是一座衣冠冢而已。然而，清修《明史》却记载说："自宣德以还，远方时有至者，要不如永乐时，而和亦老且死。"按照《明史·郑和传》的说法，郑和是老死的，而不像是逝于远航途中。到今天为止，郑和之死依旧是一个未解之谜。

1905年，梁启超先生发表《祖国大航海家郑和传》，盛赞郑和是与哥伦布、达·伽马并时而兴的"全世界历史上所号称航海伟人"。然而，郑和的逝去，却似乎标志着明初大航海时代的结束。

关于郑和之死，时间、地点与安葬之所，都有不同的说法：一、郑和逝世于船队回航的途中，船队对郑和实行海葬，让这位大海之子回归了大海，他的一撮头发则被带回到南京安葬；二、郑和回到南京之后逝世，葬在牛首山麓。1959年，在该山的周昉村发现了"马回回墓"，1985年地方政府出资将墓重新修缮，题为"郑和墓"。但是，对于该墓究竟是实际墓葬，还是郑和的衣冠冢，议论仍是喋喋不休。例如，有一种说法便认为郑和的骨灰葬于弘觉寺塔下地宫之中，而牛首山墓只是衣冠冢。

郑和前后七次远航，到达了亚洲、非洲三十多个国家和地区，促进了中国人民同亚、非各国的经济文化交流，增进了彼此之间的友谊。在今天东南亚一带，依然保留着许多跟郑和有关的遗迹、传说，建立了许多纪念郑和的祠庙。在印度尼西亚爪哇岛的三宝垄，就有三宝洞、三宝墩、三宝井、三宝河与三宝圣碑。郑和在永乐七年（1409年）用中文、泰米尔文和波斯文三种文字刻写的石碑，保存在斯里兰卡的国立博物馆。在郑和船队访问之后，许多国家纷纷派使节和商队来到中国。东南亚国家的一些国王，甚至亲自来到中国访问，如浡泥（今文莱）、苏禄（今菲律宾苏禄群岛）、古麻剌朗（今菲律宾棉兰老岛）国王都曾访问中国，而满剌加在永乐、宣德间先后有三位国王五次到中国访问。郑和远航，开创了明代朝贡贸易的一个辉煌时代。

对明朝的人来说，郑和远航也扩展了他们的地理知识。跟随郑和远航的随从人员马欢和费信、巩珍等人，回国后分别写下了《瀛涯胜览》《星槎胜览》《西洋番国志》等书，详细记载了所经历各个国家的风土人情，增加了中国人民对它们的了解，丰富了人们的地理及航海天文知识。郑和所用的航海图原本虽然早已失传，然而明人依据郑和下西洋的路径，绘制了二十四页的《自宝船厂开船从龙江关出水直抵外国诸番图》，简称"郑和航海图"，保存在茅元仪的《武备志》之中。为此，李约瑟曾在《中国科学技术史》一书中感叹说："明代是中国历史上最伟大的航海探险时代。"

由于文官们的强烈反对,以及宣德皇帝于宣德十年(1435年)逝世,整个明朝帝国对于海洋的热情迅速消退,远航的计划从此被取消了。三十年后,宦官们向成化皇帝讲述永乐时期的大航海故事。很感兴趣的成化皇帝命人到兵部索取郑和航海的档案。由于担心皇帝会有再度远航的计划,兵部车驾郎中刘大夏悄悄将档案藏了起来,并且说:"三保下西洋,费钱粮数十万,军民死且万计,纵得奇宝而回,于国家何益?此特一弊政!"

这一说法只见于严从简写成于万历二年(1574年)的《殊域周咨录》,而没有其他证据佐证。学者们对刘大夏是否真的销毁了郑和航海档案表示怀疑。然而,在儒家保守主义日益占据上风的明代中晚期,昔日郑和下西洋的壮举反成了被儒家士大夫批评的"弊政",大约是事实。

大航海的停止,像它的开始一样突然。此时,大陆的另一端,葡萄牙"航海王子"亨利做出了撇开地中海、面向大西洋的海洋探险计划,尽管他的船队只能在非洲西海岸——西撒哈拉的博哈多尔角(Cape Bojador)附近逡巡,但寻找印度和试图进入印度洋的决心却没有动摇。然而,此时明帝国却从印度洋领域完全退出了。英国著名历史学家汤因比在《人类与大地母亲》一书中说,郑和的船队"在世界上是无与伦比的,所到之地的统治者都对之肃然起敬。如果坚持下去的话,中国人的力量能够使中国成为名副其实的全球文明世界的'中央之国'"。

年鉴学派历史学家布罗代尔说,郑和远航停止以后,有着许多优点的"中国帆船",从此"只开往日本,朝南从不超过北部湾"。而且,由于明朝政府禁止民间使用二桅以上的大船。1498年,葡萄牙人到达印度时,中国的商船已在多年之前停止了对苏门答腊以西的贸易。明朝政府在向海洋迈出一大步后,退了回来。

郑和下西洋之后,以政府为主导的朝贡贸易衰落了,海禁政策抬头。僵化的朝贡贸易体系,已不足以应对繁荣昌盛的海外贸易需求了。私人海外贸易却因此受到刺激而繁盛起来了,海外移民的热潮也兴起了。万历时代的严从简在《殊域周咨录》中引用嘉靖《广东通志》的话说:"自永乐改元,遣使四出,招谕海番,贡献毕至,奇货重宝,前代所希,充溢库市,贫民承令博买,或多致富,而国用亦羡裕矣。"从这条记载来看,明朝人确实认为16世纪民间海外贸易的繁荣,受惠于永乐初年的"遣使四出"。随着葡萄牙、西班牙、荷兰人在16世纪到达亚洲,东西方的经济圈就此接轨。一个全球化的贸易时代即将来临。

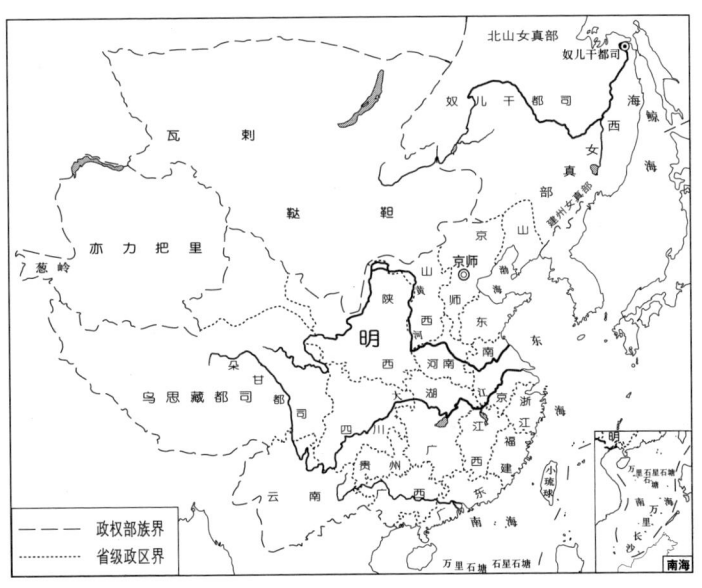

明朝形势图（1433年）

内阁制度

文渊阁

洪武十三年（1380年），朱元璋废除中书省及中书省丞相。从此，在中国历史上存在了近两千年的宰相制度被废除了。虽然没有了中书省，但是，中枢政务的存在却是客观事实。没有丞相，意味着所有的中枢政务都要集中到一个人的身上，这个人就是皇帝。一切决策，都将要由朱元璋一个人来面对，而吏、户、礼、兵、刑、工六部，以及都察院、通政司、大理寺等行政机构的行为，只对皇帝一个人负责。

废除宰相制度，固然保证了皇帝的高度集权，但也加重了皇帝处理政事的难度。有人统计，从洪武十七年（1384年）九月十四日到二十一日，八天中，内外诸司的奏疏共有一千六百六十道，涉及的事情达三千三百九十一件。平均计算，朱元璋每天要阅读二百零七份奏章，处理四百二十三桩政事。

因此，废除宰相制度带来了两个问题。首先，谁来协助皇帝治理国家；其次，六部、都察院等机构并列所带来的支离破碎的中央权力，由谁来进行协调。

殿阁大学士参预机务。废中书省后不久，朱元璋开始设置"四辅官"。他从民间征召了几位老儒，让他们每月按旬轮值，辅导自己行政。四辅官品级很高，是从一品的高官。两年后，四辅官因为没能在实际政治中发挥作用，被朱元璋废除。紧接着，朱元璋设立殿阁大学士，从翰林院中选择儒臣为殿阁大学士，以备顾问，向皇帝提供咨政议政的服务。

洪武时期的殿阁大学士，对当时政治的影响微乎其微。但是，从翰林院儒臣中遴选殿阁大学士以备皇帝顾问的做法，为内阁制度的形成奠定了形制上的基础，可以视为后来内阁制度的雏形。

到永乐初年，内阁制度初现端倪。朱棣即位不到一个月，即命解缙、黄淮、胡广、杨荣、杨士奇、金幼孜、胡俨等七人入翰林院，"直文渊阁，参预机务"。

《文渊阁书目》

文渊阁位于午门内，地处内廷，故称内阁。明初，文渊阁是皇家藏书之所。杨士奇等人曾据阁中藏书编纂过《文渊阁书目》。彭时在《彭文宪公笔记》中说："文渊阁在午门内之东，文华殿南，面砖城，凡十间,皆覆以黄瓦。西五间,中揭'文渊阁'三大字牌匾。"文渊阁共十间,西边五间,放置红柜,用来储藏历朝《实录》,东边五间,"前后皆列书柜"。整个文渊阁的建筑是南向的,而门是西向的。明末孙承泽《春明梦余录》写道:"大学士直舍,所谓内阁也,在午门内东南隅,外门西向,阁南向,入门一小坊,上悬圣谕。过坊即阁也。"

文渊阁同时也是明初内阁制度的萌芽之地。自明朝中期以后,文渊阁是中枢禁地。崇祯年间的内阁大学士黄景昉在《馆阁旧事》中写道:"文渊阁为禁中深严之地,门榜圣旨,闲杂莫敢窥者。跟随班从,至阁门止,惟一、二书写仆得从入,各给牌为验。"禁卫森严的原因是,明代中晚期的文渊阁乃是处理政务的"政本之地"。

朱棣命令入阁的七位阁臣,主要任务有两项,一是为皇帝起草诏令,一是与皇帝商议机务。七人中,最著名的当数解缙与杨

解缙像

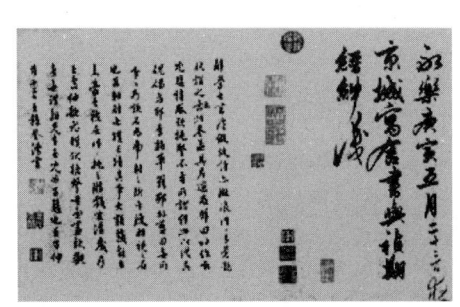

解缙书法

士奇。

解缙（1369—1415年），字大绅，号春雨，江西吉水人。解缙博学多才，有人将他比作汉初的才子贾谊。解缙熟悉历法，诗歌、书法也很优秀，《明实录》称赞他"文学书札，独步当时"。清代著名的诗评家沈德潜说，解缙的诗"得李太白遗意，律诗绝句，俱近唐人"。解缙的草书"纵荡无法"，而行书宗王羲之，婉丽端雅，小楷精绝，被后来曾任南京国子监祭酒的陈敬宗认为是"近岁第一笔"。

解缙最初很受朱元璋器重。朱元璋为磨炼他的意志，让解缙回老家，许诺十年之后再大用他。然而，不到十年，朱元璋便先死了。建文一朝，解缙郁郁不得志。朱棣即位后，解缙才迎来自己大展身手的机会。据说，朱棣入南京后，召见解缙，解缙应答敏捷，无所凝滞。从此以后，"一时诏敕号令颁布四方"，皆出解缙之手。朱棣做皇帝，颁登基诏，先让方孝孺起草，但方孝孺决心一死，拒绝起草。学者们认为，朱棣的登基诏后来是由解缙起草的。

入值文渊阁的解缙，在永乐初年成了朱棣的首席顾问。在朱棣的授意下，解缙负责重新修纂《太祖实录》，并且开始编纂中国历史上最大的一部类书——《永乐大典》。不过，《永乐大典》最终修成之前，解缙已经失宠了。贬谪、关押多年之后，昔日的内阁学士解缙，

《永乐大典》书影

被锦衣卫指挥使纪纲杀害在狱中。

相比而言，杨士奇（1365—1444年）的命运要比解缙好得多。杨士奇，名寓，字士奇，号东里，江西泰和人。建文时，因修纂《太祖实录》应征来朝，后供职于翰林院。朱棣即位后，杨士奇入文渊阁办事，从此在永乐、洪熙、宣德、正统四朝的内阁中，一待就是四十三年。因此，杨士奇权力上升的一生，同时也是内阁制度逐渐形成的过程。

杨士奇像

入阁后的杨士奇，在朱棣面前举止恭谨，应对得体，所言朝政深中皇帝本意，深为朱棣所信任。永乐九年（1411年），朱棣下令第三次修改《太祖实录》，便以杨士奇为总裁。杨士奇主持修改的《太祖实录》，让朱棣很满意，此后没有再修改。朱棣多次北巡，每次杨士奇都是留在南京，辅佐太子。远在北京的朱棣，有一次写信给太子朱高炽说："最近伊王来对我说，不久前经过开封，看见周王出语忿恨。周王心不可测，你应该加意防慎。这道敕书，你可以给蹇义、金忠、黄淮、杨士奇四人看，不要再泄露给其他人。"

如此绝密的敕书，只能给吏部尚书蹇义，兵部尚书金忠，内阁学士黄淮、杨士奇四人看，反映了内阁学士在永乐朝"参预机务"的真实情形。实际上，纵观永乐一朝，内阁诸臣的品级虽然

明仁宗朱高炽像

很低，官止五品，但赏赐却往往是按照六部尚书的标准进行的。

票拟批答，首辅专票。洪熙朝及宣德初年，内阁诸臣的地位和品秩迅速上升。永乐后期，由于皇帝与太子之间的矛盾，辅助太子的杨士奇曾短暂入狱，不过很快便官复原职了。太子朱高炽即位后，杨士奇很快就被提升为礼部左侍郎兼华盖殿大学士。不久，仁宗赐给吏部尚书蹇义和内阁学士杨士奇、杨荣、金幼孜各一枚银章，上刻"绳愆纠缪"字样，在直接向皇帝上密奏时使用。

永乐二十二年（1424年）十二月，仁宗朱高炽任命杨荣为工部尚书兼大学士。此后，杨士奇、黄淮、金幼孜等人在宣宗朱瞻基统治时期相继晋升为尚书。内阁大学士兼尚书，则阁权渐重于部权。在宣德朝，由杨士奇、杨溥、杨荣三人组成的内阁"三杨"，与吏部尚书蹇义、户部尚书夏原吉，都是皇帝的股肱之臣。正统初年，由于明英宗年幼，内阁"三杨"实际上成了朝政的主宰者。

内阁地位的提高，表现在入阁人员的身份上。宣德年间，张瑛入阁，入阁前是正三品的礼部侍郎，入阁时晋为从二品的礼部

明人绘《杏园雅集图》(局部)。描绘的是明正统年间,内阁大学士杨荣、杨士奇、杨溥等雅集于杨荣家的杏园中的情景。

尚书,兼华盖殿大学士。正三品的官员入阁,是从张瑛开始的。景泰五年(1454年),王文以吏部尚书兼东阁大学士,而入阁前他已是正二品的左都御史,进少保,为从一品。王文入阁,开了二品大僚入阁的先例。弘治四年(1491年),丘浚入阁为文渊阁大学士,此前他是正二品的户部尚书,入阁时加太子太保,从一品。丘浚入阁,开了六部尚书入阁的先例。都察院左都御史和六部尚书的入阁,说明内阁地位在明代中期以后已高于部、院。

台湾学者张治安先生曾对明朝一百六十三位阁臣入阁之前的职务做过统计,发现入阁前职任六部尚书的有五十六人,约占百分之三十四;入阁前职任六部侍郎的有六十六人,约占百分之四十一。也就是说,约有百分之七十五的阁臣是从吏、户、礼、兵、刑、工六部的尚书、侍郎中选任的。

实际上，为了获得入阁的机会，官员之间不惜互相攻击。崇祯年间，礼部右侍郎钱谦益担心"廷推"时尚书温体仁和侍郎周延儒会排在自己的前面，就暗中使力气想让温体仁不列名于会推名单中。温体仁便攻击钱谦益典浙江乡试时有舞弊行为，并且指使常熟人张汉儒告钱谦益贪肆不法。最后，钱谦益向司礼监太监曹化淳求救，使温体仁辞职，而自己也削籍而归，两人都没有如愿入阁。还有一些大臣，为了入阁，不惜奴颜婢膝，求助于宫中的宦官。例如，正德时期，宦官刘瑾权势熏天，焦芳就是因为给刘瑾通风报信，才得以入阁为大学士；另一位大学士刘宇则是向刘瑾一次性送了上万两银子，才得以入阁。

内阁学士备顾问，最初多半是靠着与皇帝面对面的交谈来实现的。例如，仁宗朱高炽即位后，即位诏颁布刚两天，他与吏部尚书蹇义、户部尚书夏原吉在便殿议事，远远看见杨士奇过来，便对二人说："新华盖殿学士来了，必有忠言，一起听听吧。"果然，杨士奇进殿说："即位诏里刚刚说过减天下岁供，惜薪司却传旨征枣八十万斤，与诏书不合。"仁宗马上下令减征四十万斤。然而，随着皇帝日益深居简出，大臣们跟皇帝之间的接触越来越少。在这种情况下，内阁学士的顾问之责，只能通过书面意见呈现。黄佐《翰林记》记载："上（即仁宗）每退朝还宫，遇有几务须计议者，必亲御翰墨，书（杨）荣等姓名，识以御宝，或用御押封出，使之规画。荣等条对，用文渊阁印封入。"这样，面谈为笔谈所取代。随着后来的皇帝越来越深居简出,这种书面交流越来越制度化,内阁开始代皇帝批答奏章,即"票拟"。

票拟又称条旨、票旨、票本、拟票,是指内

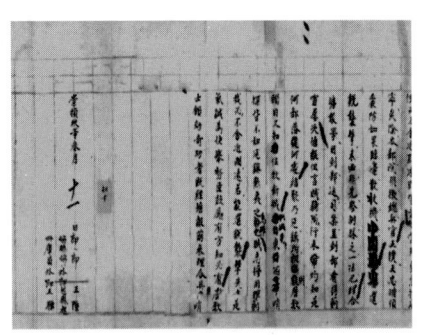

明代内阁奏折草本

阁大学士用墨笔在小票上写下意见,再将小票贴在奏疏之上,交给皇帝,以备决策参考。黄佐《翰林记》载:"宣庙时,始令内阁杨士奇及尚书兼詹事蹇义、夏原吉于凡中外奏章,许用小票墨书,贴各疏面以进,谓之条旨,中易红书批出,上或亲书或否。"可见,替皇帝票拟,最早不是内阁的专职,其他一些皇帝信任的大臣也可以票拟。

最早在仁宗时期,户部尚书夏原吉就已经开始替皇帝票拟了。夏原吉,字维喆,湖南湘阴人,是15世纪初最有经济才干的名臣。永乐一朝二十二年,夏原吉当了十九年的户部尚书,熟悉国家财政。永乐八年(1410年),朱棣北征,夏原吉曾经辅佐过时年十三岁的皇长孙朱瞻基留守北京,被朱棣褒奖为"周公辅政"。永乐十九年(1421年),夏原吉劝朱棣不要再北征,触怒了朱棣,被捕入狱。后来,朱棣在北征途中死于榆木川,死前感叹说:"原吉爱我。"朱棣逝世的消息传回北京后,太子朱高炽来到锦衣卫大牢，赐夏原吉"御膳"，"咨国事"。夏原吉忠心耿耿地辅助了朱棣、朱高炽、朱瞻基祖孙三人。明仁宗朱高炽对夏原吉极为信任。《夏忠靖公遗事》记载："(仁宗)遇有急务，赐手敕访公。凡内外诸司所进章疏，多命公先条进其旨，而后从中批出。"从这条记载来看，夏原吉就是明代历史上最早为皇帝条旨的大臣，时间则在仁宗统治时期，也就是1424年到1425年。夏原吉为仁宗朱高炽"条旨"，通常不加决断，而是照奏章所涉事务批转各部，写上"吏部知道"或者"兵部知道"字样。有人问他为什么不直接提出建议和对策。夏原吉说："予夺之柄，非臣下所敢夺，故付之六部，定其可否而取复上裁，庶事有所分而权不下移。"这样做确实表现了夏原吉的谦虚。但是，从中我们也可以看到，大臣替皇帝"票拟"，确实有突破祖制的危险。

像宣德年间尚书夏原吉、蹇义参与票拟之事，被称作"预阁务不居其职"，"朝夕备顾问拟旨，然不与阁职"。然而，随着阁权日重，票拟逐渐成为内阁的专职，不入内阁的人不可能替皇帝拟旨。

内阁专职票拟，始于正统皇帝朱祁镇时期。宣德十年（1435年），朱瞻基去世，太子朱祁镇年仅九岁。朱祁镇即位后，廷臣请太皇太后张氏垂帘听政。张太后遵守后妃"不预政事"的祖宗家法，不愿意垂帘听政，命凡事交内阁议决进呈，然后施行。内阁"三杨"，实际上相当于太皇太后所倚靠的一个"摄政团"。黄佐《翰林记》载，正统以后，"始专命内阁条旨"。票拟制度的出现,是内阁制度完备的标志。

从《明会典》的记载来看,内阁的职权非常多,除票拟之外,还包括知经筵、修《实录》等。不过,《明史·职官志》将内阁的核心

《明会典》

职权概括为十六个字:"献替可否,奉陈规诲,点检题奏,票拟批答。"其中,票拟批答,应该是重中之重。票拟的对象是诸司的章奏,表达的是内阁对章奏的处理意见。每次票拟之后,内阁都会留下底簿,称作"丝纶簿"。票拟的效力虽然取决于阁臣对皇帝的影响力,但是在票拟成为一种制度之后,皇帝也不得不重视内阁的票拟。为此,内阁被称作"政本之地""政府"。

内阁拥有票拟权的初期,票拟一般由阁臣商议而行。然而,到后来,入阁最早、最受皇帝眷顾的阁臣的地位越来越突出,称作"首辅""元辅"。晚明学者王世贞说,弘治、正德年间,阁臣中"居首者始秉笔"。到嘉靖、隆庆、万历年间,首辅的权力更大,形成了首辅专票的局面。

嘉靖时期,张璁任首辅大学士,其他阁臣翟銮、李时没有皇帝特旨安排,就不敢参与票拟。夏言任首辅时,每次票拟后即送往内廷,只是偶尔让严嵩过过目而已。严嵩任首辅时,推荐性情柔弱的吏部尚书许赞入阁,但许赞却从来不能参与票拟。百无聊

赖时，许赞就感叹说："何夺我吏部，使我旁睨人。"意思是说，既然如此，为什么把我从吏部尚书的职位上弄过来，让我坐在旁边闲看别人！

独裁的典型，是万历初年的张居正。由于万历皇帝年幼，内阁首辅大学士张居正几乎行使的是摄政的权力。他自己也说："我不是辅政，而是摄政。"其他阁臣，唯张居正马首是瞻。张居正父亲去世时，在家三日不出，内阁办事人员就用盒子装着章奏到张居正家中让他票拟，而内阁其他阁臣闲坐阁中，无事可做。这种情形，在晚明孙承泽的《天府广记》中是这样形容的——"红本到阁，首辅票拟，余唯诺而已"。

夹缝中的内阁。作为辅佐皇帝决策的机构，内阁填补了明朝废宰相之后的权力空间。内阁大学士也常被人们称为"相"。但是，内阁却并不等于相权的回归。官员们在成为内阁大学士后，总是谦逊地说，自己是被命"文渊阁办事"。内阁大学士只是皇帝的助手，并不能自主决断事务。明朝后期的首辅大学士徐阶说："阁臣之职，止是票拟。"内阁大学士要想行使某些举措或者弹劾某位官员，并不能直接上奏，而是需要嘱咐六部、都察院或各省官员通过奏疏的形式发起建议，再通过票拟实现自己的意志。

换言之，内阁大学士必须结纳其他官员，才能实现自己的施政目的，同时也会形成自己的权力小集团。这也是晚明党争风气特别严重的一个间接原因。内阁常常发现自己处于艰难的夹缝之中，一方面得不到他们效忠的皇帝的充分信任，另一方面却还要面临来自官僚集团的压力。

内阁在明代政治体制中的地位很微妙。一方面，它处于皇帝与中央部、院之间，发挥着协调的作用。明朝后期的嘉靖皇帝在严嵩垮台后，对内阁曾有一番评语，认为内阁"虽无相名，实有相职"。隆庆年间的首辅大学士高拱也说，内阁"虽无宰相之名，有其实矣"。但是，另一方面，内阁大学士却又觉得办起事来缩手缩脚。万历末年的内阁大学士叶向高就说："阁臣无相之实，而虚被相之名。"也就是说，有人说阁臣是"有名无实"的宰相，也有人说阁臣是"有实无名"的宰相。到底该如何理解？其实，明代的政治体制中，内阁确实不是相权的回归，而是由皇帝的秘书顾问机构，逐渐成长为一个超越单纯的秘书职能的权力协调机构。它究竟是"有名无实"还是"有实无名"，取决于内阁大学士个人的政治能力及其对皇帝的影响力。

其次，内阁大学士的权力受到君主专制权力的严重束缚。勤政的皇帝可以绕开内阁的票拟直接批答；如果皇帝不同意内阁票拟，可以发回内阁重拟，或者传口谕令内阁照自己的意思票拟；皇帝可以将奏疏留在宫中，不发给内阁票拟，也可以将已经票拟的奏疏留在宫中不往下发，称为"留中"。

明朝晚期的万历皇帝就常将大臣的奏疏留中不发，以至于内阁无事可做。当时的首辅大学士叶向高终日内阁闲坐，感叹道："安得票一疏，全我体乎！"意思是，要是能拿到一份奏疏来票拟一下就好了，也算能保全我这个内阁大学士的体面啊！实际上，尽管内阁偶尔会坚持自己票拟的意见，但归根结底所有的权力还是集中在皇帝一人之手。

明人绘《十年同会》（局部）中的明代文官形象

而且，内阁大学士的选择权，也操纵在皇帝手中。明代中后期，入阁成为内阁大学士几乎是每个官员的梦想。至于什么样的人才能成为内阁大学士，则取决于许多因素。大臣的资历、威望固然很重要，而且明朝中后期大学士的入阁也常要经过"廷推"这样类似选举的程序，但是，官员入阁，归根结底要取决于皇帝。一般说来，如果一位官员曾经在皇帝还是皇子或者太子时

内阁制度

做过他的老师，他进入内阁的可能性就会非常大。像明代后期的著名大学士高拱、张居正等人，都曾经是隆庆皇帝裕王府的讲官。而且，如果皇帝愿意，可以特旨简选自己喜欢的人进入内阁办事。明朝最后一位皇帝崇祯帝统治了十七年，内阁大学士用了五十人，这充分说明专制君主在选择内阁大学士时的随意性。而且，皇帝的一道圣旨，完全可以决定一个内阁大学士的命运。例如，隆庆六年（1572年）六月十六日，宫中传话内阁大学士到会极门候旨。不一会儿，太监宣旨："今有大学士高拱专权擅政，把朝廷威福都强夺自专，通不许皇帝主管，不知他要何为？我母子三人惊惧不宁。高拱著回籍闲住，不许停留。"一道突然的圣旨，将此前还趾高气扬、踌躇满志的高拱送回了河南新郑老家。

随着宦官干政的程度越来越深，内阁诸臣由于需要与宦官频繁打交道，对宦官也就越来越客气。陆深《玉堂漫笔》中记载，英宗天顺年间，司礼监的太监到内阁，阁臣李贤只需要常服接见；到彭时任首辅时，就要衣冠整齐接见太监，阁臣向西坐，而太监向东坐，太监中的第一人对着阁臣中的第三人。至于相送，之前李贤是作一个揖便算送客了，后来送出阁就可以，到商辂的时候须送下台阶，到万安的时候要送到内阁门。何良俊《四友斋丛说》记载一个宦官的话说：当初我们见到张璁张阁老时，我们要打个躬；后来见夏言夏阁老时，我们只平眼正视就可以；现在严嵩严阁老见到我们，总是先拱拱手再进去。

内阁权力还严重地受到宦官势力的制约。几乎在宣宗朝内阁获得"票拟"权力的同时，宦官二十四衙门中最重要的机构司礼监获得了"批红"的权力。"批红"指司礼监秉笔太监按内阁的票拟，经皇帝审批后，用朱笔代皇帝写出。如此一来，章奏批答多半经由宦官之手，故有"内阁之拟票，不得不决于内监之批红，而相权转归之寺人"的说法，这里的寺人就是指宦臣。例如，在宦官权力最厉害的天启时期，非但不经内阁票拟的旨意经常自宫中发出，而且经过内阁票拟的章奏，也必须等到魏忠贤到了才敢批答。

天启朝的内阁大学士冯铨，靠着投靠司礼监秉笔太监魏忠贤，非但复官，更在天启五年（1625年）晋升为礼部右侍郎兼东阁大学士。魏忠贤被崇祯皇帝清除之后，冯铨作为阉党之一，被追究责任，论杖徒，赎为民。到清顺治元年（1644年），清兵入关，冯铨应清朝摄政王多尔衮的征召，开始在清朝做官。顺治十六年（1659年），清朝改设内阁，冯铨以礼部尚书兼中和殿大学士。冯铨是在明清两代都曾做过内阁大学士的人物。这也表明，在内阁制度上，明清两代是相承不替的。其区别在于，清朝皇帝更专制，似乎也更勤政，大臣奏章多由皇帝亲批。一种制度的出现和消失都有着当权者各自的目的，制度的完善和发展从某种意义上说也有它的必然性。在明朝手握重权的内阁，到了清代，变成了不再拥有票拟之权的内阁，从此也就失去了作为政治中枢的地位！

土木堡之变

明英宗朱祁镇像

农历八月十五日,对于五百多年前的明朝人来说,已然是一个重要的节日。在这天的夜里,人们会摆出美味的月饼瓜果,用以拜月。皇宫中,惯常是要赏花的,秋海棠、玉簪花此时开得最艳。总之,团圆本应是这个夜晚的主题。然而,正统十四年(1449年)的中秋夜,在距离北京一百公里处的土木堡,却全然没有团圆的气氛,到处浸透了鲜血和死亡的气息。二十三岁的年轻皇帝朱祁镇所率领的五十万明朝军队,在土木堡溃败!

宦官专权与边疆危机。朱祁镇，出生于宣德二年（1427年）十一月十一日。据说，还在朱祁镇学说话的时候，父亲朱瞻基曾将他抱到膝上，问："他日为天子，能令天下太平乎？"小朱祁镇应声答道："能。"朱瞻基又问："有干国之纪者，敢亲总六师往征其罪乎？"小朱祁镇回答说："敢。"这则记载，对于朱祁镇后来的命运来说，真是一种讽刺。首先，明英宗朱祁镇统治时期，明朝并不太平！其次，朱祁镇倒确实是敢亲率六师御驾亲征，但最后带来的不是成功，反而使自己成了俘虏，还给明朝带来了一场前所未有的危机。

与明代其他皇帝不同，朱祁镇一生中曾经使用过两个年号——正统和天顺。两个年号之间，是他的弟弟朱祁钰统治的景泰年间。所以，人们更多称呼他的庙号——英宗。土木堡之变，是朱祁镇一生的重要转折，也被一些历史学家当作明代前期与中期的分界线。

俘虏朱祁镇的，是蒙古的瓦剌部。1368年，徐达率领的明朝北伐军攻克元大都，元顺帝北逃，从此结束了元朝近百年的统治，标志着明朝统治的确立。但是退居漠北的蒙古军事贵族并不甘心失败，时刻准备伺机南下，成为明朝严重的边患。明太祖朱元璋曾经多次命徐达、蓝玉等大将北伐远征，明成祖朱棣更是曾经五次亲征，还将都城迁到临近北边防线的北京。但是，来自蒙古诸部的威胁却无法彻底根除。

蒙古内部鞑靼、瓦剌部的内斗也很严重。14世纪初，瓦剌逐渐强大起来。瓦剌部首领脱欢向东攻杀了鞑靼的阿台吉和阿鲁台，拥立元朝皇帝的后裔脱脱不花为可汗，自称丞相。脱欢死后，他的儿子也先继承了父亲的权力，称太师淮王，掌握实际权力。

也先及其瓦剌部崛起时，明朝开始进入一个动荡期。之前的洪熙、宣德两朝，经济发展，政治清明，被史家称作"洪宣盛世"，足以与汉代"文景之治"以及唐朝的"开元盛世"相提并论。雍容典雅的"台阁体"文风和书画艺术，在宣德年间达于极盛。盛极而衰，在宣德十年（1435年）朱瞻基病逝后，明王朝开始遭遇一系列的危机，包括宦官专权、大规模的流民起义以及边疆危机。

朱瞻基山水人物画

朱瞻基逝世后，继立的朱祁镇年仅九岁。正统初年，政局操纵在太皇太后张氏和内阁学士"三杨"的手中。正统七年（1442年），太皇太后张氏去世，之后，内阁"三杨"或病逝，或年迈，政治权力逐渐集中到宦官王振之手。

王振是蔚州（今河北蔚县）人，相传曾经当过儒学教官，实际乃自幼净身入宫，有文化，能教宫女们读书。宣宗朝，王振侍奉太子朱祁镇读书，后升任司礼监太监。朱祁镇即位后，对王振很信任，称"先生"而不直呼其名。王振是明朝历史上第一位专权擅政的宦官。一些正直的大臣如刘球，因为弹劾王振被逮入诏狱，谋害至死。王振权势最盛时，公侯勋戚都称呼他为"翁父"。后来王振在土木堡之变中被乱兵杀死，英宗朱祁镇复辟后，还在智化寺内为他修建"旌忠祠"。

正统朝后期，明王朝的阶级矛盾与民族矛盾都很尖锐。正统十二年（1447年），在浙江南部的非法采矿者叶宗留揭竿而起；正统十三年（1448年），福建西北部的佃农邓茂七公开造反。在

智化寺

智华寺内存王振像

正统十四年（1449年）起义被镇压之后，义军残部依旧在闽、浙、赣交界地带活动。

正统四年（1439年）起，明朝政府在麓川一带（今云南瑞丽一带）发动了长达十年之久的麓川之役，以平定麓川宣慰使思任发及其子思机发的叛乱，前后三次用兵，每次用兵十余万人，消耗了巨大的财力物力。因此，当正统十四年瓦剌入侵山西大同，朱祁镇决意亲征之时，明朝政府实际上面临东南、西南、北部同时开战的危险。

正统十四年，无论是皇帝还是权势熏天的宦官王振，都是积极的好战派。王振好战，是希望通过军功来巩固自己的地位。为此，他极力怂恿年轻的皇帝御驾亲征。虽然吏部尚书王直率领百官竭力劝阻和抗议，但在王振的强势下根本不起作用。

对于年轻的皇帝本人来说，他也希望能够驰骋沙场，有一个英武的形象。后来号称贤明的弘治皇帝，在弘治十四年（1501年）就想向明成祖朱棣学习，出塞亲征，他对兵部尚书刘大夏说："太宗频出塞，今何不可？"幸亏刘大夏应对得很聪明，说："陛下神武固不后太宗，而将领士马远不逮。"朱祁镇距离自己的曾祖父北征，不过三十年，而距离自己的父亲屡次巡边的举动，则不过十余年。因此，他效法祖、父，巡边北征的愿望也就更为强烈。正因为此，清初著名的史学家谈迁说："宣宗巡边，偶而取胜。然而兵无常势，土木堡之陷是过于蔑视强胡的后果。"

危机重重中的草率决定——御驾亲征。七月十六日,朱祁镇命郕王朱祁钰留守,自己亲率明军从北京出发,随行文武大臣有英国公张辅,成国公朱勇,户部尚书王佐,兵部尚书邝埜,内阁学士曹鼐、张益等人,宦官王振也陪同出征。由于准备仓猝,军队只准备了一个月的口粮。以这样的储备深入草原与蒙古骑兵作战,无疑非常冒险。据说,从北京出发之后,途中,内阁学士曹鼐曾秘密与从征的御史们商议,想派武士一人将王振打死,以劝止皇帝御驾亲征。但是,"诸御史惴惴无敢应者"。于是,大军浩浩荡荡地出了居庸关,在七月二十三日到达了宣府,八月初一到达大同。

到达大同后,王振得到了大同总督军务西宁侯宋瑛、总兵朱冕在七月十六日的战役中战死、全军覆没的惨败消息,非常惊恐,决定退兵。几十万军队徒劳地转了一圈,掉头向京城返回。

大同副总兵郭登通过内阁学士曹鼐向皇帝建议,大军从紫荆关(今河北易县西)退回京师,可保安全。王振请求皇帝顺道巡幸自己的老家蔚州。然而,军队快到蔚州时,王振担心军队经过会毁坏自己家乡的农作物,决定改道。军队折而向宣府前行。八月初十,明军抵达宣府,但瓦剌骑兵已经追到。朱祁镇一面派兵拒战,一面继续往京城退却,负责断后的成国公朱勇及四万军队全军覆没。

八月十三日,明军抵达土木堡,距离怀来城仅二十余里。土木堡是居庸关通往宣府、大同的交通要道上的一个驿站,位于狼山西麓，东距怀来卫（今河北怀来）二十五里，周围百里内高峰林立。王振为了等候自己的千余辆辎重车，不肯进城，明英宗便也驻留在土木堡狼山之上。兵部尚书邝埜请皇帝以精兵断后，被王振呵骂，诸臣只能在帐中愤泣。八月十四日黎明，瓦剌军队追到土木堡，包围了明朝军队。八月十五日，明朝军队溃败，大批文武官员死于此役，王振也死于乱兵之中。据明人刘定之《否泰录》的记载，这次战役中，"虏众仅二万，我师死伤过半"。

土木堡之役，明朝五十万军队为什么会被两万的瓦剌军队击溃？有学者认为，明军五十万人的说法不准确，明朝随征官军人数可能是三十万左右，而且在之前的几次拒战中又损失了约五万人。然而，即便如此，二十余万的明军何以被两万的瓦剌军队击败呢？这场战役中明军失败的原因有以下几点：一、明军所驻扎的土木堡周围尽皆高山，难以让数十万的明军展开；二、明军驻扎在狼山上，离水源地太远，掘地十余丈又不能得水，人马饥渴；三、八月十五日，王振派人前去与瓦剌军队议和，趁机命令移营前往十余里外的河道就水，结果导致阵势动摇，反而遭到瓦剌铁骑的突袭。

正统皇帝被俘的消息，在十六日晚上十二点左右传到皇宫，送信者来自怀来卫。怀来卫的信息来源，是由千户梁贵带来的书信，而书信则是由一位名叫袁彬的锦衣卫校尉在正统皇帝朱祁镇的授意下写的。

袁彬在后来追忆的《北征事迹》中记载说:"十六日,皇上在雷家站高岗地上众坐,达子围着。是臣远观,认的是我英宗皇帝。臣叩头哭,上问:'你是甚么人?'臣说是校尉。……又问:'你会写字不会?'臣说会写。就令在左右随侍答应。"英宗朱祁镇写信的意思,是让宫中多拿财宝来赎他。

十七日,皇太后孙氏、皇后钱氏用八匹马驮着大批珍宝,派使者送往也先营里,企图赎回朱祁镇。不过,显然也先的目的不止是金银财宝。从十七日开始,也先就带着朱祁镇到宣府、大同等城下,以朱祁镇为要挟,要求打开城门。各镇守军或者不敢轻信,或者害怕城池失陷,顶着抗旨的危险,只是提供了一些银子,坚决不向裹挟着英宗皇帝而来的瓦剌军队妥协。

"救时宰相"于谦领导北京保卫战。八月十七日,前方兵败的消息在京城蔓延开来。面对危急的形势,留守北京的皇室及大臣们立即做出几项重要的反应。

一、因为国不可一日无君,皇太后八月十八日命正统皇帝的弟弟郕王朱祁钰监国;九月初六,朱祁钰正式即皇帝位,改次年为景泰元年;同时,遥奉朱祁镇为太上皇,立朱祁镇的儿子朱见深为太子。

二、追究土木堡之变的责任,诛灭王振全家及其党羽。在八月二十三日的午门之前,愤怒的官员们在给事中王竑的带头之下，将王振的党羽同时也是当初杀害刘球的锦衣卫指挥马顺活活打死。有官员脱靴击打马顺，将马顺的眼珠都打了出来，一时"血流门阈"。

三、议定京城战守事宜。由于明军新败，人心惶惶，有些官员因为害怕京城不保，开始将自己的家眷送往南方。翰林院侍讲徐有贞就是典型的逃跑主义者。他说，京城守军不到十万人，根本无法抗挡瓦剌军队的进攻，建议迁都南京。但是，兵部侍郎于谦坚决主张留守北京。于谦认为一旦南迁，极有可能落得当初南宋那样的下场，只能划江而治。他说："言南迁者可斩也。京师天下根本，一动则大事去矣，独不见宋南渡事乎！"于谦主战的想法，得到了监国朱祁钰的首肯。

于谦（1398—1457年），字廷益，浙江钱塘（今杭州）人，永乐十九年（1421年）进士。于谦的相貌谈吐都很儒雅，所谓"风骨秀峻，音吐鸿畅"。不久，于谦任监察御史。监察御史官仅七品，但作为"言官"却有相当程度的建言权。宣德元年（1426年）八月，于谦随朱瞻基征讨反叛的汉王朱高煦，受命数落朱高煦的罪状时，"其言皆正大剀切"，深为朱瞻基所欣赏。宣德五年（1430年），朱瞻基特别选拔于谦为兵部右侍郎，巡抚河南、山西两省。由正七品的御史到正二品的

于谦像

兵部侍郎，于谦在当时是破格提拔的典型。

于谦前后两次巡抚河南、山西，鞠躬尽瘁，不辞辛苦。正统十三年（1448年），于谦回朝，任兵部左侍郎，时年五十岁。明史学家吴智和先生评论道："回顾谦自中进士留居翰林数年，随侍瞻基左右，学艺精进，及出为监察御史、巡抚，兴革地方诸弊，要在必行。以如是干练外官，又清廉不媚权贵，上追历代名臣贤相。即无'土木之变'，亦将与世不朽！"土木堡之变后，监国朱祁钰先让于谦代理兵部尚书。八月二十一日，于谦正式担任兵部尚书，主持北京防务。土木之变，将于谦推到了历史的前台。

于谦显示出卓越的军事指挥能力。他加强宣府、大同、紫荆关、居庸关等边塞军事要地的防守，修缮关隘，严令守将不得出城。也先挟英宗到大同。大同守将郭登拒绝开城，声称："奉命守城，不知其他。"如此一来，也先以手中的俘虏英宗皇帝四处讹诈之策，便不再奏效了。

为弥补京城兵力不足，于谦建议将南北两京和河南备操的军士、运河沿岸运粮的漕军、山东等地沿海备倭的军士，都调来守卫京师，同时还派出官员到北直隶、山东、山西、河南等省招募民兵。由于担心通州粮仓被瓦剌军队抢劫，于谦发动京城军民到通州取粮，朝廷给予运费。于谦还起用之前兵败下狱的将领石亨，让他总领京城兵马。到九月底，北京已经集中二十余万守城部队，且军纪严明，整个北京一带的防务得到了整顿和加强。

十月，瓦剌军队分三路大举向明朝进攻，一路由也先率领主力部队攻打紫荆关，一路进攻宣府镇，一路由古北口进犯密云。十月初九，瓦剌军队攻破紫荆关。居庸、紫荆、倒马，为京师防卫的"内三关"。由居庸关入，则势必先经地形复杂、易守难攻的宣府镇。紫荆关在保定府易州西八十里，为京师西南屏障，"宽敞多歧路，守者素不为备"，土木之变后由孙祥、韩青驻守。也先选择从残破的大同直趋紫荆关，是有战略眼光的。两天后，瓦剌军队逼近京师。

居庸关长城

明代铁炮

大敌当前,于谦采取了积极的防御策略。他命令诸将分领二十二万士兵,列阵京师九门外:石亨在德胜门,陶瑾在安定门,刘安在东直门,朱瑛在朝阳门,刘聚在西直门,顾兴祖在阜成门,李瑞在正阳门,刘德新在崇文门,汤节在宣武门。当瓦剌兵临城下时,于谦更是不顾自己的安危,亲自率军布阵于德胜门外,准备对抗瓦剌的主力。他颁发严格的临阵军令:"临阵将不顾军先退者,斩其将;军不顾将先退者,后队斩前队。"

北京保卫战从十月十三日打响,持续五天。十七日,没有讨到便宜的瓦剌军队自动解围,挟带着正统皇帝自紫荆关撤退,途中一路劫掠。出紫荆关后,也先见朱祁镇,宰马,割下马肉,烤了给朱祁镇,并说:"勿忧,终当送还。"此时,明朝已改立了新的皇帝,也先手中的太上皇朱祁镇,已成了一张没有用处的牌!也先后来对明朝使臣李实说:"太上皇帝留在这里,又做不得我皇帝,是一个闲人!"

瓦剌军队撤退了,京城不久解除了戒严,恢复了往日的平静。新皇帝朱祁钰下诏,抚安天下,要求全国人民"各复尔旧,宁尔生,……共乐雍熙之治"。按照惯例,次年的黄历会在这一年的十一月颁行下去,即将进入以朱祁钰的年号纪年的元年——景泰元年。

中国社会科学院历史研究所研究员 商传

北京保卫战保证了明朝统一国家的延续。如果真的把北京放弃了,到南边去了,北方就彻底乱了。如果北方的蒙古人进来了,再想北伐,谈何容易?所以保卫北京,实际上是防止国家分裂的关键一步。

夺门之变。也先既然觉得扣在手中的太上皇成了无用之物,按理说,明朝朝廷应当积极争取让太上皇朱祁镇早日返回北京。然而,皇权是自私的,皇位是诱惑人的。天无二日,国无二君。"太上皇"朱祁镇如果回到北京,景泰帝朱祁钰的合法性便会成为问题。他到时该怎么办呢?是让朱祁镇重新做皇帝?还是自己继续当自己的皇帝?

历史有过类似的经验。南宋的高宗赵构,在临安(今浙江杭州)立都之后,全然没有北伐之念。因为,一旦北伐成功,徽宗、钦宗二帝回来之后,作为徽宗第九子的赵构,就没有再做皇帝的合法性了。像南宋高宗一样,景泰帝朱祁钰也不希望哥哥朱祁镇回到北京。朱祁钰决心要保持他的权力。他的生母和妻子成了皇太后和皇后，而正统皇帝的生母与妻子则搬迁到了其他的宫殿中居住。

朱祁钰在迎回太上皇问题上的消极态度，使朱祁镇在蒙古草原居住了将近一年。也先每二日向朱祁镇进一头羊，七日进一头牛，逢五、逢七、逢十设宴，且逐日进牛奶、马奶。英宗在营中，或坐暖车，或乘马。朱祁镇在大漠的生活似乎其乐融融。然而，朱祁镇无法适应在草原上生活的日子：饮食中没有米饭，也没有蔬菜，因为那里根本就不生产这些。这是让昔日养尊处优的皇帝受不了的。之前八月瓦剌军骚扰大同时，朱祁镇还曾经向大同守将索要西瓜和雪梨。此外，朱祁镇在蒙古，衣着上也很不方便。他见到明朝派过去的使臣，没说几句话就问道："你每与我将得衣帽来否？"

后来内阁大学士彭华在一篇名为《高千户寿藏碑铭》的文章中谈到，一个名叫高君旺的千户曾在这一阶段随侍正统皇帝。高君旺在1449年九月随季铎作为使节到北边见到正统皇帝以后，就一直随侍，"无日不在左右"。景泰元年（1450年）正月初三，"宿黄河套赤山傍，君躬往采薪，今都督袁公彬亲提汲"。从这段话可知，当时正统皇帝身边的人都得亲自干活，打柴提水。所以，正统皇帝在北边的生活，饮食与衣着极为不便，而绝非怡乐自在。

景泰元年六月，朝廷派往蒙古的礼部侍郎李实发现，朝廷的信中竟然只字未提那位倒霉的正统皇帝。太上皇问李实："我在此一年，因何不差人来迎我回？"李实只好撒谎说往来消息都不可靠，自己这次来就是要"探陛下回否消息"。朱祁镇也算知趣，黯然说："你每回去上复当今皇帝并内外文武群臣，差来迎我，愿看守祖宗陵寝，或做百姓也好。"为了能够回国，朱祁镇已经不敢奢望往日的荣华富贵了。

或许是李实带回了太上皇的口头保证，或许是兵部尚书于谦所说的那句话让朱祁钰吃了定心丸。在议论迎回太上皇之事时，于谦劝慰现任皇帝说："大位已定，孰敢有议。"于是，明朝使臣杨善在八月将朱祁镇接了回来。

朱祁钰用了最为简陋的仪簿来迎接自己的兄长："居庸关里接，用轿一乘，马二匹。"八月十五日，又一个团圆的节日，朱祁镇在被俘整整一年后，从安定门进入北京城。不过，此后的朱祁镇不过是从一种囚徒的生活过渡到另一种囚徒的生活。他被自己的弟弟变相囚禁在南宫。两年后，朱祁钰改立自己的儿子朱见济为太子。廷议时，敢于反对改立太子而不署名的，只有刑科给事中林聪等三个品秩较低的官员。显然，如果没有1457年的一场变故，朱祁镇将注定在南宫终老一生。

1457年，按照正常的纪年，应该是景泰八年。正月，景泰皇帝朱祁钰病重。此时朱祁钰的儿子已死。人们在为皇位的继承默默盘算。不少大臣建议，应该恢复朱见深的太子之位。武清侯石亨却认为："请复立东宫，不如请太上皇复位，可得功赏。"他纠合一批政治投机分子，如太监曹吉祥、都督张𫐐、左副都御史徐有贞等，决定政变。正月十六日夜，张轨率兵进入皇城，打开南宫，迎朱祁镇入奉天殿。十七日黎明，朝房中等候的大臣们得到了"上皇帝复位"的消息。英宗复辟后，改景泰八年为天顺元年，废景帝为郕王。景帝不久逝去，葬于北京西山的景帝洼。这起事件，史称"南宫复辟"，又称"夺门之变"。

夺门之变后，石亨等要杀于谦，英宗朱祁镇不忍。徐有贞就说："若不置谦等于死，则今日之事为无名。"据说，于谦死时，北京城阴霾四塞。皇太后后来在宫中闻此事，很是震惊，说："于谦于国甚有功，何忍至此？"一位曾经对国家社稷做出过巨大贡献的人，就这样死于阴谋家和投机分子之手。到成化初年，于谦之冤才被洗刷。成化皇帝称赞于谦说："当国家之多难，保社稷以无虞，惟公道之独恃，为权奸所并嫉。"明朝时人们在北京、浙江杭州等地为于谦立祠，以示悼念。

王阳明心学

王阳明像

自西汉"卓然罢黜百家"后,儒学成了历代政府提倡的主流学术。汉唐时期,学者们注解儒学经典,形成所谓的"经学"。随着统治者的提倡,越来越多的原始儒家著作被推崇为经典,由"五经"发展到"十三经"。宋朝以后,学者对儒家经典的专注没有改变,但是注解的取向却发生了改变。由于大部分学者不再局限于字词的训诂,而重视对儒家经典的义理阐释,更重视儒家经典与个人修养间的关系,这便形成了学术史上的宋明理学。

在宋明理学中,最著名的有两个学者,一个是南宋时期的朱熹,后人称之为"朱子";另一个则是明朝的王守仁。王守仁因为晚年结庐于离绍兴府城十公里的宛委山阳明洞天,又自号"阳明子",所以人们尊称他为"阳明先生"。他是明代最有影响的哲学家,是明代心学运动的代表人物。

王阳明的仕途沉浮——磨炼成就了阳明心学思想。成化八年(1472年),王阳明出生于浙江余姚的一个显赫的官宦人家,向上可以追溯到晋代著名的琅琊王氏,算是东晋时期人称"王与马共天下"的宰相王导的后裔。他的父亲王华,是成化十七年(1481年)的状元,官至吏部尚书。据说,王阳明出生的那天晚上,他的祖母梦见穿着红色衣服的神人踩着云将孩子送到,抱到她的手上。梦醒后,就听见新生幼儿的啼声了。乡里人传说着这个梦,把王阳明出生的楼称为"瑞云楼"。后来,父亲王华喜爱绍兴的山水,才举家移居,离开余姚,来到浙江绍兴府城。

十一岁那年,王阳明随祖父来到北京。少年时期的王阳明就已表现出一般少年少有的豪迈。他十二岁时的一首诗,是这样写的:"山近月远觉月小,便道此山大于月。若人有眼大如天,还见山小月更阔。"有眼如天,真是气魄不凡。十五岁时,他开始习练骑射,经常被父亲责骂为"狂妄"。大概是因为心有旁骛,王阳明的科举不算是特别顺利。尽管天资聪颖,二十一岁就中了举人,但此后两次参加会试都没有成功,直到二十八岁那年,王阳明考中进士,步入仕途。

北京大学高等人文研究院院长 杜维明

王阳明曾问老师,何为天下第一等事?老师说:"读书登第。你的父亲是状元,你好好学你的父亲。"结果他说:"也许不是,也许是读书做圣贤。"他父亲王华听了以后,很高兴,也很震撼。王阳明心里的圣贤是什么样的,我们很难说,但他认为做圣贤就是天下第一等事,这是他的志向。

王阳明的宦途并不十分顺利。他在正德年间因为得罪宦官刘瑾被贬谪,嘉靖年间则因为受到在朝大臣的排挤而郁郁不得志,最后死的时候还不准其爵位世袭。不过,仕途不是王阳明的终极追求,他将自己的心灵寄托到了思想领域。

王阳明不是一个离群索居、冥思苦想的哲学家,他同时是政治家和军事家。正如他曾经对学生说过,人如果只知道静养,临事便未必能立得住。他说:"人须在事上磨,方立得住,方能静亦定,动亦定。"宁静存心的状态,在王阳明看来,只是定得住气,而且会滋生喜静厌动的毛病。相反,王阳明注重在事上磨炼,而正是这种在事上磨炼的精神,最终成就了王阳明心学思想的成熟。

王阳明的政治生涯,经历过两次重大的转折。一个转折是正德元年(1506年),因为得罪刘瑾,王阳明被朝廷谪往贵州龙场驿当驿丞,在蛮荒之地居留数年,终于"悟道"。另一个转折则是正德十四年(1519年),王阳明率兵平定江西的宁王朱宸濠之变，建立了举世瞩目的奇功大业，从而极大地提升了王阳明思想的影响力。仕途的磨炼和生死体验，让王阳明的思想不断成熟，最终形成了中国哲学史上主观唯心主义的最高峰。

龙场悟道。正德元年（1506年），明武宗宠信宦官刘瑾，引起了文官们的不满。南京的科道官员戴铣等人上疏弹劾刘瑾，被逮系诏狱。时任刑部主事的王阳明上疏，请求皇帝赦免戴铣等人。这引起了刘瑾的不满。攻刘瑾一事，《明史》的记载非常简单："正德元年冬，刘瑾逮南京给事中、御史戴铣等二十余人，守仁抗章救，瑾怒，廷杖四十，谪贵州龙场驿丞。"

事情始于刘瑾的专权。正德初年，尚在正德皇帝做太子时就小心侍奉的太监刘瑾等人，得到了正德皇帝的宠信，号称"八党"，引起内阁大学士刘健等人的不满。但斗争的最后，是刘健等人请求退休养老，而宦官刘瑾等大获全胜。这引起了言官们的不满。南京科道官戴铣等人上疏切谏，请求驱逐太监苗逵等，挽留刘健等文臣。正德皇帝见疏大怒，命令将戴铣等人逮系诏狱，施以廷杖，而后除名。王阳明想要救戴铣等人，结果救人没成，自己也被投入了监狱之中，还挨了四十廷杖，被打个半死。事后，王阳明被贬为贵州龙场驿驿丞，遭受了仕途的第一次重大打击。

贵州在永乐十一年（1413年）始设置布政司，当时经济文化尚未充分开发。正德三年（1508年），王阳明来到龙场驿。龙场驿在今贵州省贵阳西北的修文县境内。王阳明的《年谱》中记载

清刊本中的苗民生活图景

说:"龙场在贵州西北万山丛棘中,蛇虺魍魉,蛊毒瘴疠",加上语言不通,生活极为不便。

在这种蛮烟瘴雨的荒山绝域,王阳明在思想上进入了"龙场悟道"的阶段,悟得人的本性中就有"圣人之道"而不必另从外物上"求理"。的确,离却了繁华,离却了政治,身处蛮荒之地,王阳明要求得内心的平静,唯一的途径便是向内求索了,超脱于荣辱得失与生死之外,让自己的心灵获得最大的能动性和创造性,从而克服和消解客观的困境。这是一种在特殊环境中实现自我的途径。

次年，王阳明受贵州提学副使席书的邀请，离开龙场，来到贵阳，主讲于文明书院。在贵阳，王阳明始论"知行合一"。"知行合一"是王阳明心学的一个重要命题。他的学生们对此不能理解，讨论说："现在人们都知道要孝敬父母，但并不能做到孝。"王阳明回答说："知而不行，只是未知。"他以《大学》"如好好色，如恶恶臭"为例说，人们喜欢美貌女子，厌恶不好的气味。见到美貌女子就是知，喜欢美貌女子便是行，见到时自然便喜欢，而不是见了后再立个心去喜欢，这便是知行合一。以孝道比喻，人们称赞某人懂得孝道，一般是因为那人行事孝顺，并不是因为他会说一些孝悌的话。因此，知和行是不可分的，"只说一个知，已自有行在；只说一个行，已自有知在"。

正德五年（1510年）初，王守仁复官，出任江西吉安府庐陵县知县。八月，刘瑾被诛，王阳明也随即被召入京城，做了吏部验封清吏司的主事。此后，王阳明按着官场规则有条不紊地升迁。他逐渐显示出了他的军事才能。正德十一年（1516年），四十五岁的王阳明在兵部尚书王琼的荐举下，出任都察院左佥都御史巡抚南（安）、赣（州）、汀、漳等地，负责赣南、闽西一带的军务。这样的任命，原意是要王守仁去镇压赣南闽北山区的农民起义，而且王阳明也很好地完成了镇压横水、桶冈一带农民起义的任务，不过这次任命最终成就了王阳明在江西的一次更伟大的军事功绩。

平定宁王之乱。明朝自成祖以后，对宗室的控制非常严密。亲王就藩后，基本上再无入京机会，甚至无故不许出城游玩。弘治年间，朝廷规定王府的姻属不得出任京官。明朝宗室逐渐沦为一个纯粹的寄生阶层，除不劳而获外，政治上则注定一无所获。然而，正德皇帝的放荡及没有子嗣，让一些皇室成员开始对皇位有了觊觎之心。正德五年（1510年），陕西的安化王朱寘镭叛乱。正德十四年（1519年），又有宁王朱宸濠的叛乱。

朱宸濠的高祖，即第一代宁王朱权，是朱元璋的第十七个儿子，曾帮助明成祖朱棣靖难有功，后改封南昌。朱宸濠继承王位后，在正德年间结交宦官刘瑾，恢复王府护卫军，并招纳了鄱阳湖中的水盗，构成他的主要军事力量。江西的官员或依附宁王，或调离江西。到正德十四年初，宁王反叛的痕迹越来越明显，引起皇帝及大学士们的警觉，他们决定削夺宁王的护卫。六月，朱宸濠杀害了江西巡抚孙燧等人，公开叛乱。

在得到朱宸濠反叛的消息后，王阳明从永丰县返回吉安府，募集义兵，发出檄文，出兵征讨。朱宸濠率兵六万，自九江沿江而下想要攻击南京；王阳明率领临时组建的平叛军队八万人，直捣宁王老巢南昌。朱宸濠被迫回援，与平叛军在鄱阳湖相遇，展开激战。王阳明的军队在战役中获胜，生擒朱宸濠，平定了叛乱。由于朝中佞幸的阻挠，王阳明当时没有及时在正德皇帝那里得到酬报，直到正德十六年（1521年）正德皇帝逝世后，继位的嘉靖皇帝才对王阳明的军功予以褒奖，封他为"新建伯"。

王阳明的武功,加速了他思想的传播。一位名叫胡松的学者在《刻阳明先生年谱序》中说,在此之前,人们认为王阳明的思想不过是抄袭佛教的禅宗思想而已,然而"山贼、逆藩之变,一鼓而歼之,于是人始服先生之才之美矣"。王阳明事功上的作为,为他的思想传播创造了条件。在此之前,王阳明尽管已经开始授徒,但门人数量不多。然而,正德十六年(1521年)王阳明回到绍兴以后,前来拜师学习的南方士子络绎不绝。与此同时,王阳明也提出了他的核心哲学命题"致良知"。

"致良知"——王阳明哲学的核心。"致良知"三个字,是王阳明心学的核心命题。什么是良知呢?王阳明自己曾说:"知是心之本体。心自然会知。见父自然知孝,见兄自然知弟,见孺子入井自然知恻隐,此便是良知。"良知即是非之心,是认识的根源、是非的标准。

王阳明用很浅近的比喻告诉人们,当你见到一个小孩子掉入井中的时候,那种油然而生的恻隐之心,便是良知。在早年,王阳明还认为,因为人经常会遇到有私意的障碍,因此须有"致知格物之功"来战胜私意,来使良知不再受到阻碍,可以充塞流行。正德十六年以后,王阳明便独提"致良知",认为这三个字不但揭示本体,而且是修行的功夫。

"致良知"是王阳明哲学的核心。后人因此也称王阳明哲学为良知之学。据说,有人请王阳明讲学,问他:"除良知之外,还有什么可讲的呢？"问话人的意思，是希望他不要只讲良知，不要守着"致良知"不放。王守仁用了一模一样的话来反驳他，说："除良知之外，还有什么可讲的呢？"

北京大学高等人文研究院院长 杜维明

"致良知"很难理解。《孟子》里说，良知、良能就是不学而知、不学而能，也就是我们自己的性善所体现的四端——恻隐、羞恶、辞让、是非——这些东西都是我们原来具有的。王阳明的重大贡献，就在于把一个一般被认为是道德实践、道德哲学范畴的概念，变成了整个认识论和本体论的核心价值观念。

王阳明心学的提出，有个人的体悟，也有时代的背景。从个人学术进路上看，像当时的大多数士子一样，王阳明在青年时代也是信奉朱子学说的。他曾经认真地阅读程朱理学的书，对于宋儒朱熹所提倡的格物穷理的道理深信不疑，相信"一草一木，皆涵至理"。在他二十一岁的时候，他突发奇想，想从父亲庭院里的竹子之类的"物"里看出"理"来。在接下来的七天七夜里，他对着竹子沉思冥想，结果非但没有悟道，反而病倒了。从"格竹"的失败，以及龙场的苦难，到平定朱宸濠叛乱时的处变不惊，王阳明的思想得到不断的升华，最终离开朱子学说而形成了主观唯心主义的王阳明心学。

从学术背景上看,明初统治者提倡程朱理学,规定科举考试以宋儒程颢、朱熹等人的注释为标准,又纂修《四书大全》《五经大全》及《性理大全》,汇集程朱诸家理学之说,颁行于各地儒学。在科举风向标的指引下,士子非程朱之书不读。程朱理学因此成为正统的官学。明初著名思想家薛瑄就曾经这样说过:"自考亭(朱熹)以还,斯道已大明,无烦著作,直须躬行耳!"意思是说,朱熹以后,大家都遵从朱子的思想就可以了,不要再有独立的思考与写作了。

然而,思想界因袭程朱旧说而缺乏创新的状况,使一些学者感到压抑。他们转而开始寻求新的思想出路。到明朝中期,心学的萌芽从程朱之学中悄然冒出。率先突破程朱理学的思想家是陈献章。陈献章的老师吴与弼谨守程朱准则,但陈献章却崇尚自然,主张"静中养出端倪",强调内心体悟,不拘束于外在教条,被视作由朱子学转入王学的中间环节。有了之前学术界强调"心学"的风气,才有了16世纪初王阳明心学的出现。然而,在宋明理学之中,王学却又是"心学之最高峰"。

王阳明的"心外无理"和"致良知",继承了宋代陆九渊以来的心学传统,故后人多将二人并称为"陆王"。然而,王阳明的心学与官方认可的程朱理学存在分歧,这种分歧具体体现在若干对于经典的解释上。

朱熹以来,理学家推崇四书,即《大学》《论语》《中庸》《孟子》。《大学》的第一句话是"大学之道,在明明德,在亲民,在止于至善"，即大学的三纲领，又有"格物、致知、诚意、正心、修身、齐家、治国、平天下"，称作八条目。在三纲领和八条目的解释上，王阳明与朱熹都有不同。例如，朱熹认为，"亲民"的"亲"是"新"的意思，是"改变旧习"的意思，是指一个人自己的修养达到一定程度后，推己及人，帮助别人改变其所受的习气的污染；"止于至善"，就是深刻认识到"事理当然之极"。但是，王阳明不同意这种解释，认为"亲民"二字不应解释为"新民"，"亲民"的"亲"就是让百姓感受仁爱、得到教养的意思；"止于至善"也不应该像朱子所说的那样，是因为"事事物物都有定理"，深刻认识到"事理当然之极"就是"止于至善"，而是要在自己的心上求"至善"，因为"至善是心之本体"，天下没有"心外之事"，也没有"心外之理"。王阳明比喻说，孝顺父母，孝顺的道理自然不是到父母身上找，而是要从自己的内心找。如果用树木来比喻，心是根，而道理只是从根上发出来的枝叶。朱熹解释"格物"说，"格，至也。物，犹事也。穷至事物之理，欲其极处无不到也"。然而，王阳明解释"格物"却说："格，正也。正其不正以归于正也。"凡此种种解释，都与朱熹的正统学说有区别。

16世纪初的王阳明心学，如同一道强烈的闪电，打破了当时死寂的学术风气，打破了朱子学一统天下的局面，吸引了大批年轻的士子，但也因此招来了朱子学者的攻击。他们把王阳明的新奇之说视为"异端"。在嘉靖二年（1523年）由礼部主持的科举会试中，策论的试题影射王阳明学说，批评王阳明的心学"阴诋吾朱子之学"。面对这样的策论试题，正参加会试的王阳明门人徐珊，扔下一句"我岂能昧着良知以媚俗"的话，不答题就出了考场。

嘉靖七年（1528年），王阳明病逝。朝廷非但没有表彰这位尽职而死的大臣，反而惩罚性地不给予他恤典，新建伯的爵位也不能由他的后代继承。在给吏部的批复中，嘉靖皇帝说："守仁放言自肆，诋毁先儒，号召门徒，声附虚和，用诈任情，坏人心术。近年士子传习邪说，皆其倡导。"皇帝的态度无疑是在说，王阳明的学说就是歪理邪说。如此不公正待遇，对王阳明心学是一个沉重的打击。

然而，阳明学派的活动却并未就此终止，相反还引起了士人阶层的逆反心理。王阳明的死以及相继而来的纪念和祭祀活动，催生了许多的祠堂与书院。阳明的门人，以书院为基地传播王阳明的良知之教。在嘉靖年间，南直隶、江西、浙江等地书院林立，讲学之风盛极一时。《明史·儒林传》的序中说："宗守仁者曰姚江之学，别立宗旨，显与朱子背驰，门徒遍天下，流传逾百年，其教大行，其弊滋甚。嘉、隆而后，笃信程朱，不迁异说者，无复几人矣！"

万历十二年（1584年），在王阳明死后五十四年，王阳明从祀孔庙。终明一朝，能够从祀孔庙的学者只有四人，即薛瑄、胡居仁、陈献章和王阳明。王阳明的从祀，表明王阳明心学最终得到了官方的认可。王阳明心学后来还传入了日本、朝鲜等国。

《圣庙祀典图考》中的王阳明

清初，著名学者黄宗羲写下《明儒学案》一书，把王阳明的门人按地域分为"浙中王门""江右王门""南中王门""楚中王门""粤闽王门""北方王门""泰州学派"等派别。最杰出的当数浙中王门、江右王门和泰州学派，前者以浙江山阴（今绍兴）的王畿、余姚的钱德洪为代表，后者以江西安福的邹守益、泰和的欧阳德为代表。

王阳明的学生之中，最有代表性的当数王畿。王畿是浙江绍兴人，字汝中，号龙溪。嘉靖六年（1527年），王阳明受朝廷起用，前往广西征讨思、田。临行前，王阳明给学生留下了四句教言，即"无善无恶是心之体，有善有恶是意之动，知善知恶是良知，为善去恶是格物"。这便是著名的"四句教"。王畿对四句教做了进一步的诠解，他说："心体既是无善无恶，意亦是无善无恶，知亦是无善无恶，物亦是无善无恶。"这即是王畿的"四无说"。在王畿看来，心体既然是至善的，至善是没有"恶"可以与之相对的，所以便是"无善无恶"的。实质上，王畿的"性无善无恶"论是深得王阳明的精髓的。王阳明自己就曾经说过："至善者性也。性元无一毫之恶，故曰至善。"然而，在一些志在维护社会秩序的儒家士大夫看来，"四无说"跟儒家自《孟子》以来的性善理论是相冲突的，容易让人心陷入无所忌惮的状态，为害不浅。

泰州学派的发展离王阳明更远。泰州学派的创始人王艮是泰州安丰场（今江苏东台）人，出身煮盐的灶户，读书不多，他强调圣人之道就是百姓日用之道。他的学说，有着学术民间化、儒学平民化的趋向，而且强调自我，具有向个人主义发展的趋向。

泰州学派之中，后来涌现了一些被形容成"赤手以搏龙蛇""非名教之所能羁络"的叛逆思想家。李贽是其中最典型的代表。李贽，字宏甫，号卓吾，福建晋江人。他追求个性与行动的自由，也攻击儒家经典，认为不能以孔子之是非为是非，要求人们有一颗没有受到知识和伦理熏染的"童心"。李贽的著作流传很广，引起了儒学卫道士们的恐惧。万历三十年（1602年），朝廷逮捕正在通州养病的李贽。在狱中，李贽以剃刀自刎。

李贽像

李贽之死，也表明王阳明心学的末流越来越跟当时的社会脱节而受到扼制。在整个明末清初，对王阳明心学的批评和对朱子学的重新提倡越来越明显。晚明著名的东林学派领袖顾宪成和高攀龙都提倡学术上回归程朱之学。明朝灭亡，清兵入关后，清王朝观察到学术界的动向，转而尊崇程朱理学。至此，在明朝流行一百余年的王阳明心学逐渐衰微。

海疆与互市

明代九边图

明朝嘉靖年间,距离1449年的土木堡之变大约百年,明朝再次面临重大的军事危机。这一次,无论南京还是北京,都遭受到外部敌人的攻击。攻击北京的,是来自北部草原的蒙古骑兵,明朝官员蔑称他们为"北虏";随时骚扰南京的,则是在福建、浙江和广东沿海猖獗的日本海盗——倭寇。在十六世纪四五十年代,至少在朝廷的决策层面,南倭和北虏被置于同样的战略高度。

拒绝蒙古互市，北境转守。 土木堡之变后，明朝开始在北边修筑边墙。景泰二年（1451年），邹来学受命"督修关堡，自山海关至天寿山，东西千里，屹然相望，咸雄壮坚固"。此后，从弘治年间余子俊修榆林长城，嘉靖年间翁万达修大同长城，到万历年间戚继光修筑蓟州长城，历朝驻守各边的将领都在修筑边墙上下功夫。

然而，边墙的修建，最多不过增加了蒙古骑兵入侵的困难程度，不能从根本上消除蒙古人的入侵。清初学者万斯同在《明史乐府》中感叹道："岂知明人防北狄，专藉筑城为长策；不曰长城曰边墙，版筑纷纷无时息。"

15世纪末16世纪初，成吉思汗的后裔巴图蒙克（一译"把秃猛可"）开始崛起。他在成化十七年（1481年）继承汗位的时候，年龄还很小，故称"小王子"，又称"达延汗"。蒙古人引以为荣的，第一是成吉思汗，第二是忽必烈，第三就是达延汗。朝鲜《李朝实录》中记载金伯谦的复命书中曾说："小王子为人贤智卓越。"他在正德五年（1510年）征服了山西以西的河套地区。到嘉靖三年（1524年）

达延汗像

俺答汗（阿勒坦汗）像

去世前，他得到了帕米尔高原以东的所有蒙古人的效忠。

达延汗死后，他的子孙之间爆发了权力争夺。最终，他的孙子俺答汗逐渐控制了蒙古南部，以及河套地区的鄂尔多斯。由于有水，可以进行农耕，河套在草原世界有非常特殊的战略作用，控制这样的地区为控制整个草原奠定了基础。而且，以河套地区为基地，游牧民族容易进入内地。在16世纪的中后期，"套虏"成了明朝北部边防的最大威胁。

俺答汗统治漠西和漠南蒙古近半个世纪。在他统治期间，十六世纪三四十年代有一段持续而普遍的干旱时期，整个华北

嘉靖皇帝朱厚熜像

和蒙古南部经常处于干旱和饥荒的威胁之下，天花、瘟疫也在蒙古肆虐，蒙古人对于汉地社会的茶和粮食的需求更加迫切。从经济上的实惠以及政治目标的推进两方面考虑，俺答汗都希望与明朝通贡或者互市。

此外，丝绸等商品，是蒙古人参与到以布哈拉（今乌兹别克斯坦境内）为中心的中亚贸易圈的主要商品，这也需要从汉地社会获得。一些学者认为，蒙古人通贡开市的需求，可能不是来源于简单地满足草原上的资源匮乏，更可能是因为蒙古人想重新开通欧亚内陆贸易，从而营造一个由蒙古控制的内陆商业网络。

在明朝方面，尽管大部分边境将领力主和平，希望皇帝考虑蒙古人的互市要求，但固执的嘉靖皇帝对于蒙古人请求互市的要求一概拒绝。他甚至要求所有公文中的"虏"字必须小写，以表达他对蒙古人的轻蔑。除了军事途径以外，嘉靖帝拒绝任何其他形式的接触。

然而，此刻明朝北部的边防力量已不足以应对蒙古骑兵的进攻。在嘉靖朝中期，俺答汗的兵马东边从辽东、蓟镇边外起，西边直到甘肃、青海以西，并且经常深入宣府、大同，连年侵寇，构成明朝的最大威胁。明朝孱弱的军事防线，也不时被蒙古骑兵撕开。嘉靖二十一年（1542年）六月，蒙古骑兵深入山西太原以南的各州县。一月之内，蒙古骑兵侵扰了十个卫、三十八州县，杀戮男女二十余万，抢劫牛、马、羊、猪二百多万只以及大量的布匹、金钱，京师为之戒严。

嘉靖年间，明朝的军事卫所制度衰败已极。曾在正德五年到十年（1510—1515年）间担任兵部尚书的王琼说，在他那个时候，卫所军士"逃亡十之七八"。到嘉靖年间，有些内地卫所，军士数量甚至还不到额定人数的百分之三。例如，江西的南昌左卫额定人数是四千七百五十三人，弘治十五年（1502年）只剩一百四十一人，不到原额的百分之三。浙江金华千户所额定人数为一千二百二十五人，到16世纪，营中仅剩三十四人，同样不到百分之三。边镇卫所的情况稍好一些，但也不理想。以大同为例，嘉靖十六年（1537年），四万蒙古骑兵入侵时，大同镇能整合的士兵人数仅有一万四千人。军屯制度的败坏以及由此带来的后勤供应不足、边镇士兵因劳累和拖欠军饷而频繁发动兵变，也是边境军队战斗力下降严重的重要原因。因此，嘉靖皇帝不顾形势而一味拒绝通贡，以及由此而导致的蒙古骑兵频繁入境劫掠，对双方而言都是灾难。

海疆与互市

《驯马图》

嘉靖二十五年（1546年），时任陕西三边总督的曾铣向皇帝提议，发动一场对俺答汗的战争，夺取河套地区。尽管皇帝对这个计划颇为心动，但实际上计划不可能得到实现，因为以明朝政府当时的军事和财政实力，不可能组织起大规模的远征。曾铣的计划只能是纸上谈兵。嘉靖二十七年（1548年），因为政治斗争，曾铣被杀，支持他的首辅大学士夏言也丢了脑袋。严嵩取代夏言成了首辅大学士。明朝对待蒙古的政策，改为防守为主。就在蒙古骑兵不断骚扰明朝北境时，南方沿海也频繁遭受倭寇的入侵。

海禁与嘉靖大倭寇。倭寇的侵扰，并不是一个新问题，因为从时间上来说，倭寇早在元朝末年就已经出现了。从地域上来说，倭寇也不限于中国沿海，朝鲜半岛沿海地区也有倭寇。但是，倭寇在嘉靖年间的大爆发，却让嘉靖皇帝和他的大臣们穷于应付。嘉靖年间的倭寇，因此也被称为"嘉靖大倭寇"。问题是，为什么倭寇会集中爆发于16世纪的40—60年代呢?

传统史家认为,倭寇产生的原因是日本在此时恰好进入战国时代,所以会有大批的武士和浪人浮海进行劫掠。1995年出版的《中国历史大辞典》是这种观点的典型代表,其"倭寇"条的解释是:"明时骚扰中国沿海一带的日本海盗。……嘉靖以后,日本进入'战国'时代,在封建诸侯支持下,日本海盗与中国海盗王直、徐海等勾结在一起,在江浙、福建沿海攻掠乡镇城邑,明朝东南倭患大起。……嘉靖后期爱国将领戚继光、俞大猷等在广大军民支持下先后平定江浙、福建、广东倭寇海盗,倭患始平。"

早在1965年,台湾学者陈文石即撰文指出,嘉靖年间的倭患是明朝的海禁政策所引起的。从20世纪80年代开始,大陆学者的研究也开始趋向于认为倭寇的主体是海上贸易商人,是假倭,不是真倭,倭寇形成的主要原因是明朝的海禁政策。因为嘉靖八年(1529年)宁波市舶司的关闭,使得正常的中日朝贡贸易中断,致使海商只能铤而走险,武装走私。1980年,林仁川先生在《中国史研究》上发表《明代私人海上贸易与倭寇》一文,认为倭寇即私人海上贸易商人,嘉靖时期的御倭战争即海禁与反海禁的斗争。1982年,戴裔煊先生出版《倭寇海盗与中国资本主义萌芽》,也认为倭患与平定倭患的战争主要是中国内部的阶级斗争。1990年,王守稼先生在《嘉靖时期的倭患》一书中说,明朝政府把王直等称作倭寇,而王直等人亦自扮为倭寇,但王直等人其实是假倭,真倭的大多数是王直集团雇用的日本人,处于从属地位。日本不少学者对此问题也有研究，著名的明史学者山根幸夫在《明帝国与日本》一文中谈到，嘉靖大倭寇的主体是中国商人，最高领导者是徽商出身的王直。2001年，樊树志先生在《复旦学报》上发表了《倭寇新论——以"嘉靖大倭寇"为中心》一文，重申了这一观点，并指出嘉靖年间东南沿海所谓"倭患"的根源，在于明朝严厉的海禁政策与日趋增长的海上贸易之间不可调和的矛盾。

现代史学家的研究越来越清楚地揭示了"嘉靖大倭寇"的性质。其实，明朝人自己对倭寇的性质也有清醒的认识。例如，宁波人万表在他的《海寇议》中说，海商往往"依附一雄强者以为船头，或五十只，或一百只，成群分党，纷泊各港"。这样的船头，便成了倭寇的领袖，如王直、徐海。明朝人谢杰在《虔台倭纂》中说："寇与商同是人，市通则寇转为商，市禁则商转为寇"，"寇禁愈严愈繁盛"。湖州人唐枢说："壬子（1552年）之寇，海商之为寇也。"新的研究还认为，倭寇中，真正的日本海盗人数并不多，"真倭"多半受"假倭"的雇用，处于从属地位。所以，最终倭寇问题得以解决，戚继光、俞大猷等名将的抗倭固然是一个方面，但彻底消除的原因却是私人海外贸易的合法化。

从16世纪20年代起，倭寇开始在沿海劫掠。到40年代，倭寇的组织更严密、规模更大。倭寇以日本的平户为根据地，又在舟山双屿港建立其近海的立足点,并且勾结沿海的官吏和军士,从事贸易。后来力主海禁的浙江巡抚朱纨说:"宁、绍奸人通同吏书,将起解钱粮物料领出,与双屿贼船私通交易。"(朱纨《甓余杂集》卷四《生擒海贼事》)葡萄牙人也在双屿进行贸易。在这种背景下,双屿成了一个大型的贸易集散地。日本学者藤田丰八因此将双屿港形象地比喻成"16世纪的上海"。

南倭被平,北虏未定。对于明代中后期东部沿海的居民来说,倭寇就像是一个梦魇,长期让他们无法有安定感。嘉靖二十六年(1547年),明朝政府开始清剿倭寇。浙江巡抚朱纨推行严格的海禁政策,坚决惩罚所有违反海禁政策的人,并率兵攻克倭寇盘踞的双屿港。朱纨命令,用木石筑塞双屿港的南北各水口,使所有船只无法进入内港。这样,葡萄牙人和中外私商经营多年的国际贸易大港遂成废墟。朱纨的军事行动取得了成效。但是,浙江籍与福建籍的官员们开始弹劾朱纨,攻击他杀人太多。悲愤的朱纨选择了自杀,他厉行海禁的做法也被废除。

北方的战事在嘉靖二十九年(1550年)也达到了巅峰。这一年九月,俺答汗的军队突破了北京东北的古北口防线,向南到达了北京东面的通州。先头部队抵达北京城门。由于担心在京城附近吃败仗而无法掩饰,首辅大学士严嵩警告兵部尚书仇鸾不准出城迎战。蒙古军队围攻京城,然后洗劫了北京郊区,在没有遭遇任何抵抗的情况下,从容地带着战利品回到了边境。这一事件史

明代石匾，内蒙古包头市美岱召出土。

民国时期归化城北门楼

称"庚戌房变"。事变带来了三个后果：一是在两年之后，已经病死的仇鸾被追究责任，受到死后肢解的惩罚；二是北京南郊开始修建外城，北京城的城墙长度也因此延展了十五里；三是迫于蒙古的压力，明朝政府在嘉靖三十年（1551年）同意在大同、宁夏和延绥开放马市，允许蒙古人用牲畜换取内地的丝绸。然而，当俺答汗提出用牛羊交换粮食（粟或者豆）的要求时，却遭到了拒绝。三年后，马市关闭。

马市一旦关闭，俺答汗便无法通过正常的贸易途径获得汉地的物资，取而代之的手段便是抢劫和掠夺。此后二十年间，俺答汗依靠汉人谋士，不断进入内地掠夺。他身边的汉人中，最著名的是赵全。赵全向俺答汗建议，招纳汉地的流亡人口，从事农业生产。赵全等人还帮助蒙古人建立固定房屋，即"板升"。嘉靖四十四年（1565年），赵全驱

阿勒坦汗供马图

使汉人为俺答汗修筑大板升城,次年三月完工。大板升城,后来由明朝赐名"归化城",即今天的呼和浩特旧城。从此,以大板升城为代表的"板升"地区,极为繁荣,成为俺答汗重要的财富源泉。

明朝政府的北部边境不得不承受蒙古军队一次又一次的侵

扰，但南方倭寇的强大却成为此后十余年间政府的心腹之患。那些零散的倭寇，聚集在新首领王直手下，越发强大。王直是徽州府歙县人，原本是徽州盐商，后来从事海上贸易，成为日本商人的经纪人。他在嘉靖二十三年（1544年）加入以徽商许栋、李光头为首的倭寇集团，继他们之后成为倭寇领袖，号五峰船主。王直也多次向明朝政府请求互市，但都没有得到允许。于是，倭寇不断发起进攻，洗劫沿海各地的官署、粮仓和府库。嘉靖三十二年（1553年），进攻台州以北的浙江沿海地区的王直船队，有几百艘船。一时间，整个中国的东南部沿海都成了倭寇的战场。朝廷围剿倭寇不力，各府、州、县也只能纷纷筑城以图自保。

在朱纨之后，受命前去指挥抗倭的，先后有王忬、张经、胡宗宪等人。张经还征调了广西、湖广等地的士兵，以补充自己在浙江的军队。来自广西的土官瓦氏夫人，亲率六千名士兵开赴浙江抗倭前线。在今天的中国国家博物馆中，收藏着一份《抗倭图卷》。从图卷中我们可以清晰地看到表示广西土兵参战的文字——"田州报效狼兵长"。嘉靖三十四年（1555年），在嘉兴北部约十三公里处的王江泾，张经率军歼灭了一千九百名倭寇，取得了明朝政府对倭寇的首次大捷——王江泾大捷。然而，昏庸的明朝朝廷将战功归于当时的大学士严嵩的私党胡宗宪、赵文华，而主将张经却被逮捕入狱，不久便被处死。为此，有学者认为，《抗倭图卷》或许是张经的部下或家人为缅怀张经而绘的。

继张经后，徽州绩溪人胡宗宪以兵部侍郎总督浙直、福建军务，负责剿倭。明代话本小说集《三刻拍案惊奇》中有一回，名叫"胡总制巧用华棣卿，王翠翘死报徐明山"，所讲的胡总制就是胡宗宪，而徐明山即倭寇首领之一徐海。胡宗宪通过招抚的方式，非但成功平定了徐海，又诱降了王直。嘉靖三十八年（1559年），羁押狱中两年之久的倭寇首领王直被胡宗宪处死。

王直与徐海之死，并不代表倭寇的平息，残余的倭寇仍然四处侵扰。2006年，安徽全椒发现了一块筑城抗击倭寇的碑刻。碑文记录说，嘉靖三十八年，全椒县城面临倭寇侵扰，由于三面皆河，无城可守，知县顾逵以树木为栅，抵御倭寇。倭寇退去后，顾逵号召民众捐资沿河构筑砖城。由此可知，直到嘉靖三十八年，倭寇的侵扰仍然深入到内地省份。

在抗倭战争中，戚继光和俞大猷两位将领立下了赫赫战功。戚继光（1528—1588年），字元敬，山东登州（今蓬莱）人；俞大猷（1503—1579年），字志辅，福建泉州人。他们都是明朝嘉靖年间著名的军事家。嘉靖三十四年（1555年），戚继光调任浙江，镇守倭患严重的宁波、绍兴、台

戚继光像

州三府。他招募义乌、金华的剽悍壮丁，教习击刺之法，更新火器兵械，组建名闻天下的戚家军，先后在浙江慈溪龙山、舟山东面的岑港以及台州等地沉重打击倭寇。之后，戚家军进入福建，配合俞大猷平息福建倭患，再移师广东。到嘉靖四十三年（1564年），平倭战争基本结束，明朝的东南海防获得了相对的平静。

隆庆开海与议和。倭寇问题的真正解决，是明朝政府最终放弃了海禁政策。嘉靖四十五年（1566年），固执的嘉靖帝去世，隆庆皇帝即位，为解决倭患提供了一个新契机。隆庆元年（1567年），福建巡抚御史涂泽民向隆庆皇帝建议："开放海禁，准贩东西二洋。"根据《东西洋考》的作者张燮的解释，东洋指吕宋、苏禄诸国，约指今天的菲律宾；西洋指交趾、占城、暹罗诸国，即今东南亚越南、柬埔寨诸国。明朝开放的允许中国人出海之处，便是福建澄海的月港。到16世纪末，月港发出的船引最多的一年是一百三十七张。尽管月港只允许中国人贩洋，不允许外国人前来贸易，它仍从一个偏僻的小渔村迅速崛起为一个著名的对外贸易港。明朝政府还在月港设立了征税机构——督饷馆。

以"于通之之中，寓禁之之法"为原则，月港的开放从一开始就十分有限，对本国海商也制定了许多苛刻的限制，例如，不允许漳、泉二府以外地区的商民参与到海外贸易中来。把对外贸易口岸限定在地处偏僻的闽南，本身就是为了将月港开放对内地的影响降到最小，这也就大大降低了对全国经济发展的意义。然而隆庆元年（1567年）开放海禁，打破了约二百年"濒海居民不得私自出海"的祖制，使明朝的私人海上贸易进入了一个新的阶段。

隆庆皇帝统治时期，"北虏"问题也得到了缓和。隆庆四年（1570年），俺答汗的孙子把汉那吉因对俺答汗不满，跑到大同城下投降了明朝。宣大总督王崇古对把汉那吉以礼相待，并向朝廷奏报，建议对把汉那吉封官加爵。当时辅政的内阁大学士高拱极力主张隆庆皇帝批准这一建议，授给把汉那吉指挥使的官位，并且向俺答汗提议，如果他能够将赵全等汉人擒献朝廷，就允许俺答封贡。俺答汗原本担心孙子性命安全，见明朝廷非但不加害，

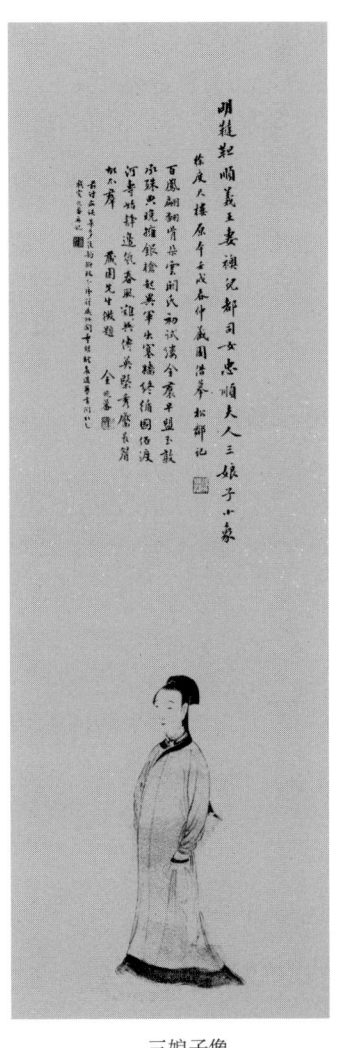

三娘子像

反加以爱护,喜出望外,决定与明朝议和。隆庆五年(1571年),隆庆皇帝封俺答为顺义王,并批准在沿边开设互市。互市的地点,除原先宁夏、固原、延绥三边的旧有场堡外,还包括大同的威边堡边外、宣化的张家口边外。

隆庆议和,结束了明王朝与蒙古人之间几十年的战火。万历九年(1581年)十二月俺答汗逝世后,其宠妾三娘子主政,约束蒙古各部,保持了与明朝的和平互市关系。作为回报,明朝廷在万历十五年(1587年)册封三娘子为忠顺夫人。《明史·鞑靼传》说:"誓约一定,历三十年不变。"此后数十年,明朝的北部边疆获得了长久的安宁。

张居正改革

张居正像

万历初年,明朝的北疆和海防都相对比较安宁,又恰逢名臣张居正主政,因此万历朝的前十年竟成了晚明最为繁荣昌盛的十年,被史家称为"耀眼的暮光"。暮色中最出彩的,无疑是由张居正主导的政治和经济改革。

万历元年(1573年),刚刚做首辅大学士不久的张居正在一封信中说:我前年冬天读《华严经·悲智偈》,很有感悟,当时内心就发下誓愿:"愿以深心奉尘刹,不于自身求利益!"收信人是云南大理的一位白族思想家、笃信佛教的李元阳。李元阳任荆州知府时,曾对当时年幼的张居正非常赏识。在给李元阳的信中,张居正表露了自己为国家而不计身家利害的宏愿。张居正的确是这样一个人物。他死后,著名的清官海瑞给了他八个字的评语——"工于谋国，拙于谋身"！

针砭时弊，上《论时政疏》。张居正（1525—1582年），字叔大，号太岳，湖广江陵（今湖北荆州）人。但凡显赫的大人物，出生时总会伴随着一些祥瑞传说，张居正也不例外。张居正出生前夕，他的曾祖父张诚梦见月亮落在一个大水瓮中，清光四溢，一只白龟逐渐浮现在波光荡漾的水面上。因此，张居正出生后，取名为张白圭，也就是白龟的谐音。从小张居正就有"神童"之誉，十六岁参加湖广乡试，中了举人。嘉靖二十六年（1547年），二十三岁的张居正参加会试，成绩排在第一百六十名，殿试后取为二甲第九十名进士。张居正的科举名次并不靠前，然而在随后的庶吉士考选中，张居正通过考选，进入翰林院为庶吉士。三年后，以学习为主要任务的庶吉士散馆，张居正授官翰林院编修。

翰林院没有实质性行政事务，职清务简，地位却很高。据彭时《可斋杂记》说，明朝人将翰林院的官员称为"玉堂仙"；进士的前三名状元、榜眼与探花，因为直接授翰林修撰或翰林编修，所以被称作"天生仙"；而二甲进士通过考选庶吉士再留在翰林院为官，则被称作"半路修行仙"。张居正便是这样一个"半路修行仙"。自明朝中期起，"非进士不入翰林，非翰林不入内阁"。被选为翰林院庶吉士，意味着将来可能有机会入阁，正如《明史·选举志》中所说，"庶吉士始进之时，已群目为储相"。

身处翰林院清闲之地,张居正却能时刻留心政务。嘉靖二十八年(1549年),二十五岁的翰林院编修张居正,向皇帝上了一道《论时政疏》。在奏疏中,张居正指出当时政治有宗室骄恣、庶官瘝旷、吏治因循、边备未修、财用大亏等五种"臃肿痿痹"之病,以及君臣上下交流不畅的"血气壅淤"之病。这是张居正在嘉靖年间仅有的一道奏疏。他看到当时政治的症结,并且很敏锐地指出了当时政治的弊病,但却很谨慎地没有将矛头指向皇帝或者严嵩。这说明,张居正不但有很强的政治能力,而且是一个政治天才。在嘉靖、隆庆年间的内阁混斗之中,张居正始终是一个旁观者,非但没有受牵连或排挤,反而跟此前的几任首辅大学士,无论是严嵩、徐阶,还是高拱,都保持着良好的关系。

从科举及第到成为内阁大学士,张居正走过了整整二十年。这二十年中,除了一度休假三年外,张居正的大部分时间都是在翰林院度过的。在四十岁那一年,张居正迎来了事业上的一个转折点。嘉靖四十三年(1564年)七月,张居正充任裕王朱载坖的讲官。嘉靖皇帝晚年不立太子,裕王从顺序上来说将继承皇位,做裕王府的讲官,意味着能够接近将来的皇帝。两年后,

明穆宗朱载坖像

嘉靖帝死了，裕王朱载坖继位，改年号为隆庆。隆庆皇帝重用自己的藩邸旧臣。于是，昔日的裕王府讲官张居正，在隆庆元年（1567年）以吏部左侍郎兼东阁大学士，入值内阁，随后进礼部尚书兼武英殿大学士，开始进入政治的核心层。

隆庆二年（1568年）八月，四十四岁的张居正向皇帝上了一道《陈六事疏》。这六件事分别指省议论、振纪纲、重诏令、核名实、固邦本、饬武备。这次的奏疏，不仅仅指出了政治的弊病，而且还提出了相应的药方。这时候，高拱已经被徐阶排挤走了，徐阶本人也在那一年的七月致仕了。内阁中除了张居正外，还有李春芳和陈以勤，都是忠厚长者，能力上也很欠缺。张居正对于接任的首辅大学士李春芳压根就瞧不起。据说，徐阶致仕之后，李春芳也萌生了归退的想法，曾经在内阁中说："徐公尚不任调停，我何以胜之，且夕惟有归耳。"张居正在旁，冷冷地说："如此，庶几成一名。"《陈六事疏》在隆庆二年八月徐阶归退、李春芳接任首辅的时候出台，表明张居正此时应该已经感觉到推行自己的政治理念的机会临近了。然而，好事多磨，非但李春芳没有立即隐退，次年高拱还复出了。张居正要实现生平的抱负，还需要跨越横亘在自己身前的高拱，所以，张居正还是不得不隐忍。

隆庆朝后期，张居正配合高拱共同辅助隆庆皇帝，政事治理得井井有条。给明蒙双方带来和平的俺答封贡，便是两人极力共同促成的。明代著名的史学家王世贞说，张居正和高拱之间的私人关系也很密切,"两人懽相得,不啻兄弟"。当然,随着两人在阁日久,渐渐也生出了不少嫌隙。隆庆六年(1572年),穆宗逝世,遗命高拱、张居正、高仪等辅佐十岁的太子朱翊钧。高拱因为与司礼监太监冯保素来有矛盾,便约张居正共同驱逐冯保。张居正假意答应,暗中却早已与冯保结盟。高拱性格急迫,不能藏忍,曾说过"十岁太子如何治天下"的话。这话经冯保之口传到了皇太后及小皇帝的耳朵里,高拱的政治命运便急转直下。

隆庆六年六月十六日早朝,太监捧出一道圣旨,却不是高拱所设想的驱逐冯保的诏旨。太监开头一句称:"张老先生接旨!"这一句已不对劲了。按理说,应该是由首辅大学士高拱接旨才对。紧接着,太监宣读圣旨:"今有大学士高拱专权擅政,把朝廷威福都强夺自专,通不许皇帝主管。不知他要何为?我母子三

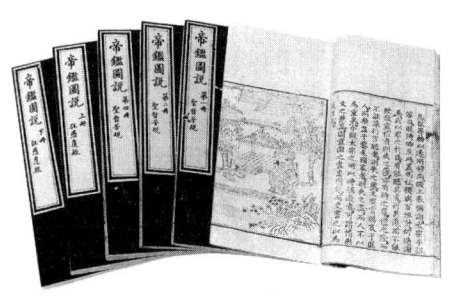

《帝鉴图说》。张居正亲自编撰,供当时年仅十岁的小皇帝——明神宗(万历皇帝)阅读的教科书。

人惊惧不宁。高拱著回籍闲住,不许停留。"一刹那间,高拱已是面如死灰,汗下如雨,浑身瘫软,伏地不能起。第二天,高拱便坐着一辆骡车离开京城。由于高府仆婢四处逃逸,高拱的身上也没多少钱,只能到一些小店里吃饭。张居正假惺惺地向皇帝请求,赐高拱乘驿传回乡,得到批准。高拱到了良乡之后,才得到张居正为他请来的驿传勘合,坐着政府的驿传回家了。这一场大变故,把老实人高仪吓怕了,惊得呕血三日而亡。至此,三位内阁顾命大臣只剩下张居正一人。此后,张居正通过与冯保的权力联盟,大权独揽,牢固控制政权十年之久。

张居正尽管采取了不光明的手段赶走了高拱,但他的改革在很大程度上延续了高拱的路线,继承了嘉靖末年和隆庆年间的改革潮流。明朝嘉靖末年,政治矛盾突出、南北外患频仍、财政赤字严重,严重威胁着明王朝的生存。统治阶级内部的一些有识之士,如海瑞、高拱、庞尚鹏等人,开始采取改革措施来挽救其危亡,在吏治、边防、财政等方面,都有所改革。嘉靖、隆庆年间的改革,实际上是万历初年张居正改革的先声。所不同的是,张居正由于得到了皇帝、太后以及宦官冯保的支持,又完全掌握了中枢大权,其推行政治和经济改革的力度也就更大了。

考成法——整顿吏治。获得中枢权力之后,张居正在政治上首先要做的就是整顿吏治。整顿吏治的目标,集中体现为十二个字,即"尊主权、课吏职、信赏罚、一号令",即尊重皇帝的权威,要求官吏恪尽职守,赏罚严明,号令统一。然而,如何才能让官吏们恪守职守并且遵从号令呢?万历元年(1573年),针对官场上不求实效的积弊,张居正提出了"考成法"。为了保证各衙门处理政务时严格遵守公文事先设定的处理程限不致耽误,张居正建立起一套随事考成的制度,即要求各衙门逐日登记章奏,分别将其内容及处理期限登记在两份文册上,一份送到六科,一份送到内阁,实行一件,注销一件,然后每年每月按事情的完成程度加以考察。内阁稽查六科,六科稽查六部,都察院及六部则稽查各省的巡抚和巡按,各省抚按考察地方官员。在这几个环节中,六科和巡抚都很重要。六科设于午门外的东、西朝房,章奏必经其手。六科给事中的官秩仅为七品,但负责稽察驳正六部之违误,并有建言、进谏之责,位低权重。以内阁稽察六科,是张居正的创举。如此一来,大权集中到了内阁,各级官吏对中央政令就不敢敷衍塞责了,吏治因而得到很大改观。

考成法推行后,收到了不错的成效。万历六年(1578年),户科给事中石应岳在上奏中谈到:"自考成之法立,数十年废弛丛积之政,渐次修举。"《剑桥中国明代史》也称赞张居正时期的行政效率,认为:从隆庆六年(1572年)到万历十年(1582年)的十年中,明帝国"官僚政治的效率达到了它的顶点,这个顶点还标志着那个时代在中国社会的政治传统的束缚下人力所能达到的极限",并且认为张居正时代的行政,"能够和一般在新王朝建立后不久而为人所知的那种声名赫赫的施政相比"。然而,从制度上来说,内阁只是协助皇帝的辅政机构,而不是一个行政机构。张居正是无法改变既有的政治体制的。他只能通过对人事的控制来实现自己的意志。在他辅政的十年中,分别拥有人事权、监察权的吏部和都察院,都在张居正的严密控制之下。前后两任吏部尚书张瀚和王国光,以及都察院左都御史陈𤊟,对于张居正都是极为顺从的。因此,在反对张居正的人看来,张居正是在滥用他的权力。

反对张居正的声浪在万历五年(1577年)达到高潮。那一年,张居正的父亲去世。按照正常的儒家伦理,张居正应该回到家乡为父亲服丧三年。有人提议,由皇帝下诏命令张居正继续担任官职,而不用回家守制,这也叫"夺情"。于是,在张居正的默许下,皇帝不准张居正回家守制,要求他继续留任,处理政务。这引起了许多官员的弹劾。翰林院官员吴中行、赵用贤率先发难,各自遭到了廷杖六十的处分。刑部员外郎艾穆、主事沈思孝也联名上疏,各自被廷杖了八十。在刑部观政的新科进士邹元标,没有被廷杖吓倒,继续上疏,要求张居正回家守制,也被廷杖八十,打了个半残,到晚年走路还留有残疾。最终,张居正成功地留在了首辅大学士的位置上,但人们对张居正的品行的评价却因为夺情一事而大打折扣。对于张居正本人来说,他也受夺情之事的刺激而越发偏激。《明史·张居正传》说:"居正自夺情后,益偏恣。其所黜陟多由爱憎,左右用事之人多通贿赂。"

清丈田粮，推广一条鞭法。整顿吏治的改革进行不久后，张居正将改革向财政方面推进。在张居正辅政之前，嘉靖和隆庆两朝，由于南倭、"北虏"两条战线上的战争，国库长期入不敷出。据学者研究，从嘉靖七年（1528年）到隆庆五年（1571年），四十多年中，太仓银库每年收入、支出银两数量进行比较，没有一年是盈余的，全是亏空。张居正出任首辅大学士后，他的应对策略是开源和节流双管齐下。一方面，张居正裁减冗官冗费，抑制国家财政及宫廷财政的支出，加强对边镇钱粮的管理工作，以减轻军费支出对财政的影响。对于小皇帝本人，张居正反复劝告他要厉行节俭。例如，隆庆年间，宫中每年元宵节都要举办灯会。隆庆六年（1572年）和万历元年（1573年），张居正借口先帝丧期未过，宫中没有举办灯节。万历二年（1574年）元宵节临近，小皇帝问张居正："元夕鳌山烟火，祖制乎？"张居正却说，元宵灯节不是祖制，况且接下来有皇上大婚和皇上的弟弟潞王出阁，要花费很多钱，要"加意撙节，稍蓄以待用"。另一方面，张居正要求地方官员积极清理历年拖欠的逋赋。当然，这样的节流和开源，都还只是表层的。张居正在财政经济方面最重大的改革，是清丈田粮与推广一条鞭法。

清丈田粮的根本原因，是因为官僚地主瞒报土地，造成一些赋粮无法落实，致使国家赋税不足。后来清丈的原则中也有一条，即清丈田粮是以税粮是否漏失为前提的，有漏失的便需要清丈，如果税粮完整则不用清丈。万历六年（1578年），万历皇帝下令在福建进行清丈田粮的试点工作。选择福建,是因为当时福建的巡抚是张居正的同乡耿定向。耿定向是湖广麻城人,万历六年到八年(1578—1580年)任福建巡抚。到万历八年九月,福建清丈结束。

张居正决定将福建清丈之法推行到全国。万历九年(1581年)、十年(1582年),清丈在全国展开。一些地方官因为不切实执行清丈田亩的工作,受到了惩处。例如,万历九年二月,松江知府阎邦宁、汝州知府郭四维、安庆知府叶梦熊、徽州府掌印官李好问,都因为清丈田粮"怠缓"而受处分,停俸,戴罪管事。在张居正的严厉督办下,虽然仍有一些地方草率从事,但总体上清丈还是成效显著。清丈后的全国田地面积,比清丈前的万历六年多出了一百八十多万顷。万历清丈的成就,于此可见一斑。

万历清丈,除了使国家掌握的耕地面积扩大了之外,还有其他几方面的效果:一、清丈改变了税粮负担不均的状况,使长期以来税粮与土地分离的紊乱局面暂时得到改观,那些昔日没有土地而要承担税粮的农民摆脱了不公平的赋税负担;二、在清丈的基础上,明朝政府重新编制了鱼鳞图册,而鱼鳞图册也成为此后按土地征收赋税的重要依据,所谓"坐图还粮";三、清丈的同时,还在全国统一了亩制和缴纳税粮的科则。凡此种种,为之后的一条鞭法的改革奠定了基础。

张居正在财政方面的重要改革，就是推广一条鞭法。"一条鞭法"又被称作"一条编法"，或简称"条编""条鞭"。《明史·食货志》载："一条鞭法者，总括一州县之赋役，量地计丁，丁粮毕输于官。一岁之役，官为佥募。力差，则计其工食之费，量为增减；银差，则计其交纳之费，加以增耗。凡额办、派办、京库岁需，与存留、供亿诸费，以及土贡方物，悉并为一条，皆计亩征银，折办于官，故谓之一条鞭。"一条鞭法的实质，就是将赋税和徭役合并，折成货币，即折算成白银进行缴纳，并且在征收方法上简化为一次编审。

一条鞭法最重要的精神有两点，一是赋役合并，二是一概折银。所谓赋役合并，就是将以前的徭役折成银两，与赋税折成的银两统一征收。实施一条鞭法之前，赋役的征收是分开的，赋以田亩为征收对象，收夏税和秋粮，役以户、丁为征收对象，分为里甲、均徭、杂泛三种。实行一条鞭法以后，化繁为简，赋役合并为一，并且改以田亩、户丁两项为征收对象，政府所需要的役由政府从税银中拿出一部分统一雇人代役。所谓一概折银，在具体的事例上可以看得很清楚。以万历初年的邯郸县为例，实行一条鞭法之后，原来的夏税、秋粮、马草、驿传、马价、种马草料、均徭（银差、力差、听差）与里甲各项，全部折成银两，照着地亩和人丁的原则，加以均摊。

其实，据学者研究，类似于一条鞭法的赋役改革，最早可以追溯到成化十五年（1479年）王恕在南直隶实行的将丁银由丁、地共派的做法。嘉靖年间，南方各地陆续有推行"一条鞭法"的记载，像庞尚鹏的"十段锦之法"，海瑞在任淳安知县时，更是称赞一条鞭法是"便民良法"。因此，张居正推广的一条鞭法，可以说是经过了近百年的发展。在这一百年的时间里，明朝的商业性农业迅速发展，市镇星罗棋布，白银的大量流入也解决了中国作为一个贫银国对于白银的需求，确立了白银的货币地位。正是这些社会条件的成熟，使得以"赋役合并、一概折银"为主要精神的一条鞭法得以推行。张居正的贡献，则是排除干扰，将一条鞭法推广到北方以及其他还未实施一条鞭法的地区。

从历史的眼光来看，一条鞭法上承唐代的两税法，下启清代摊丁入亩，是中国赋役制度上的重大变革。其一，一条鞭法部分地改变了以往赋役负担不均的状况；其二，将各种徭役折成银两，又将原先按丁征收的役，改由丁、田分担，相对松弛了对农民的人身控制，客观上有利于生产力发展；其三，役银与田赋折成的银两合并成一个总数，统一征解，使原先繁多的杂税归于一条，使赋役更简单化了；其四，一条鞭法的实施，使赋役一律以白银货币为计量单位，符合当时整个社会商品经济发展的趋势，具有进步意义。

张居正的财政改革取得了很好的效果，也缓解了明王朝的危机。户部的太仓储银，由之前每年的二百万两增加到每年三四百万两。京师储粮达七百万石，是隆庆年间的三倍，足足可以供京营官军消费六年之久。如果没有万历初年的财政盈余，万历朝后期的"三大征"，即万历二十年（1592年）平定哱拜的宁夏之役、万历二十年至二十七年（1592—1599年）的援朝抗日战争、万历二十六年至二十八年（1598—1600年）平杨应龙的播州（今贵州遵义）之役，是不可能顺利进行的。

万历皇帝朱翊钧像

张居正身后事——明朝沿着衰亡的轨迹继续下滑。万历十年（1582年）六月二十日，一代名臣张居正病逝。神宗为之辍朝一天，给予了张居正崇高的待遇：谥文忠，赠上柱国衔，荫一子为尚宝司丞。然而，张居正死后，他辅政期间独操大权而酿成的怨恨之情，也开始慢慢地渲泄出来。皇帝在感恩之余，怨恨之情也得寻找渲泄的通道。万历十二年（1584年）四月初九，湖广荆州府的辽王府次妃王氏声称张居正生前曾抢夺辽王府的产业。绝情寡义的万历皇帝下令，派宦官张诚及侍郎丘橓前往荆州查抄张府。抄家中，张居正长子张敬修抵刑不过，留下一份遗书，自杀了断。

张居正改革

对万历皇帝来说，清算张居正是自己开始亲政的基础。在政治上打倒张居正，也就树立了皇帝自己的权威。清算了张居正之后，万历皇帝彻底自由了。然而，接任的大学士们，无论是张四维、申时行还是王锡爵，都以张居正为戒，一味软熟。明神宗在短暂的勤政后，开始了明代历史上持续时间最长的怠政，二十年不上朝。于是，纲纪废弛，百弊丛生，明朝在耀眼的暮光之后，沿着衰亡的轨迹继续下滑。

耶稣会士来华

利玛窦像

明朝万历二十八年十二月二十四日（1601年1月27日），北京城的居民们正忙着准备过年，一位高鼻深目的欧洲人来到北京，随行的还有另外一位欧洲籍的传教会士以及两位华裔修士。这位欧洲人，是一位意大利籍的天主教耶稣会士，当时的身份是天主教耶稣会中国传教团的负责人，名叫利玛窦（Matteo Ricci）。

在历史上曾经来到过中国的欧洲人中，马可·波罗和利玛窦也许是最为人们所熟知的两个名字。元朝时来到中国的意大利人马可·波罗，因为他的《马可·波罗游记》，曾经让欧洲人对遥远的东方国度——中国产生过无限的遐想！利玛窦在明朝后期来到中国，则向中国人推开了一扇面向欧洲和世界的窗户。那么，利玛窦为什么来中国？他在中国又做了些什么？

利玛窦来华与"文化适应"策略。1552年10月6日,利玛窦出生在意大利的山城马切拉塔(Macerata),父亲是位药店老板。1568年,十六岁的利玛窦违背了父亲想让他做一个律师的愿望,离开故乡前往罗马,进入耶稣会办的日耳曼公学念书。1571年,他成为耶稣会见习修士,开始接受神学、古典文学以及自然科学方面的训练。在罗马学院,利玛窦第一学年学习算术,第二学年学习《几何原本》、实用算术、地球仪、地理学,第三学年学习了古观测仪、行星论、透视画法、钟表以及与宗教有关的计算问题。1577年,利玛窦到了葡萄牙,准备受遣前往亚洲传教。1578年,利玛窦随同罗明坚神父等从里斯本出发,从海路来到印度的果阿。在果阿,利玛窦停留了五年,期间正式受神父之职。1582年,他到达澳门,并且在次年进入广东,从此在中国住了二十七年。

耶稣会是天主教的一支,成立于1540年,首任总会长是西班牙贵族出身的罗耀拉,旨在维护教皇权威,反对宗教改革,因此后来还曾受到法国启蒙思想家伏尔泰等人的批评。耶稣会的组织较为严密,纪律较严,勇于开拓国外传教士事业,曾向亚洲、非洲和美洲派出了一批又一批传教士。在亚洲,耶稣会士向中国、印度、日本等地都派出了传教士。利玛窦本人,也不是第一个进入中国的耶稣会士。早在1552年,耶稣会传教士方济各·沙勿略就抵达了广东海域的上川岛，拉开了天主教在华传教事业的序幕。不过，沙勿略本人最终没能深入中国内地。直到1583年，罗明坚和利玛窦才成功进入中国内地，来到广东的肇庆，住进了肇庆天宁寺，开始其传教活动。

从1583年到1589年，利玛窦在肇庆居住了六年，发展了大约八十名天主教徒，然后转到韶州。在1592年，利玛窦曾经回到澳门，谒见范礼安（Alessandro Valignano）。范礼安在耶稣会中国传教策略上是一个很值得记住的人物。早在1578年，耶稣会士进入中国频频受阻的时候，范礼安就在给耶稣会总会长的信中提出了在中国传教的"适应策略"。他说："进入中国的唯一可行的方法，就是调整我们的策略，采取一种与迄今为止我们在其他国家完全不同的方法。"耶稣会在印度和日本的做法，是在传教的同时极力推行葡萄牙化，要求信仰天主教的人改穿葡萄牙人的服饰，取一个葡萄牙人的姓名，遵循葡萄牙人的风俗习惯。范礼安清醒地认识到，中国几个世纪培植起来的士人阶层，是不会允许一种全新的观念来危及他们的地位的。范礼安的"文化适应"策略，就是要尊重中国人的文化。罗明坚与利玛窦，是这一"文化适应"策略忠实不移的执行者，从抵达澳门的那一刻起，他们就开始刻苦学习中国的文字和语言。语言文字之外，服饰是一个重要的问题。传教士们试图适应中国文化，最初选择穿上中国佛教僧人的服饰。然而，当时僧人品德败坏的形象，以及耶稣会士们所建立的天主教堂无法像寺院一样向教众以外的普通民众开放,引发了一系列的矛盾。况且,佛教在明代中国虽然不受排斥,但始终被保守的儒学人士视为异端,而一个高鼻深目的外国人穿着僧人的衣服,也很容易引起当地人的警觉。利玛窦万历二十年(1592年)造访澳门后的一个重要进展,就是请求改变在中国传教的耶稣会士的服饰,改穿儒家士大夫的衣服。这个请求在万历二十二年(1594年)得到批准。从此,利玛窦改变了自己的衣着方式,换上了中国士大夫们的儒衣。尊重中国的风俗习惯与传统的伦理道德,也是耶稣会士传教"适应策略"的一部分。利玛窦自己说:"来到这里,不论衣服还是鞋子都穿中国样式的,说话、喝水、吃饭以及一切生活,都依照中国的风俗习惯。"他甚至还依照中国士人的习惯,给自己取了一个号,叫作"西泰"。

利玛窦进京。在中国生活多年之后,利玛窦深知,传教必须取得士大夫阶层的支持。如果可能,得到皇帝的允许将对天主教的传播有莫大的益处。这也是远在欧洲的耶稣会总会所希望看到的。因此,利玛窦渴望能进入明朝中国的政治中心——北京。万历二十八年(1600年)的北京之行,已经是利玛窦第二次来北京了。两年之前,他曾经来过北京,在一位官员朋友家住了几天。因为当时明朝正在进行援朝抗倭的战争,朋友不敢在这种政治形势下过久地收留他这个外国人,所以他只得回到南京。不过,这一次,利玛窦可以说是奉皇帝之命到达的京城,因为据说万历皇帝想要看一看这位欧洲人给他带来了什么样的礼物!

这一次利玛窦进入北京，同样费了一番周折。他从南京出发，搭乘着一个采办丝绸的太监的船只沿着运河北上。在到达山东济宁的时候，利玛窦见到了他的一个老朋友，时任漕运总督的刘东星。刘东星还替利玛窦润饰了呈给皇帝的奏疏。然而，到达临清的时候，税监马堂拘押了利玛窦，并将他关在天津将近半年。直到万历二十九年（1601年）的一月，万历皇帝要求将利玛窦及其礼品送到京城的圣旨才下来。这样，利玛窦在太监的陪同下"奉旨"入京了。有人说利玛窦贿赂了太监，希望能走捷径见到皇帝。但是，实际上从入京前后的情况看，利玛窦似乎并不愿意过多地接触宦官，而且宦官马堂的拘押还一度使利玛窦入京的打算化作泡影。利玛窦进入北京城，依靠的不是宣讲式的传教方式，而是通过与中国士大夫们的结交才得以达成的。正因为此，一位历史学家（A.Reville）说，利玛窦是"用一种世俗的处世方法"来实现宗教传播的目标。

利玛窦给万历皇帝带来了礼物。礼单中包括以下物品：1. 天主像一幅；2. 油画两幅，其中一幅是圣路加教堂圣母像的摹本，另一幅则是圣处女怀抱耶稣的画像；3. 镀金边的金丝封面的每日祈祷书一本；4. 镶有宝石的十字架一具；5. 报时自鸣钟一座；6. 三棱镜两块；7. 缀以纯银链的三角形玻璃杯两个；8. 大西洋琴一张；9. 奥泰琉斯《月相》一书。另外，贡品中还包括一套世界地图册——《万国图志》，据说是欧洲著名的地理学家奥特里乌斯1570年出版的《地球大观》。从这个清单中可以看到，超过半数的器物是基督教的宗教器物。据说，此后陆续进献的，还包括一幅西班牙圣劳伦斯宫殿的铜版画，以及描绘1598年西班牙国王菲利浦二世葬礼的图画。

皇帝本人对传教士们赠予的宗教器物毫无兴趣。尽管之前的士大夫们特别喜欢利玛窦的玻璃三棱镜，但万历皇帝对于威尼斯的玻璃三棱镜似乎没有什么深刻的印象，他感兴趣的是自鸣钟。他如此喜爱自鸣钟，以至于担心皇太后也会喜欢上这个自鸣钟。因此，当皇太后要求看一看自鸣钟的时候，万历皇帝命人在将自鸣钟送到太后寝宫前将钟的自鸣发条卸下。自鸣钟在皇太后的宫中停留了一段日子，一直没有发出声音。最后，失去兴趣的皇太后命人将它搬回到皇帝宫中，说："我原以为它会自鸣呢！"一旁伺候的太监们知道皇帝的意图，也没人敢把真相告诉皇太后。自鸣钟成了万历皇帝与传教士之间的联系纽带。后来，利玛窦曾多次入宫为万历皇帝修理钟表机械。之后的耶稣会士汤若望也曾经入宫为崇祯皇帝修理西琴。皇帝对于利玛窦的世界地图也产生过兴趣。万历二十九年（1601年），传教士熊三拔（Sabbathin de Ursis）和庞迪我就奉万历皇帝之命，对利玛窦的《坤舆万国全图》进行注释。这本注释，后来经艾儒略（Jules Aleni）与杨廷筠的加工，成了明代著名的外国地理书——《职方外纪》。何兆武先生曾形象地说，"小小的三棱镜、时钟和地图"，"竟成为藉以敲破中国森严的思想堡垒的法宝"。当然，据说由于将自鸣钟引进了中国，利玛窦成了中国钟表匠的神祇。19世纪中期，上海的钟表业奉利玛窦为祖师,每月初一、十五都到利公塑像前顶礼膜拜。

尽管朝廷中有些大臣向皇帝建议,要求传教士离开北京回到广东,但是,靠着士大夫朋友们的周旋,利玛窦等人最终得到皇帝的允许,在北京城扎下了根。最初,利玛窦住在明朝政府用以招待外国使节的四夷馆之中。到万历三十三年(1605年),他获准在宣武门内建造一所教堂,即今天北京的天主教南堂。然而,在北京十年,利玛窦从未见过皇帝。利玛窦曾经与各国使臣一道,来到宫中准备接受皇帝的召见,结果只是大家一齐对着皇帝的宝座行礼而已,因为深居宫中的万历皇帝对于接见外国人没有兴趣!此后,利玛窦在北京的十年过得非常忙碌。他努力在京城建立一个由高层士人组成的圈子。据他的助手熊三拔说,利玛窦从早到晚忙着接见客人,有时连吃饭的时间都没有。

利玛窦充分发挥自己的社交才能。从韶州到南昌,从南昌到南京,再到北京,儒衣儒冠的利玛窦结交了各式各样的中国士大夫。其中,有被称作中国天主教三大柱石的徐光启、李之藻、杨廷筠,有王弘海、祝世禄、曹于

利玛窦与徐光启

汀、冯应京等朝廷高官，还有以医术见长的王肯堂、以刊印《程氏墨苑》而闻名的程大约，以及被视为异端而入狱最后自杀的思想家李贽等。

借中国士大夫征服民众，借欧洲科学征服士大夫。首先，利玛窦清楚，要向中国人传播基督教的文化，必须理解中国文化。从一字不识开始，利玛窦潜心于中国文化，据说他"能尽通经史之说"，有些人甚至说，利玛窦能将中国的四书五经倒背如流。其次，利玛窦认为，必须以精英人士为目标。衣着儒衣、结交儒士，博取明代士大夫的好感，是争取精英人士信任的最根本的前提。耶稣会士反对偶像崇拜，因而反对佛教与道教，但却认为祭拜孔子和祖先是合适的。甚至，利玛窦宣扬基督教的书籍所述说的道理也似乎与中国的道德主张相似。著名的东林党人邹元标就说，像利玛窦等人所讲的学术，"与吾国圣人语不异"。向中国传统的妥协，换取了中国士大夫的信任。晚明代表着儒家正义的东林党人，跟耶稣会士来往就很密切。甚至东林党人天启二年（1622年）在京城创办的首善书院，都紧邻着宣武门内的天主教南堂。这种中国士大夫对基督教的误读，正表明在华耶稣会士传教策略的成功。第三，利玛窦认为要借助科学知识的手段。他曾经说："传道必先获华人之尊敬"，"最善之法莫若渐以学术收揽人心"。

在中国多年后，利玛窦悟到这样一个道理：借中国的士大夫来征服民众，借欧洲科学来征服士大夫。利玛窦深知，要争取中国的精英人士，就应该努力学习古典文化，同时要迎合士大夫阶层人士的趣味，满足他们在历法、天文、数学、地理和工艺方面的兴趣。他早期所接受的自然科学的训练，在中国派上了巨大的用场。万历二十八年（1600年），徐光启在南京见到了利玛窦，后来另一位传教士罗如望为他举行了洗礼，徐光启加入了基督教，并取教名保禄。从万历三十二年到三十五年（1604—1607年），他在北京跟随利玛窦学习和翻译西欧的数学、天文、地理和水力学，并在此后译出了《几何原本》《泰西水法》等著作。李之藻也在万历三十二年开始跟随利玛窦学习，并且与利玛窦合作翻译了《浑盖通宪图说》《圜容较义》等科学著作。20世纪40年代，徐宗泽先生编《明清间耶稣会士译著提要》，收入明末清初耶稣会士编译的书籍二百余种，其中历算及科学类的著作约三十七种，由此可见耶稣会传教士在明末清初传入西方科学之一斑。传教士带来的知识，对于中国士大夫来说，是新鲜的。《明史·外国传》说："其所著书多华人所未道，故一时好异者咸尚之！"

万历三十八年（1610年），利玛窦病逝于北京。根据法国人裴化行的《利玛窦神父传》所载，利玛窦的准确离世时间是1610年5月11日上午7时。一个月后，在李之藻的请求下，明神宗赐予了利玛窦一块墓地，位于北京城西的平则门外，即今天的阜成门外。《明实录》对此记载非常简洁，只是说万历三十八年四月壬寅,"赐西洋国故陪臣利玛窦空闲地亩埋葬"。次年,利玛窦正式下葬。据说,在利玛窦死时,北京的天主教徒人数已经达到了四百多人,而全国的天主教徒人数达到两千多人。单纯从数字上看,二十几年的传教历程所收获的成果似乎并不丰厚。然而,考虑到天主教主要是在中国的知识阶层中扩散的,这个数字就代表着相当的成功了。在明朝末年,人们称天主教为"利氏之教"或"利氏学",而把耶稣会传教士称为"利氏之徒",清楚地表明了利玛窦在耶稣会中国传教历史上的地位。

耶稣会士来华——中西文化交流上的大事。利玛窦逝世后不久,天主教在中国的发展似乎依然顺畅。万历三十八年到三十九年(1610—1611年),明朝政府还有过准备让传教士参与修订历法的讨论。继利玛窦之后负责中国传教事务的耶稣会士龙华民(Nicolas Longobardi),继承了他的前任通过科学知识来传播天主教的策略。他派另一位传教士金尼阁(Nicolas Trigault)返回欧洲汇报工作,并嘱咐他征集最新的欧洲书籍带到中国。据说,八年后金尼阁重返中国时,带回了七千部西书,其中大部分与当初利玛窦携带的图书一起,构成了北京天主教南堂图书馆的核心。然而,与利玛窦不同的是,龙华民热情有余而谨慎不足,对当时传教的形势过于乐观,最终导致了万历四十三年到四十五年(1615—1617年)间的南京教案的爆发。

南京教案发生在万历四十四年到四十五年（1616—1617年），距离利玛窦之死刚刚过去六年时间。针对传教士的攻击，是由当时的南京礼部侍郎沈㴶发起的。沈㴶三次上疏皇帝攻击天主教，声称天主教聚会礼拜的行径跟秘密会社如白莲教的行为类似，请求朝廷加以取缔并将传教士逐回欧洲。由于当时朝中与传教士关系密切的东林人士相对失势，而浙党占据要职，徐光启等人为天主教的辩护没有结果，而沈的请求最终得到皇帝的批准。万历四十四年七月，南京的传教士王丰肃、曾德昭等人被捕入狱，而北京的庞迪我、熊三拔等人被押解到澳门。这是明朝末年西洋传教士在华的第一次重大挫折。

挫折过后，传教活动继续在明末清初稳定地发展。仅以南京教案后的几年为例，万历四十七年（1619年）增加了二百七十七名新教徒，而万历四十八年（1620年）增加了二百六十八名新教徒。到明朝天启年间，另一位著名的传教士汤若望也来到了中国。到崇祯皇帝朱由检统治时期，传教士在修订历法、传授火器使用之法等方面都活跃起来。崇祯年间修订历法时，徐光启组织的历局之中，包括李之藻、李天经等天主教信徒，以及汤若望、罗雅谷等外国传教士。尽管"崇祯历"没有实行，但清初汤若望修订的"时宪历"，正是在《崇祯历书》的基础上完成的。这种科学与宗教传播并进的局面，一直持续到清朝，直到清朝康熙晚年因礼仪之争下令禁止传播天主教为止。

抛开宗教的因素不谈,明末清初的耶稣会士来华确实是中西文化交流上的大事。耶稣会士给中国人带来了地理学、天文学方面的知识。在利玛窦来到中国之前,中国从来没有过一幅真正的世界地图。历代的华夷图、天下图之类,实质上都是中国地图,附带着陆上接壤和岛上散居的夷狄。万历十二年(1584年),利玛窦在广东肇庆刊行了第一幅汉字标注的世界地图——《山海舆地全图》。利玛窦的地图后来翻刻了十二次之多。这些世界地图,体现了西方地理大发现后最新的地理学成果。它第一次告诉中国人"天下有五大洲"。而且,利玛窦的世界地图也尽可能采用中文中已有的译名,如大西洋、地中海、古巴、加拿大等译名。通过利玛窦的世界地图,中国人的视野大为拓展。

利玛窦的世界地图虽然在明代后期多次翻刻,大量印行,被学者们广为传阅和摹刻。但到了清代以后,它的流传已经不广,只是在清宫中保存了几幅,而一般人很难看见。这样,利玛窦世界地图从影响广泛到湮没无闻。利玛窦世界地图所代表的世界观,也没有冲垮中国传统的"天下观"。

利玛窦还曾经用铜铁制造天球仪和地球仪,讲述地球的位置和各星球的轨道。这些仪器据说当时都安置在北京城东南角的观象台上。在李之藻的帮助下，利玛窦译编了《乾坤体义》。这本书所阐述的内容基本上仍然属于亚里士多德的宇宙论。尽管这并不是当时西方最进步的哥白尼体系，但对于仍然习惯于天圆地方说、浑天说等理论的中国人来说，这种严格而系统的宇宙理论，已然是足以振聋发聩了。

利玛窦还带来了近代欧洲的数学。来到中国以后，利玛窦把自己在罗马学院的老师克里斯托弗·克拉维斯（Christoph Clavius，1537—1612年）的讲义——《几何原本》翻译成了中文。那位老师被利玛窦译为"丁先生"。协助利玛窦翻译的执笔人，是后来写下《农政全书》的徐光启。据说，每天下午三四点钟时，徐光启就会来到利玛窦的住所，利玛窦口授，徐光启进行笔译。万历三十五年（1607年），《几何原本》刻印于北京，影响很大。利玛窦死时，在讨论要不要给利玛窦葬地的时候，内阁大学士叶向高就很公正地说："仅其所译《几何原本》一书，即宜钦赐葬地。"让中国人感到稀奇的，还有利玛窦传入的透视画法。这种绘画方式，讲究几何学、光学和人体解剖学的应用，与传统的中国画法有着巨大的差别，也引起了当时人们的兴趣。利玛窦还告诉人们，主管人的记忆的是人的头脑，而不是"心"。

明末清初传教士传入的西学,要辩证地看待。从欧洲文艺复兴以来,科学与民主的近代文化与经院神学的中世纪文化之间的对抗与斗争,一直就没有停息过。耶稣会士们虽然以博学著称,然而他们的世界观是反对近代思想和科学的。如果历史可以假设,那么,如果16、17世纪传入的不是中世纪的神学教条而是近代的世界观和方法论,是西方思潮中的人本主义,是哥白尼、伽利略所奠立的近代科学体系,那么,中国思想文化的发展又将会是一个什么样的面貌呢?然而,耶稣会士传来的西方科技,还是极大地丰富了中国学者的知识,开启了他们的眼界。在天文历算、地理、水利、火器方面,还涌现了一批专门著作。这是有划时代意义的。

耶稣会士向中国传入西方科学知识的同时,也正面地将中国的文字、历史与文化向西方进行了介绍。在学习中文时,耶稣会士会选择传统儒家文献为教材,将学习中文与了解中国文化结合起来,并将中国的文献译为欧洲文字。据说,从1591年到1593年,利玛窦就开始翻译四书,即《大学》《论语》《孟子》《中庸》等儒家经典,而罗明坚在1588年离开中国返回欧洲后,终其余生都在翻译中国的四书。在今天的意大利国家图书馆,还藏有罗明坚翻译四书的手稿。据学者考察,今天梵蒂冈图书馆的善本收藏中,与《易经》研究相关的明清传教士的中文或拉丁文手稿就至少有十多种。利玛窦还编写了一部用拉丁拼音来拼写汉字的著作，即《西字奇迹》。在撰述方面，由利玛窦撰写、金尼阁整理的《基督教远征中国史》、曾德昭的《大中国志》、卫匡国的《中国历史七卷》等介绍中国历史文化的书籍在欧洲广为流传，成为研究中国历史文化的欧洲汉学的起源。

江南市镇

明仇英绘《清明上河图》(局部)

白墙黑瓦、小桥流水,古镇宁静的夜晚,意境悠远。然而,如果时间可以倒流,回到几百年前,今天古色古香、恬淡宁静的江南市镇,却曾经是作坊林立、富商云集、车水马龙的工商业中心。这一座座桥梁,历经昔日的繁华,承载着历史的沧桑。

高速发展的江南市镇。历史上所谓的江南地区,主要是指长江三角洲及太湖流域,包括苏州、松江、常州、杭州、嘉兴、湖州等六个府。江南地区是明清两代最繁荣富庶、最有文化气息的地区，城市化的程度非常高，不仅有苏州、杭州等大型城市，而且有星罗棋布的市镇。明清地方志对于"市镇"的概念也有一些解释。明弘治年间的《吴江县志》说："人烟凑集之处，谓之市镇。"清乾隆年间的《湖州府志》则明确将市镇与村落对称，说："田野之聚落为村，津涂之凑集则为市为镇。"明天启年间刊刻的《吴兴备志》则说："商贾聚集之处，今皆称为市镇。"从这些定义来看，市镇一般有以下几个条件，即具备一定的人口密度，是商人聚集的商业聚落，而且多半分布在交通要道上。在明清时代编纂的供商人出行的手册上，江南市镇往往是商人们的必经之地。据学者统计，明清时期，中国约有七千一百个小型城市，其中绝大部分是市镇，而江南地区的市镇，在规模和密度上都是具有代表性的。江南市镇体现了明清以来江南商品经济的发展，也反映了江南都市化的进程。

市镇起源于集市。唐宋时代，随着坊市制的解体，农村地带开始出现商品中心地，并形成一定的流通网络。因此，有些集市的起源最早可以追溯到唐朝或宋朝。到明清时期，随着商品经济的发展，作为基层市场的集市开始大量兴起，在北方多称为"市"或"店"，在南方多称为"集""场"或者"墟"。根据美国学者施坚雅的研究，一个典型的集市，是一个约有十八个村和一千五百家农户的核心点，所及范围约为五十平方公里的六角形地区，而这样的六角形式的市场区域可以不断地向高一级市场延伸。集市可以分为不定期的较为原始的集市和定期的较为成熟的集市。

《药铺图》中反映的明朝城市生活

农村集市的大规模发展,是在明代中叶以后。大约在16世纪,集市的数目在一万左右。以华北平原为例,河北有集市一千二百二十二个,平均每个县9.4个;山东有集市一千七百四十七个,平均每个县16.8个。市镇就是从集市发展而来的,但市镇却摆脱了集市几日一集的模式。在明代江南,已经见不到几日一集的集市的痕迹,取而代之是一个个被日本学者称为"地方都市"的人口稠密、商店林立、经济繁华的市镇。另一方面,原有的军事性的、行政性的城镇,也随着商品经济的发展,蜕化为工商业的据点,构成江南市镇的一部分。

从时间上来说,16世纪,江南市镇进入高速发展时期。以苏州府吴江县为例,15世纪末16世纪初的弘治年间,吴江县只有两个市和四个镇,即县市、江南市、平望镇、黎里镇、同里镇和震泽镇。到16世纪中期的嘉靖年间,吴江县已经有十市四镇。增加的八个市分别是八斥市、双杨市、严墓市、檀丘市、梅堰市、新杭市、盛泽市、庉村市。比较起来,镇的规模一般比市要大。市的人口规模,一般在一百户到三百户之间,很少有超过五百户的,而镇的规模一般在一千户以上。随着市的规模扩大和地位上升,市也会升格为镇。例如,嘉靖年间兴起的吴江县盛泽市,到清朝康熙年间《吴江县志》的记载中就已经升格为镇了。

主副倒置，农业商品化。江南市镇中，往往出现主业与副业倒置的现象，农业变得越来越不重要，而副业——如丝织业、棉纺业反而成为农民收入的主要来源。例如，在苏州府吴江县的盛泽镇，农民主要从事纺绸业，重要的经济来源也是纺绸，甚至会任由土地荒芜。

从市镇的空间分布上来说，明清重要的、大型的市镇集中出现在江南，这不得不从江南经济的开发谈起。自唐宋以来，中国的经济重心开始南移，江南地区逐渐成为中国经济的枢纽，无论是人口、税额、农业生产与商品经济，在全国都是首屈一指的。然而，随着人口的增长，江南地区的人口压力逐渐增大，人口与耕地之间的矛盾也在逐渐加大。唐代以来，江南农民通过修筑圩堤，不断开发适合耕种的低地湿田，叫作圩田。明代，江南耕地开发饱和，外延式的"圩田"走到了尽头。人们只能通过"分圩"的手段分割大型"圩田"，以便将残存于大型圩田内心处的湿地改造成耕田。有资料记载的较早的"分圩"活动是在宣德七年（1432年），最晚则是在17世纪中期，即清朝初年。这表明耕地紧张是明代以来江南地区的普遍现象。此外，明清时期的江南重赋，也是一个原因。人口膨胀、耕地紧张、赋税繁重，共同构成了江南农业商品化和市镇兴起的背景。

在人口膨胀、耕地紧张、赋税繁重的背景下,江南农民只有通过调整种植结构来寻求出路。原来用以种植粮食的耕地,改种了棉花、桑树等经济作物;原先的副业——纺织业成了人们的主业;原来的重要粮食产区江南地区,开始在粮食上依赖湖广地区的供应。农业结构的调整和纺织业的兴起、粮食贸易的频繁,终于成就了江南工商业市镇的兴起。江南地区产业结构的变化,最集中地体现为棉纺业和丝织业的发展,而棉纺业和丝织业专业市镇也占江南市镇的绝大多数。

苏州水巷

棉纺业主要集中于松江府一带，即今天的上海一带，包括当时属于苏州府而现已划归上海市的嘉定县等地。明清以来，以松江府为中心的地区，形成了一个棉纺织业的专业地带，棉花也在这一带普遍种植。据明万历《嘉定县志》记载，当时全县耕地约12986顷，其中不能种植作物的板荒地1301.9顷，种稻的田地为1311.6顷，种植棉花和豆类等经济作物的田地为10372.5顷。也就是说，大约百分之八十九的可耕土地，都用来种植棉花和豆类了，故《嘉定县志》说："种稻之田约止十分之一，其余只堪种花、豆。"但是，松江府一带的棉纺业，也并非完全以当地棉花为原料，还会从华北和长江中游各省输入棉花。明末的上海县人徐光启在《农政全书》中就谈到棉花与布在南北之间交换的情形——"吉贝（指棉花）则汛舟而鬻诸南，布则汛舟而鬻诸北"。在嘉定县织成的棉布，也远贩到北方各省，所谓"商贾贩鬻，近至杭、歙、清、济，远至蓟、辽、山、陕"。松江府最著名的棉纺业市镇，有朱泾、枫泾等镇。清人顾公燮在《消夏闲记摘抄》中说："前明数百家布号，皆在松江枫泾、朱泾乐业，而染坊、踹坊、商贾悉从之。"

太湖流域是丝织业市镇密集的地区，大批丝绸业市镇分布于太湖东南面积不大的扇形地带上。万历年间的官员张瀚在他的《松窗梦语》中说："大都东南之利，莫大于罗绮绢纻，而三吴为最。"所谓的"三吴"，就是指太湖沿岸的湖州、苏州等地。明朝人徐献忠在《吴兴掌故集》中说："蚕桑之利，莫盛于湖。"明代中后期,种桑养蚕已成了湖州人的主业,而粮食种植反成副业。种桑养蚕与市场的结合非常紧密。有一些养蚕人自己不种植桑叶,而是从市场上购买桑叶,俗称"看空头蚕"。太湖流域的市镇上,不仅有丝行、绸行,还有经营桑叶售卖的桑行。湖州府农民生产的优质湖丝,又叫"辑里丝",并不是用来自己消费的,而是全部投放于市场。天启《吴兴备志》说:"湖丝虽遍天下,而湖民身无一缕。"而且,湖丝不仅远销南北,还漂洋过海,成为晚明以来中国对外出口的主要商品之一。

从《素女九张机》可以推想明代丝织业的繁盛

在江南的丝织业专业市镇中,最著名的有湖州府南浔镇、双林镇,嘉兴府濮院镇,苏州府震泽镇、盛泽镇等。南浔镇是湖丝的主要集散地,在嘉靖年间已经是"烟火万家",其繁荣程度超过了县城和府城。盛泽镇在苏州府吴江县,是吴绫的集散中心。明末出版家冯梦龙在小说《醒世恒言》中曾形容盛泽镇的商业盛况:"镇上居民稠广,土俗淳朴,俱以蚕桑为业。男女勤谨,络纬机杼之声通宵彻夜。那市上西岸绸丝牙行约有千百余家,远近村坊织成绸匹,俱到此上市。四方商贾来收买的,蜂攒蚁集,挨挤不开,路途无伫足之隙,乃出产锦绣之乡、积聚绫罗之地。江南养蚕所在甚多,惟此镇处最盛。"濮院镇在宋代是一个草市,元代升格为镇,到明隆庆、万历年间,濮院镇的纱绸"制造绝工",濮绸的声誉也远近闻名。万历初年,濮院镇已经变成了一个商肆栉比、居民万家的丝织业专业市镇。震泽镇在元代的时候,也只是一个小市。它的兴起是在明代中期。清代乾隆年间编写的《震泽县志》曾追述明朝震泽镇的绸业发展史,明朝成化、弘治年间以后,震泽镇一带的农民开始精通"绫绸之业","相沿成俗,于是震泽镇及近镇各村居民乃尽逐绫绸之利"。双林镇所织的纱,"名目繁多,有花有素",因而"客商云集,贩往他方者不绝"。

除了棉纺业和丝织业市镇外，江南市镇中还有其他一些专业市镇，经营不同的工业，如盐业、榨油业、笔业、冶业、窑业、渔业、编织业、竹木山货业、刺绣业、烟叶业、制车业、造船业、海运业、丝织业、棉布业、米业等等。例如，湖州府的善琏镇，就是以制笔业为主的市镇。善琏镇生产的湖笔，与徽墨、端砚、宣纸并称中国古代文房四宝中的精品。湖州乌程的织里镇，是杭嘉湖地区的造船业中心，在地方志中有"小湖织里业造船"的说法。原属崇德县、后属桐乡县的石门镇，是有名的从事榨油业的市镇。在明朝万历年间，石门镇有榨油作坊二十家，每家雇用数十名工人，雇工人数达到八百余人。苏州吴江县的黎里镇、平望镇，则主要从事粮米贸易。黎里镇东栅的米市，"每日黎明，乡人成集，百货贸易，而米及油饼为尤多"。此外，周庄镇的编织业、章练塘镇的制车业，也都是远近闻名。总之，市镇的出现，不是行政运作的结果，而是商业及手工业集聚自然形成的结果。

商业与文化气息的融合。市镇的明显标志是它的四栅。由于大部分江南市镇位于交通便利的水道上，水路交通四通八达，因此，为保证镇区治安，镇区外围的桥梁的桥洞下通常会设置栅栏门。水栅设置于镇的东南西北四面，故称"四栅"。实际上，有些市镇不只是有四个水栅，也有七栅、八栅的，甚至有十二栅的，但仍然通称"四栅"。有些市镇还在镇区外围的道路上设置陆栅，就类似城门了。四栅配备栅房，雇募栅丁。这样，四栅、栅房、栅丁，共同构成了市镇的管理与防卫体系。四栅之内，便是市镇的镇区。有些大型市镇的镇区规模，已经超过了临近的县城或府城。例如，乌青镇位于湖州府乌程县与嘉兴府桐乡县之间，镇区方圆十八里，而无论湖州府城，还是嘉兴府城，方圆都只有十二里。

  按市镇的四栅计算，市镇方圆一般不过数里，大的市镇也只有方圆十几里。但是，市镇辐射的范围却很广，通常能影响方圆数十里以外。环绕市镇的几十个乃至上百个村落，一般被学者称为市镇的"乡脚"，或者"附镇村落"。市镇是这些村落与外部世界进行商品交易的市场中心：村里的商品运到市镇进行销售，而外面来的商品也由市镇集散到各个村落。

  江南的大型市镇，像南浔镇、盛泽镇、乌青镇、濮院镇、王江泾镇等，人口都在一万户左右。例如，王江泾镇在明代万历年间，"居民可七千余家"。嘉靖末年，郑若曾编《筹海图编》，说："至于市镇，如我湖归安之双林、菱湖、琏市，乌程之乌镇、南浔，所环人烟小者数千家，大者万家，即其所聚，当亦不下中州郡县之饶者。"嘉靖年间，有人说青镇"居民不下四五千家，丛塔宫观，周布森列，桥梁阛阓，不烦改拓，宛然府城气象"。

  市镇的人口结构既不同于乡村，也不同于府城或县城。在市镇十分紧凑的街市范围之内，往往"工贾艺术杂处"。其中，有外地来的客商，也有久居市镇的坐贾，他们为市镇带来了巨额的白银。有专门从事居间贸易的牙侩及其雇用的店伙，他们充当贸易的中介，是市镇经济运行的枢纽。在江南市镇中，规模最大的一般是丝行、布行或绸庄。市镇中还有一定规模的手工作坊，如染坊、练坊、踹坊等。因此，作坊主及其雇用的工匠也是市镇人口中的一部分。此外，有开设茶楼、酒肆、饭馆、商店的店主及其雇用的店伙，也有亦工亦农的农业人口，还有仰食于市镇的脚夫、乐人、市井流氓。这样三教九流的人物聚集在一起，构成了一个很有生气的社会，一个充满活力的商业中心、工业中心。然而，在这浓重的商品气中，却还不能忘了，士大夫们往往会因为市镇的交通便利、经济发达和信息灵通，选择临近的市镇居住。于是，江南市镇便又成了一个区域的文化中心。

市镇是商业与手工业中心，是人流与物流的集散地。它不像县城和府城那样带着某种僵化、凝固的惰性；相反，它是富有开放性和进取性的。四里八乡的农民到这里来出售自家生产的商品，天南海北的商贾到这里来收购畅销于国内外的各种商品，并把它们运销到全国各地的市场。它是充满活力的、不断发展的经济中心地，不像乡村那样带着封闭性。

在商品经济的脉动下，在喧闹的市井之中，财富的激增，推动着士大夫们营建了一处处曲径通幽的江南园林。园林不仅显示出士大夫的财力与成就，也展现出士大夫的文化品位。在明代，南翔镇不仅是一个棉布业中心，同时也是文人荟萃、风流蕴藉之地。仅明朝一代，南翔镇就有进士十人、举人十六人。像编纂《续文献通考》的王圻，就是南翔镇人，嘉靖四十四年（1565年）的进士。南翔镇的士大夫，对于园林格外喜爱。万历二十年（1592年）的进士李流芳，在南翔镇的北市营建了檀园，以水取胜，所谓"短筑墙垣仅及肩，多穿溪壑注流泉"。万历年间，一位名叫闵士籍的士人，在南翔镇东营建了猗园。猗园在清乾隆年间翻新，改名古漪园，为南翔胜景。明清两代，南翔镇的著名园林还有计氏园、巢寄园、桐园和怡园等。

　　湖州府的南浔镇是比较典型的江南市镇。南浔镇是位于太湖东南面的市镇，隶属于湖州府的乌程县，最早兴起于南宋。从湖州到平望的运河，沿东西方向从镇中穿过；南北方向的市河，与运河在镇中心交汇，是典型的"十字港型"市镇。民国《南浔镇志》记载："十字港，……（在）运河与南北二市河交互相贯处。"明清时期，每年都会有大批的船只来到十字港，采

南浔古镇

仕女图

购优质的湖丝——辑里丝。清乾隆年间曹仁虎的《浔溪竹枝词》写道："听道近年丝价好,通津桥口贩船多。"通津桥位于十字港正中,是全镇的水陆码头。南浔镇的规模很大,东西三里,南北七里。到明代嘉靖、万历年间,"阛阓鳞次,烟火万家",繁华的程度已经超越县城和府城。当时的俗谚就说:"湖州一个府,不及南浔半个镇。"富商大贾出才子。在明代,南浔镇的人文气息也很浓厚,曾经出过七名进士、二十七名举人。著名的湖州董氏——董份的家族,就位于南浔镇。董份曾在南浔镇的东栅建造了一座别墅,名为"泌园"。董份《园中》诗写道:"清溪迤逦曲通源,野径池深昼掩门。一鹤天空时自唳,百禽春到总能言。"刘镛在南浔镇上建小莲庄,其孙刘承干在园中修建的嘉业堂藏书楼,至今犹存。从中,我们可以看到,繁华喧嚣的市镇之中,别有江南园林的清幽之韵,而浓厚的商业气和清雅的文人气,奇妙地混合在水乡泽国之间!

白银资本

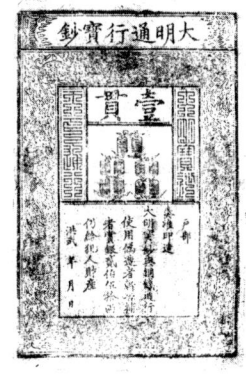

大明通行宝钞

定陵，明神宗万历皇帝朱翊钧的陵寝，1956年到1958年被考古发掘。这位皇帝在世时以懒惰和贪财闻名，这在他的陵寝中也得到了体现。在定陵数不胜数的珍宝之中，有数量众多的金银，包括大量的金银器，以及一百零三枚金锭和六十五枚银锭，也就是俗称的金元宝、银元宝。从银锭底部的铭文来看，它们大多是作为全国各地向国家缴纳的赋税被解送到北京的，最后成了皇帝的附葬品。在明朝中后期，白银不只是作为奢侈的贵金属，它们还是社会财富的标准，以及在社会上广泛流通的金属货币。

没有准备金的大明宝钞。白银是在什么时候成为中国社会中流通的货币的？关于这个问题，学者提出了几种不同的答案。傅筑夫先生主张唐末五代社会上就已经普遍用银。在《货币经济的衰弱与实物货币的代兴》一文中，傅筑夫先生指出，唐代元和四年（809年），朝廷允许百姓开采银坑，标志自由采银、用银时代的到来，到五代年间白银已上下通用，在事实上成为主要的货币。但是，著名宋史专家漆侠先生则认为白银是在宋代成为货币的。在《宋代经济史》一书中，漆侠先生认为，金银的用途在宋代极为广泛，"金银所独具的货币的职能已经在社会上多方面的发挥出来了"。所以，他认为白银货币化在宋代已经实现。然而，著名经济史学家全汉昇先生却认为，北宋政府历年的岁出、岁入之中，除各种实物以外，就金属货币而言，钱币所占的地位远在白银之上。明末清初的学者顾炎武在他的《日知录》中说，宋代以来用银很广泛，但同时还说，金朝哀宗正大年间，也就是13世纪初，相当于南宋后期，"民间但以银市易，此今日上下用银之始"。人们对于白银货币化的时间的认识并不一致。但是，普遍都认为，白银在明代成为广泛流行的货币，却是毫无疑义的。

在人类生活的早期，就已经有了交换。当交换发展到一定阶段，就需要一定的交换媒介，这种媒介就是货币。在人类历史上，人们曾经使用过各种物品来充当货币，如石器、贝壳、珠玉、布、粮食、动物的齿角及皮革,然后慢慢地逐渐过渡到金属货币。马克思在《资本论》中说过:"金银天然是货币,但货币天然不是金银。"金银等贵金属具有易保存、方便切割等优点,是天然的优质货币。从非金属货币到金属货币,从一般金属货币到贵金属金银,标志着货币从粗劣的原始形态发展到优良的高级形态,从而也反映了社会经济的发展与进步。英国古典经济学家亚当·斯密在他的《国富论》中说:"在最富裕民族间,金银自然有最大价值,而在最贫乏民族间,自然只有最小价值。在最贫乏的未开化民族间,金银几乎没有价值。"换句话说,如果社会停留在原始的、封闭的、没有商业的时代,金属的价值远不如可以用来吃穿的物品重要。法国年鉴派学者布罗代尔也说:"贵金属将显示出经济生活逐级上升的趋势。"这是整个国民经济繁荣兴旺的象征。从这种意义上来说,货币与商业就是一辆车的两个轮子,两者相辅而行,并肩前进,而明代白银货币化,则标志着明代的社会经济发展到一个相当的高度。

当然,白银不是从明朝一建立便成为主要货币的。在朱元璋创建明朝的历程中,他曾经铸造过铜钱——"大中通宝"钱,而建国后也在南京设宝源局,制造铜钱。然而,洪武七年(1374年),朱元璋设立宝钞提举司,准备发行纸币。次年,中书省正式印造纸币——大明宝钞。宝钞以桑皮纸为原料,底色为青色,外圈是龙文花栏,顶端写着"大明通行宝钞",中间印有宝钞的币值,下面绘有跟数字相应的图案,如币面"壹贯"的宝钞下面绘十串。宝钞面值有六种,即一贯、五百文、四百文、三百文、二百文、一百文。洪武二十二年(1389年)后,政府还发行了

"五十文"和"十文"面值的宝钞。洪武十三年（1380年）中书省被废除后，印刷宝钞的任务便落到主管财政的户部身上。宝钞的下半部分，通常竖排着七行文字，写着："户部奏准印造大明宝钞，与铜钱通行使用，伪造者斩，告捕者赏银二佰伍拾两，仍给犯人财产。洪武　年　月　日。"这段文字的有趣之处，在于表明宝钞和铜钱是国家的法定货币，然而告发者"赏银二百伍拾两"的规定，却无疑也揭示出白银在当时人们经济生活中的地位。官方的戒谕本身，透露了尽管有宝钞作为法定货币，但实际生活中人们似乎更重视白银。

为了推行宝钞，明朝政府做了很多努力。这些努力包括以下几点：首先，政府尽量使用宝钞。例如，政府实施的大型工程的报酬和朝廷对官民赏赐，都是给以宝钞。例如，永乐四年（1406年），礼部尚书宋礼奉命到四川采木，"人给米五斗，钞二锭"。一锭就是五贯，钞二锭就是十贯。政府向老百姓收税，在不征收实物的时候，会要求将实物折成宝钞上缴。这是从积极引导的角度采取的措施。其次，政府为了保证宝钞的通行，严禁民间用金银交易，甚至有时禁止用铜钱交易。例如，永乐元年（1403年）四月，明朝政府下令禁止金银交易，并且规定："有能首捕者，以所交易金银充赏，其两相交易而一人自首者免坐，赏与首捕同。"通过鼓励告发的方式，来堵塞民间用金银买卖。宣德元年（1426年），行在户部向皇帝奏报说："比者民间交易，惟用金银，钞滞不行，请严禁约。"于是，皇帝命令都察院张榜告示，凡是以金银交易者，皆罚钞。为了保证宝钞的通行，政府甚至还禁止使用铜钱。宣德十年（1435年）十二月，广西梧州府知府李本就奏报说："律载宝钞与铜钱相兼行使，今广西、广东交易用铜钱，即问违禁，民多不便。"这种禁止用钱的规定，以后还不时出现。这是政府采取被动的、堵截的措施来保证宝钞的通行。其实，无论是政府的引导还是堵截，都没有找到问题的关键。由于明朝的宝钞是完全没有钞本的，也就是没有发行准备金，这成了大明宝钞的致命缺陷。

没有发行准备金的宝钞，只是政府一厢情愿的权力展现，而没有遵循经济规律。事实证明，明朝政府模仿元朝发行的大明宝钞最终是失败的。按照规定，人们可以用金银去兑换宝钞。然而实际上没有人愿意用金银来兑换宝钞。明朝政府发行的纸币，像元朝末年的纸币一样，迅速贬值。尽管明初有不少官员认识到宝钞的贬值是由于宝钞发行数量过多，然而由于没有建立准备金制度，那些官员们也不知道发行多少数量的宝钞才是合适的。大明宝钞迅速贬值。宝钞一贯从最初规定折铜钱一千文，银一两，到洪武二十三年（1390年）的浙江等地便只能折钱二百五十文，缩水了百分之七十五；到了朱元璋统治晚期的洪武三十年（1397年），大明宝钞一贯只能折0.07两白银，缩水了百分之九十。正统元年（1436年），银一两抵钞千余贯。也就是说，从最初发行到六十年之后，大明宝钞贬值到只有原来价值的千分之一。迅速贬值的宝钞，形同废纸！到15世纪下半叶，陆容在《菽园杂记》

中说："宝钞今惟官府行之。然一贯仅银三厘、钱二文。民间得之，置之无用。"也就是说，到15世纪下半叶，除了政府还在偶而使用宝钞外，人民群众已不再信任宝钞了，而选择使用白银或者铜钱等金属货币。民众对政府的信任，最终让位于对物质本身优劣的信任。

没有准备金的大明宝钞，注定是要贬值的。政府不断印钞，宝钞不断地贬值，进入了一个恶性的循环。明朝政府缺乏经济管理的能力，并没有深刻地认识到这一点。他们反复做的，只是想要通过行政手段来维持宝钞的通行。然而，商品经济是不能完全用行政手段来解决问题的。因此，尽管政府不断出台禁令，但最迟到15世纪早期，白银和铜钱就已经成为民间流通的主要货币了。

弃钞用银，白银的使用范围逐步扩大。然而，比较白银与铜钱，明朝人似乎更愿意接受白银。由于生铜紧缺，明代铜钱制造量太小，不足以满足流通的需要。宝源局制造的铜钱不能满足流通的需要，明朝政府便在各个行省设置货泉局。由于没有严格的监管，各地制造的铜钱优劣不一，从而使市场上充斥着大量的伪劣铜钱。劣币驱逐良币，大量的伪劣铜币对钱法构成了冲击。洪武二十六年（1393年）有一个统计数字，表明当时全国用以铸钱的炉座一年可以铸钱十八万九千余贯。这个数字相当于什么呢？

宋代在熙宁六年（1073年）以后，每年铸钱六百万贯。也就是说，每年铸钱不到宋代的百分之三。据估计，明朝从建国到16世纪末，总共铸钱约一千万贯。由于老皇帝死后他的年号钱价值会打折扣，所以这一千万贯铜钱无论如何是满足不了市场流通的需要的。在这种情况下，白银取代宝钞、铜钱，成为最主要的货币。

到成化、弘治年间，也就是15世纪后期，民间交易已经主要用银了，白银已然成为占据着绝对统治地位的通货了。15世纪70年代，著名的宦官汪直曾经指着一位敢于不对他阿谀奉承的县令骂道："尔头上纱帽谁家的？"县令诙谐地回答说："我的纱帽，是用白银三钱在铁匠胡同买的。"1980年，傅衣凌先生对明代徽州府祁门县的一百多张契约文书中涉及的"通货"进行研究。研究表明，祁门县的土地买卖所使用的货币，在洪武、建文年间（1368—1402年）主要是以钞为主，只有最早的一次交易因为发生在洪武六年（1373年），也就是还没有发行宝钞之前，所以是用银。这说明，明朝初年，在政府的强力推行和宝钞贬值程度不大的情况下，人们还是可以接受宝钞的。然而，到宣德、正统、景泰、天顺年间，也就是1426年到1464年的四十年间，交易中的货币，除了宝钞之外，稻谷、布以及白银也成为交易媒介。这说明，宝钞的接受度开始下降，而民间因为不敢违禁使用白银，所以一度用实物稻谷或者布来交换。但是，白银的使用在正统年间逐渐活跃起来了。成化、弘治年间，契约文书中所显示

白银资本

的交易，则全部是用白银作为交换媒介完成的。

时间		契约张数	使用通货类别和数量
洪武年间	1368—1398	8	宝钞7、银1
建文年间	1399—1402	1	宝钞1
永乐年间	1403—1424	16	宝钞15、布1
宣德年间	1426—1435	17	宝钞4、布11、稻谷2
正统年间	1436—1449	48	布29、稻谷2、银17
景泰年间	1450—1456	12	布2、银10
天顺年间	1457—1464	7	银6、稻谷1
成化年间	1465—1487	32	银32
弘治年间	1488—1505	14	银14

从现存的徽州府的契约文书来看，白银大约在成化、弘治年间便成为主要的货币了。不过，对于白银在明代什么时间超越铜钱成为主要货币，仍然有不同的看法。有些学者倾向于将时间再往后推一点，例如日本学者足立启二就认为明代的第一个世纪仍然是"铜钱经济"，而白银要到1500年以后才开始取代铜钱的位置。另外一些学者则将时间往前推进了几十年，认为从1430年代"金花银"开始，白银就已经成为明代的主要货币了。当然，我们更愿意相信，白银的货币化是一个过程：它最初呈现在民间社会，然后影响到国家赋税，进而影响到整个社会的方方面面。

金花银的出现，是明朝政府顺应白银货币化的趋势而做出的一项赋税政策调整。在自然经济占统治地位的明初,田赋主要征收实物,即米或者麦。到正统年间,赋税折银的现象开始出现。正统年间,地方政府将仓库中的米麦卖给普通百姓,收回白银,称"粮价银",上交朝廷。浙江、江西等地的税粮按米、麦每石折银二钱五分的比价,折收白银,铸成银锭,运往京城,称作"金花银",又称作"折粮银""京库折银"。金花银的数量,每年大约一百万两,要占明朝政府全年税粮的百分之十以上。金花银一方面满足了官僚及皇室对白银货币的贪求,因此得到统治集团的支持,另一方面也促进了农民与市场的进一步结合。官员俸禄开始由宝钞改用白银。景泰三年(1452年),在京文武官吏的俸钞都按市价给银,每五百贯给白银一两。到16世纪初期的正德年间,官员俸禄九成用银,一成用钱。在明代的最高学府——国子监,政府在财政困难时向一般读书人兜售入监读书的资格,叫作捐监。捐监最初是向政府捐纳一定数量的米,到了成化二十一年(1485年),政府下令,捐一个国子监监生的资格,每人需向朝廷纳白银二百五十两或三百两。

赋役折银,加速白银的货币化进程。到16世纪中期,宝钞已形同于无,铜钱的使用也日益减少。隆庆元年(1567年)二月,户部在谈到钱法之壅蔽时列举了三点原因,其中最后一条原因就是"税课专征银而不征钱"。然而,"朝野率皆用银"的趋势,却是无法阻挡的。到著名的政治家张居正辅政时期,他顺应白银货币化的历史潮流,大力推行一条鞭法,"总括一县之赋役,量地计丁,一概征银"。赋役折银是一条鞭法的核心之一。万历皇帝甚至还铸造"万历通宝"银钱,分四钱和四分两种。这表明,政府正为市场上白银的流通创造便利条件。自此,从国计到民生,朝野上下尽皆用银,已经是不可逆转的潮流了。

一条鞭法改革,反映了赋役折银的趋势,同时又从赋役层面上进一步巩固了白银在国计民生中的地位。到明代后期,国库收支是以白银为主,而铜钱则降到了无足轻重的地步。国库收支中铜钱的数量不到白银的百分之一,甚至不及千分之一。这与宋代国库收支以钱币为主是完全不同的。明代的白银,可以说笼罩在国计民生的方方面面。

在商品经济最发达的江南地区,白银在人们的日常生活中必不可少。万历二十一年(1593年),一位官员向皇帝报告说,苏州府嘉定县的棉农为缴纳赋税,一般要经历四个步骤,先以棉织布,以布易银,以银购米,再将米交给士兵,作为漕粮运往北京。晚明的富商大贾,为采购生丝或棉布,动辄随身带着数万乃至数十万两白银。在苏州吴江的丝绸集散中心盛泽镇,"富商大贾数千里辇万金来买者,摩肩联袂,

明万历五彩人物五毒纹小盘

如一都会"。"万金"的字面解释就是一万两银子。即便是穷乡僻壤，没有白银的日子也是无法想象的。在明末的广东，有一个普通的以缪为姓的农村宗族。这个家族制定了一套家训，

银锭

叫作《缪氏家训》。家训中对收受礼物的回礼标准有详细的规定：收到一个猪头，要回礼一钱银子；收到两只鹅和一坛酒，要回礼三钱银子；收到一只羊和一坛酒，要回礼五钱银子；收到一只猪和一坛酒，要回礼一两银子。家训规定，亲戚往来每年不宜超过两次，银子不能超过二钱。可见，白银已渗透到城乡每一个角落，涉及一切细小的事情。在崇祯年间刻印的一些书籍的扉页上，会赫然标明书价。崇祯年间武林钟越跃庵刻本的《宋文文山先生全集》的扉页上，就戳了一方"每部定价纹（银）壹两"的木记。

清初学者顾炎武的《天下郡国利病书》说，为方便交易，"虽穷乡僻壤，亦有银秤"。这在从欧洲来的传教士的记载中也可以证实。明末，一位名叫拉斯戈台斯的神父记录下了以下这样的细节。他说："每个中国人在购买东西时都会随身带着一把钢剪，根据货物的价格把银锭绞成大小不等的银块，再用戥子称出小银块的重量。人们在做这件事情时非常熟练，如果需要二钱银子或者五厘银子，他们往往一次就能凿下准确的重量。"他还说："在

白银资本 | 175

中国，连孩子们都会估量银锭的重量和成色。人们会随身带着一个类似铜铃的东西，里面装着蜡块，用来收集剪下来的银屑。当银屑积累到一定量的时候，人们把蜡块熔化，就可以回收银子。"翻开明代的各种著述，关于白银的记载随处可见。万历年间浙江人张应俞曾经编撰了一部专门教人反诈骗的图书——《杜骗新书》，记载了八十三个诈骗的案例，其中有七十四个案例涉及白银买卖交易及诈骗之事。万历年间，河南项城知县王钦诰著《演教民六谕说》，按照朱元璋的"六谕"教化普通百姓，其中劝人们"勿作非为"中的一条，就是不要"行使假银"。在明清小说中，也有大量的涉及白银欺骗的事情。明代著名的小说家凌濛初在《初刻拍案惊奇》中，讲述了一个诈称会用"九还丹"制造白银的骗子行骗的故事。显然，到了16世纪，白银已然涉及明代社会生活的方方面面，已把自己的影子留在形形色色的著述之中。

英国历史学家罗斯在《伊丽莎白时代英国的社会结构》中指出，16世纪下半叶英国出现了一个从中世纪那种相对静止的状态向以货币、市场和商业交换为基础的更自由的、更具流动性状态的迅速而集中的转变。无独有偶，这样的一种巨变，在16世纪下半叶的明代中国也在上演。正如法国学者布罗代尔所说，"在货币的冲击之下，任何社会都要脱胎换骨"。白银打破了原本在自然经济环境中人们的心理平衡。以货币为核心的交换介入全部的社会关系后，就影响了人们的社会观念。对于少数恪守儒家之道的明朝人来说，流动的商品和白银搅乱了原有的社会秩序，明朝社会由明初静谧的冬季，逐渐过渡到喧嚣的春季、疯狂冲动的夏季，并最后走到面目全非的秋季。在万历三十七年（1609年）编成的《歙县志》中，作者很遗憾地感叹当初那种男耕女织的自给自足的生活状态已然不再，取而代之的是"富者愈富，贫者愈贫"，"贸易纷纭，诛求刻核"的社会面貌。

从海外输入的白银连接着全球市场的生产和交换。大额的商品交换、广袤的市场，加剧了整个社会对白银的需求。然而，从宋到明，中国银矿的产额略呈减小的趋势。人们不禁要问，既然中国的银产量很低，那么遍及中国大地的白银，又是从哪里来的呢？答案是海外贸易。晚明社会的白银主要来自日本和南美洲。明末宋应星的《天工开物》，被称作"中国17世纪的工艺百科全书"，其中有一幅名为《倭国造银钱图》的插图，讲琉球诸国制造银币的工艺。然而，实际上，在宋应星所处的时代，人们接触到的外国银钱，除来自日本、琉球的白银外，更多的是源自秘鲁和墨西哥的白银。明代小说家凌濛初的《初刻拍案惊奇》中记载了这样一个故事：一位苏州府长洲县的商人文若虚去海外经商，到了一个名叫吉零国的地方。当地人使用印有龙凤纹、人物纹、禽兽纹、树木纹、水草纹等各种纹饰的银钱。文若虚便大量收购水草纹饰的银钱。故事反映了明代一个很客观的事实：白银从海外的输入。亚洲、欧洲、南美洲，彼此间因为海外贸易联结到了一起，而白银就像人体流通的血液一样，润滑着全球市场的生产和交换。

白银资本

《天工开物》中的《倭国造银钱图》

白银的来源有国内生产与国外流入两条途径。在 15 世纪 50 年代，云南的银矿得到了开采，使原本缺银的局面略有改观。宋应星《天工开物》里称："合八省所生，不敌云南之半。"然而，另一方面，市场对白银的需求却还在增加。因此，明代中国不得不寻求国外的白银。海外白银的来源，主要是欧洲、美洲和日本。晚明由海外输入的白银总量，大概是国内产银总量的十倍。美国学者艾维四认为，1530 年到 1570 年，中国最重要的白银来源是日本；1570 年以后，美洲白银成为最重要的来源。

十五世纪五六十年代，中欧的白银产量急剧增加。在 1460 年到 1530 年间，在今天德国东部的萨克森（Freistaat Sachsen）、捷克中西部的波希米亚、匈牙利、奥地利的提洛尔等地，白银的产出上升了大约百分之五百，每年约九十吨。日本的白银开采量在 16 世纪后期迅速增长。据估计，从 1560 年到 1600 年间，日本每年出口的白银约三万三千七百五十公斤到四万八千七百五十公斤。由于可以获得百分之百到百分之二百的利润，大量的中国和日本商人以及葡萄牙人，通过澳门和长崎之间的航道，把日本的白银带到了中国。美洲的白银是在 16 世纪 40 年代发现的。1545 年，西班牙人在上秘鲁（今玻利维亚）的波多西（Potosi）发现了非常丰富的银矿；1548 年，西班牙人又在墨西哥的萨卡特卡斯发现了银矿。1570 年代以后，这些新大陆开采的白银，开始源源不断地进入国际流通领域。

亚当·斯密说："砂石矿产物的市场，很少扩到周围数里以外，……而银矿产物的市场，却可以扩展到全世界。"这便是白银的优越性。据说，第一艘满载白银用以交换中国丝绸和瓷器的西班牙大帆船，是在1573年来到马尼拉的。除了生丝和瓷器以外，出售到马尼拉的中国商品各色各样，包括面粉、水果、腌制的猪肉、活禽、坚果、家具以及价格低廉的小饰品。中国的生丝、瓷器等商品，经由澳门、菲律宾的马尼拉等中转港，运往欧洲，而欧洲殖民者从美洲掠夺到的大量白银，由马尼拉大帆船源源不断地运到马尼拉，陆续流入中国。由今天墨西哥西海岸的阿尔普尔科，到菲律宾的马尼拉，再到中国的澳门，构成了16、17世纪的"太平洋丝绸之路"。

太平洋丝绸之路，给中国输入了大量的白银。然而，在进入中国后，白银便在这里沉淀下来。1621年一位葡萄牙商人谈道："白银在全世界游荡，直至流入中国。它留在那里，好像到了它的天然中心。"对这一说法的一种解释是，作为当时世界上最大的经济体的中国，需要大量的货币；另一种解释是，中国人把白银用于置田买地，或者储藏起来。美国学者弗兰克在其《白银资本》一书中认为，17、18世纪全世界白银产量的三分之一乃至二分之一流入了中国。大量的白银流转的数字表明，15—18世纪的中国，依然是世界的经济中心。

15世纪末期的地理大发现，让16世纪进入一个全球化时代。亚洲、欧洲、美洲之间，开始实现密切的往来：交往的主要通道是海洋，而交流的主要媒介则是白银。16世纪始，世界各地的商人们，都在使用源自美洲的西班牙银币作为标准的交换媒介。奥斯曼帝国、明代中国和印度，都用大量白银来支撑他们各自的通货体系。从此，原本以自然经济为基础的中国深深地卷入了世界经济体系之中。然而，在同时期的非洲，仍然是以贝壳作为货币，而俄国一直到彼得大帝时代，仍然以毛皮作为货币。但是，富庶不代表先进。著名经济史家吴承明先生评价彭慕兰《大分流》时说："18世纪，中国与西方比，无论在国富或民富上都胜一筹，至少旗鼓相当。但是，富的不一定先进，往往更保守。中国在科技和制度，尤其法律与经济制度改革上，已落后于西方了。"

崇祯帝

崇祯帝朱由检像

崇祯十七年（1644年）农历三月十八日的北京城，凄风惨雨。无名氏《燕都日记》记载："先是，连旬天气阴惨，日色无光。是日，大风、骤雨、冰雹、雷电交至。"当时身在北京的赵士锦回忆当日情景说："阴雨蔽天，飞雪满城，惨杀之气，透人心脾。"在愁惨的天气中，历史送别了一个曾经延续了二百七十六年的王朝，也送别了明朝最后一位皇帝崇祯帝。在逼迫自己的嫔妃自缢并且砍伤女儿之后，崇祯帝带着宦官王承恩来到煤山（今景山）。十九日凌晨子时，三十五岁的崇祯帝自缢于景山的一棵槐树之上。崇祯帝的自杀殉国，为明朝灭亡画上了一个句号。

铲除阉党与崇祯初年政局。崇祯帝的壮烈殉国,让人们普遍抱有同情。用一位历史学家的话来说,这样一位悲剧性人物的一生,是"不是亡国之君的亡国悲剧"。在崇祯十七年(1644年)李自成进军山西时发布的讨伐檄文中,也只是这么写着:"君非甚暗,孤立而炀蔽恒多;臣尽行私,比党而公忠绝少。"农民起义军的檄文将攻击的矛头指向朝廷的大臣们,而认为崇祯帝并不是很昏庸,只是受到臣下的蒙蔽而已。将"君非甚暗"的四字评语送给崇祯帝,还算公道。从他的勤政、节俭看,他是一位好皇帝。然而,勤于政事,为什么最终仍逃不过国破身亡的命运?

明朝灭亡的种子,应该说在万历年间就已经埋下了。万历皇帝做了四十八年皇帝,后期的二十多年基本上不上朝,怠于政事,纵情声色,醉生梦死,又迷恋金银财宝,派太监四处搜刮民财。朝中则东林党与昆党、浙党的斗争愈演愈烈。万历二十四年(1596年),一位名叫张维新(字宪周,号岐东)的河南人出任陕西潼关道副使。张维新在任期间,另一位名叫王以悟的学者写信给他,说:"民穷财尽,时事多虞,天下人心,十失其五。"清朝人修《明史》,说:"明之亡,实亡于神宗。"之后,再经历天启年间的魏忠贤乱政,明朝灭亡的趋势更是不可挽回了。作为明朝最后一个皇帝,崇祯皇帝也不可能挽回这种王朝衰败的趋势。孟森先生说:"思宗而在万历以前,非亡国之君也,在天启之后,则必亡而已矣。"

崇祯皇帝朱由检出生于万历三十八年（1610年）。十八岁那年，他正式继承他哥哥朱由校的皇位。这一年八月十一日，年仅二十三岁却重病缠身的朱由校凭榻而坐，对应召入宫的弟弟朱由检说："来，吾弟当为尧舜。"朱由校没有儿子，按照兄终弟及的顺序，他的弟弟朱由检将继承皇位。朱由检十分惶恐，不敢回答，良久才说："臣死罪，陛下为此言，臣应万死。"朱由校、朱由检兄弟的感情很好。人们曾发现一枚正面铸"天启通宝"、背面铸"十年"的精制大钱。然而，天启纪年只有七年，而没有十年。人们推测，这枚钱很可能是崇祯三年（1630年）朱由检为了纪念兄长朱由校而铸造的纪念币。

然而，朱由检接手的却是一个因权阉擅政而破败不堪的局面。天启年间，皇帝不理朝政，宦官魏忠贤大权独揽。魏忠贤在内联系皇帝的乳母客氏，在外依靠内阁大学士魏广微等人，在朝廷内外遍布心腹，对正直的东林党人进行残酷迫害与打击。魏忠贤气焰最为嚣张的时候，被称作"九千岁"，全国各地的无耻官员都在为魏忠贤修建生祠。为了防止魏忠贤的加害，朱由检在入宫之初，甚至都不敢吃宫中的食物。不过，他很快地进入了皇帝的角色，不动声色地谋划铲除权倾朝野的魏忠贤。两个月后，海盐县贡生钱嘉征上疏攻击魏忠贤有十大罪状，朱由检立即开始行动，召见了魏忠贤，命太监当众宣读魏忠贤的罪状，并将魏忠贤贬往中都凤阳祖陵司香。

中国社会科学院历史研究所研究员 商传

崇祯皇帝登基的时候，正是宦官专权最猖獗的时候。天启皇帝是一个完全不管朝政，只知玩闹的皇帝。在明朝的历史上，这种玩闹皇帝并不少，但是这些皇帝在玩的时候，是有内阁帮助他管理朝政的。内阁的首辅大臣，以及其他成员，都是社会精英，是士大夫文官考试制度下涌现出来一群干吏。天启年间内阁也变成宦官专权的工具了。大家知道，很多宦官，像魏忠贤，目不识丁，素质极低，谋求个人利益的欲望极强烈，所以用"乱政"两个字来形容当时的朝政一点都不为过。

在听说魏忠贤出京时还带着卫兵一千人、四十余辆大车后，崇祯皇帝大怒，命锦衣卫旗校前往将魏忠贤缉拿回京。十一月初六，在阜城县（今河北阜城）南关的旅舍中，听着旁边房间里一位书生的《桂枝儿》小曲，"势去时衰，零落如飘草……似这般荒凉也，真个不如死"，孤零零的魏忠贤最终在旅舍里投缳自尽。从此，树倒猢狲散，清算魏忠贤余党的行动很快也着手进行。崇祯二年（1629年）三月十九日，所谓阉党逆案终于定谳。这一过程，正如后来御史吴玉在给崇祯帝解释自己奏疏中"时局"两字的含义时说："当初是魏忠贤的局面，而今是皇上的局面！"

清除魏忠贤，证明朱由检有足够的政治智慧。但是，事实证明，他即将面临的时局远比单纯地除掉一个宦官魏忠贤更复杂。作为一国之君，除了警惕和勤政以外，更应该有识人之明，以及用人不疑的从容。崇祯帝有一定的政治智慧，但是过于多疑，而且越到晚年疑心越重，流于苛刻，却又果于杀戮，比如说杀袁崇焕，杀杨鹤，最后使崇祯年间真正敢于担当的大臣越来越少了。做皇帝的不能给群臣以宽容的政治环境，群臣则虚与委蛇，应付了事，从而造成了上下推诿的局面。这样的局面，跟崇祯帝的性格是有一定关系的。

然而，崇祯皇帝所面临的，却是一个举步维艰的时局。种种迹象看来，明朝衰亡的趋势难以扭转。在他做皇帝的第一年的二月，年轻的皇帝下诏重开经筵。作为明朝一项重要的宫廷教育制度，经筵一般在春秋季举行，每月三次，选择学问好的大臣为皇帝讲授经史。虽然到明朝后期，经筵已日益流于形式，但却是皇帝勤政或者怠政的风向标。崇祯皇帝重开经筵，就是向大臣们做出一种勤政的姿态。二月十二日，经筵开始。然而，讲官王铎在讲书时无意中说了一句"白骨如林"的话。圣殿之上，言语竟然如此不谨！接下来一位讲官黄锦给皇帝讲五经之一的《尚书》，则举止反

崇祯手迹

常,"声细而哀,无一字可辨"。整个经筵过程中,崇祯皇帝深感不快。经筵原本是要营造一种太平盛世的氛围,然而,哀世之音萦绕殿间!年轻的皇帝不仅要面对统治阶级内部的矛盾,还有各地持续的饥荒、以流民和叛卒为主体的"盗匪",以及满洲在东北对明朝的压力。

杀袁崇焕,自毁长城。明朝万历四十四年(1616年),建州女真领袖努尔哈赤在赫图阿拉正式建立"后金",建元"天命"。两年后,努尔哈赤声称与明朝有"七大恨",公开与明朝决裂,攻陷抚顺。万历四十七年(1619年),明朝征集十八万大军,分四路讨伐后金,在萨尔浒一带决战。结果明军被各个击破,损兵折将近五万人。据当时人说,明军溃败之时,京城"午后风雨骤作,黄尘赤雾四塞,天色晦墨如深夜"。萨尔浒之战,是明清更迭的关键性战役。《清史稿》称:"萨尔浒一役,翦商业定。"诚如明朝御史袁化中所言,朝廷原本"计饷八百万以剿,始欲保一隅以安天下",结果却"疲天下以奉一隅",从此"中原有财竭盗起之忧",明王朝陷入内忧外患的双重夹击之中。

为应对辽东形势,崇祯帝重新起用著名的将领袁崇焕。袁崇焕,字元素,号自如,祖籍广东东莞。嘉靖初年,袁崇焕的祖父迁居广西藤县。万历四十七年,明朝与后金爆发萨尔浒之战的那一年,袁崇焕考中进士。几年后,素来"以边才自许"的袁崇焕受命奔赴辽东监军,开始其在辽东的军事生涯。天启六年(1626

年），袁崇焕孤军驻守宁远城，凭借着葡萄牙人的红夷大炮击退了努尔哈赤。努尔哈赤在此役中受伤，伤重而死。宁远一战后，袁崇焕成了辽东最著名的将领。但是，随后因魏忠贤阉党的排挤，袁崇焕辞官回乡。魏忠贤被除后，廷臣纷纷请求重新起用袁崇焕。崇祯皇帝任命袁崇焕为兵部尚书兼右副都御史，督师蓟、辽，兼督登、莱、天津军务。七月，袁崇焕从广西

袁崇焕像

抵达京城，年轻的崇祯皇帝在谨身殿后云台门的平台召见了他，并赐给他尚方宝剑。袁崇焕向皇帝承诺，五年内平定辽东，收复全辽。

然而，还没等五年平辽的计划实现，崇祯二年（1629年）十月，后金军队十万绕开袁崇焕驻守的锦州、宁远防区，从蓟门南下，进逼京师。袁崇焕闻讯后心急如焚，紧急回援，率军直趋京城。十一月十六日，袁崇焕的大军到达京师广渠门外。然而，在皇帝及京师民众看来，驻守辽东的袁崇焕未能将满洲军队挡在关外，本就是一种失职，而率军直趋京师的行为，看着反而像是清军的先头部队！一时间，谣言四起，而后金的皇太极趁机施反间计，说袁崇焕与后金订有密约，故意引满洲军队入关。十二月初一，当京城逐渐回归平静时，崇祯皇帝在平台再次召见袁崇焕，

崇祯帝

将其逮捕下狱。次年八月,袁崇焕被凌迟处死。对比三年前的平台召见、君臣面晤、赐尚方宝剑,真是天壤之别。

袁崇焕之死充分反映了崇祯帝多疑的性格。从威权极重的督师沦为阶下囚,再被残忍地凌迟处死,袁崇焕之死固然有他自身的问题,例如夸下五年平辽的海口、擅杀毛文龙。但是,崇祯帝猜忌多疑的性格是袁崇焕冤案的重要原因之一。实际上,十一月二十日、二十七日,袁崇焕率军两次在京师广渠门一带与后金军队浴血奋战,并最终将皇太极击退,使京师外围局势趋于平静,可以说勤王有功。正是崇祯皇帝的多疑,使他对袁崇焕怀有猜忌,故而不顾袁崇焕与后金军队血战的事实,掉入皇太极所设的反间计中,最终将袁崇焕杀害。袁崇焕一死,辽东的战局更趋糜烂,无人可以收拾,正如《明史》所说,"自崇焕死,边事益无人"。杀袁崇焕,无异于自毁长城。

多疑而躁刻,果于屠戮大臣。朱由检用人之失误,集中体现在内阁大学士的任用上。在他统治时期,内阁大学士换了五十人。其中,任期最长的两位内阁大学士,分别是温体仁和周延儒。恰恰是这两人,后来都名列《明史》的《奸臣传》,其人品可见一斑。《明史》说温体仁"为人外曲谨而中猛鸷,机深刺骨",为内阁大学士八年,"未尝建一策,惟日与善类为仇",是一个十足的玩弄权术的政客;而周延儒"庸驽无材略,且性贪",只是会迎合皇帝意旨而已,最终被崇祯帝勒令自尽。

用人多疑，则是崇祯帝的另一种性情。崇祯皇帝多疑而躁刻，又果于屠戮大臣。有人做过统计，崇祯一朝十七年，内阁大学士处死两人，刑部尚书处死一人，下狱五人，兵部尚书处死两人，总督处死七人，巡抚处死十一人。孟森先生感叹说："岂复有敬大臣之意！"即便到崇祯十六年（1643年）十月，李自成的军队随时可能渡过黄河进取山西、京师之时，崇祯帝仍不忘记要处决大臣，谕刑部、都察院、锦衣卫："罪督范志完、赵光抃、薛敏忠失误封疆，著即会官处决！"然而，对于时局而言，诛杀大臣已是于事无补了。晚明大儒刘宗周曾在奏疏中批评崇祯帝说："陛下求治之心操之过急，不免酿为功利；功利之不已，转为刑名；刑名之不已，流为猜忌；猜忌之不已，积为壅蔽。"

崇祯帝不信任文臣，反而一改即位初对宦官的防范态度，开始信用宦官。崇祯四年（1631年），朱由检在文华殿召见廷臣，谈及宦官的问题，他理直气壮地说："诸臣若实心任事，朕亦何需此辈！"换言之，重用宦官，只是为防止廷臣怠惰。然而，宦官又能给朱由检带来什么呢？清初学者宋起凤《稗说》记载，朱由检曾从太监中选出三千名身长力壮者，组成禁旅，名为净军，为他们配备最精锐的武器和良马，给很高的饷银。每月初五，净军在内教场比箭，箭无虚发。崇祯皇帝则登上煤山，坐万寿亭中观览。然而，到崇祯十七年（1644年）三月的关键时候，这些派往北京城九门分守的净军却"悉逃逸，无一存者"。李自成兵临城下时，一位名叫张殷的宦官对崇祯帝说："皇爷不须忧愁，奴辈有策在此。"朱由检问有何策。张殷回答说:"贼若果然入城,直须投降,便无事矣。"在宣府镇监军的宦官杜勋,出城三十里向李自成投降;在北京城,带头投降的则是太监曹化淳。故宋起凤感叹地说:"教养十有余年,卒不得收一人之用,殊可叹也!"穷极无策之时,崇祯帝甚至还重用一位擅长"役鬼之术"的游僧申甫,给他七十万两白银造车募兵。

举棋不定的两线作战与崇祯殉国。最终直接导致明王朝崩溃的,是军事上的失策。天启七年(1627年),陕西澄城县灾民王二联络数百人,以墨涂面,杀死知县,揭开了明末农民起义的序幕。农民起义与东北的后金政权,内外夹击,最终使明王朝崩溃。在抵抗后金上,错误地杀害袁崇焕,使崇祯帝失去了一名在东北能与后金抗衡的名将。在镇压农民起义上,崇祯帝却又频繁易将,使农民起义军不断地获得喘息之机。从杨鹤到曹文诏、陈奇瑜、洪承畴、熊文灿、杨嗣昌,镇压农民起义军的总指挥频繁更易。一旦京城面临后金的攻击,在河南、陕西一带镇压农民起义的将领和军队往往会被调往东北前线。崇祯九年(1636年),因清兵入关,总理直隶、河南、山东、四川、湖广五省军务并且在前线镇压农民军的卢象昇被迫赴京勤王。崇祯十一年(1638年),总督山、陕、川、湖、河南五省军务的洪承畴也因清兵入关被征入守京城。在两条战线上,崇祯帝举棋不定,来回折腾,使明朝政府在两条战线上都越来越被动。结果,东北战事不能缓

明崇祯刻本《剿贼图记》

和,明朝也就腾不出手来全力对付农民军。两线作战的后果,是剿饷、练饷的不断征发,这又恶化了原本就处于饥荒中的农民的生活状况。于是,他们揭竿而起,响应农民起义军,最终汇成一股不可遏止的洪流,掀翻了朱由检的末代统治。

崇祯十五年(1642年),闯王李自成在湖广的襄阳建立农民政权。次年,李自成攻占西安城,在西安建国,国号大顺,改元永昌。崇祯十七年(1644年),李自成命田见秀留守西安,然后兵分两路,直指北京。一路是李自成主力从山西指向北京,一路是刘芳亮自河南进入北直隶,阻止明军南下。北京彻底被孤立了。然而,此时明朝的防守部队有多少呢?崇祯十六年(1643年),福王世子朱由崧的奏疏中谈到:"黄河迢递千里,以不满万之卒,欲御数十万之寇。"作为京师的北大门,宣府镇是明朝最重要的边镇。然而据崇祯十六年总兵唐钰的奏报,"兵止六千,马匹仅三百,月饷压欠年余"。北京城的防守更差。崇祯十七年（1644年）正月李建泰出征,仅带了一千五百名禁军,可想当时兵力枯竭到什么样的地步。各地兵源也都有枯竭的趋势。崇祯十六年受召为兵部侍郎的倪元璐,原本以为南直隶的淮安是一个"巨镇",想从史可法那里借精兵三千赴援北京。然而,当倪元璐到达淮安时,却发现史可法帐下"健儿才两千,画淮自守未足"！最终,倪元璐只能率三百骑兵入京勤王。以这样的兵力,显然无法挡住农民军的进攻。风雨飘摇之际,崇祯帝曾经有迁都南京的念头。但是,崇祯帝再次举棋不定,京师往南的真定府随即被大顺农民军刘芳亮部攻占,最后他只得放弃南迁的打算。

崇祯十七年三月十三日,李自成占领京师北面的昌平,北京城的屏障全失。十七日,农民军抵达北京城下,"四面如黄云蔽野",水泄不通,北京完全成了孤城。驻扎城外由李国桢指挥的京师三大营,皆老弱残兵,根本不是农民军的对手,而三大营的火炮被农民军缴获后,反而成了大顺农民军攻城的利器。登城防守的明朝士兵,每隔十个城垛才一个兵员,而且老幼间杂。至此,北京城已不堪一击了！三月十八日夜,大顺军对北京城发起强攻。太监曹化淳开彰义门迎接义军入城。次日,大顺农民军完全占领北京,从正阳门、崇文门、宣武门进入北京内城,"军容甚肃"。三月十九日中午,李自成"毡笠缥衣,乘乌驳马",

自德胜门入城。驿卒出身的李自成，成为明王朝的掘墓人！两天以后，农民军才在煤山搜得崇祯帝的遗体。

据说，人们在崇祯帝的衣襟上见到他写下的遗言，上面写道："朕自登极十七

崇祯思陵

载，三邀天罪，致虏陷地三次，逆贼直逼京师，诸臣误朕也。朕无颜见先皇于地下，将发覆面，任贼分裂朕尸，可将文官尽行杀死，勿坏陵寝，勿伤我百姓一人。"至死之时，他将失败的命运完全归怨于文臣们。然而，十余年的统治，事事独断，事事亲为，自信至极而成自负，渐流于刚愎自用而不自知，他自身也是要对明朝的灭亡负责任的！大臣们说，皇帝年轻气盛。例如，内阁大学士刘鸿训就曾对人说："皇上毕竟是冲主。"无论自己承认与否，十七年的惨淡经营以及最终的殉国，的确是明朝皇帝朱由检为年轻付出的代价。

李自成农民军将崇祯帝的梓宫移置昌平，被当地人安葬。清军入关，摄政王多尔衮为收拢人心，以帝礼将其改葬于思陵，命臣民服丧三日，初谥为"端皇帝"，庙号"怀宗"。清顺治十一年

(1654年)八月，著名史学家谈迁北游，于莽棘之中拜谒思陵。时陵户仅八人，祭田一顷而已。守陵太监感慨道："崇祯家老奴不过如此！"然而，作为亡国之君，他还能要求什么呢？

明清更迭

努尔哈赤像

明万历二十八年（1600年），在中国东北地区，已经称为"建州汗王"的努尔哈赤通过十几年的征伐，逐步统一了东北地区的女真民族各部，建立了雄视关外的统治政权。在接下来的十几年中，努尔哈赤统一了东北所有的女真部落，离公开发动对明朝的叛乱只有一步之遥。17世纪初期，在东北亚这块广袤的土地上，多种政治力量展开了激烈的角逐，传统的政治格局面临着重大的变动。

明末格局。16世纪初的地理大发现，使得欧洲国家的势力在刀与火的伴随下得以在世界各地延伸。人类历史进入了联系更为紧密、相互影响更为直接的时代。这样，明帝国作为当时亚洲最为庞大的帝国之一，也成为欧洲殖民者觊觎的重要目标。而在明帝国内部，也在酝酿着犹如"地火"一样的社会力量，一旦出现突发事件的诱导，就将会出现巨大的社会动乱，对原有的统治秩序给予毁灭性的打击。

早在明嘉靖三十六年（1557年），在明代文献中被称为"佛郎机"的葡萄牙人就盘踞在我国澳门。明天启二年（1622年），荷兰则侵占了澎湖以及附近的岛屿，两年后又侵占了台湾。而明天启六年（1626年），西班牙则侵占了台湾南部的基隆和淡水两个地区。明崇祯十六年（1643年），沙俄第一次侵入我国东北黑龙江流域。这些殖民者抢夺财货、侵占资源、掠卖人口，中国沿海一带有众多人民被贩运到南洋和欧洲做奴隶，欧洲开始了其近代化的历程。同时，从16世纪中叶起，葡萄牙传教士就通过菲律宾、马六甲等地前往中国沿海进行传播宗教的活动。西方传教士的到来，既有传教的目的，又带来了当时正在西方兴起的各种科学知识，在工程、机械、天文、火炮等方面对中国产生了重要影响。在这些传教士中，影响最大的则是意大利传教士利玛窦，他在与以徐光启为代表的中国士大夫交往的过程中，对东西方文化交流做出了重要贡献。

明朝末年，东西方文明发生了第一次比较大规模的接触。明朝末年农民军崛起，关外满洲政权不断扩张，内外两重压力对明朝政权产生了非常大的冲击，所以，进行军事改革，是明朝政府非常迫切的需求。从利玛窦开始，大量的西方传教士开始介入这些事情。当然，利玛窦没有直接参与军事方面的事情，但是他把一些科技方面的知识慢慢引入了中国。

自16世纪晚期开始，明王朝周边特别是东北地区，各民族政权和国家都紧锣密鼓地构建自己的政治实体或势力范围。

建州女真的首领努尔哈赤于明万历十一年（1583年）起兵，开始其统一女真各部的战争。经过几十年的征伐，努尔哈赤统一了女真各个部落，成为明朝辽东地区最强的统治势力。努尔哈赤于万历四十四年（1616年）建立了大金政权（史称"后金"），开始积极拓展其对外关系，一方面不停地向明朝的辽东地区挺进，劫掠人口与财物，消耗明朝的军力、财力；另一方面对蒙古采取联合措施，对明朝的重要藩属国朝鲜进行征讨，禁止其配合明朝对后金的军事活动。通过这些活动，后金基本上达到了稳定后方，放手对明朝进行劫掠的目标。

17世纪，蒙古分为漠南、漠北和漠西三大部，处于分裂的状态。其中以漠南蒙古的察哈尔部势力最为强大，成为明朝与后金军事结盟的主要对象。明朝政府长期大力支持察哈尔部的林丹汗，增加每年赏赐的岁币，并把赐给蒙古其他各部的岁币剥夺，转而赐予林丹汗，达到双方共同抵御后金的政治目标。在努尔哈赤正式建立后金政权、大力征伐明朝辽东地区的各防御城市之际，林丹汗还致书努尔哈赤，警告其不要攻打明朝，否则"四十万蒙古"将向他"问安"。但是，林丹汗为人残暴，对蒙古其他各部进行掠夺欺压，导致蒙古其他各部逐渐倒向后金。后金的皇太极继位后，先后发动了几次对林丹汗的西征。逃亡到青海的林丹汗于明崇祯七年、后金天聪八年（1634年）病死。第二年，皇太极派遣多尔衮再次西征，进入河套地区，消灭察哈尔部的残部，俘虏了林丹汗的正妃和儿子，得到了蒙古各部垂涎三尺的元朝传国玉玺。两年后，漠南蒙古各部在后金的盛京参加大会，尊奉皇太极为可汗，漠南蒙古成为后金的附庸。此后，皇太极继续联络蒙古各部，并建立了臣属关系。这样，蒙古与明朝脱离关系，蒙古骑兵成为清朝攻击明朝的先导。

明末时期的朝鲜，处于李氏王朝统治下，明万历二十年至二十五年（1592—1597年）间，经历了著名的壬辰卫国战争，日本关白丰臣秀吉发兵全面入侵朝鲜，不到四个月，朝鲜国土大部沦丧，国王宣祖出奔义州，朝鲜紧急向明朝求援。历史上，朝鲜与明朝有着密切的藩属关系，因而明朝两度派兵援朝，明、朝军队配合作战，经过七年的战争，终于取得了战事上的胜利，将日本侵略军赶出了朝鲜半岛，丰臣秀吉忧病而死。朝鲜李氏王朝通过不断派出朝贡与通报消息的"燕行使"与明朝保持着战略上的联系。在明、金对峙时期，明朝毛文龙部驻扎在靠近朝鲜半岛的皮岛，给予后金以很大的牵制。但随着政治力量的变化，明、朝之间"互为掎角"的关系也难以维系。后金于明天启七年、后金天聪元年（1627年）发兵攻破朝鲜，通过《江都合约》，约为兄弟之国，迫使朝鲜断绝与明朝的关系。而在明崇祯九年、清崇德元年（1636年），已经改元为"清"的满洲政权，再次发兵攻入朝鲜，将朝鲜变成自己的臣属国，彻底改变了明、朝的战略关系。

日本在17世纪前处于割据战国时代，明万历十六年（1588年），丰臣秀吉统一了日本，成为关白。为了解决日本国内各阶层的矛盾，丰臣秀吉制定了野心勃勃的侵略计划，意图假道朝鲜，进攻明朝，从而达到一统东亚的目的。由于朝鲜的拒绝，发生了著名的明万历二十年至二十五年的侵朝之战，在明朝的支援下，日本战败，退出朝鲜。丰臣秀吉死后，日本进入了江户幕府时代，直到19世纪中叶后，日本的政治体制才再次发生变化。

丰臣秀吉像

随着地理大发现，葡萄牙人出现在东南亚地区。早在明朝正德、嘉靖时期，葡萄牙商船就曾多次与中国沿海官员接触，并要求入贡。明嘉靖三十六年（1557年），葡萄牙人占据了澳门，大量葡萄牙传教士以此为据点开始了解中国的文化和宗教习俗。明万历四十六年（1618年），后金攻陷抚顺，明朝十万援军又被打败。明朝在与后金的战争中渐处下风。明万历四十七年（1619年），大学士徐光启受命练兵，开始考虑招募葡萄牙火炮手和购买西式火炮赴辽东抵御后金。徐光启曾经跟意大利传教士利玛窦学习西学，他对西方的天文、历算、火炮之学有很深的了解。明朝由此先后三次派人赴澳门招募葡萄牙士兵和传教士作为教官进入明朝军队，以公沙的西劳为代表的一批火炮教官，先后战死在辽东防御战中。明朝政府曾多次下诏抚恤与褒奖这些葡萄牙士兵的家属。葡萄牙因此与明、清两朝产生了长远的联系。

17世纪初的明王朝周边烽烟四起。各种力量也在各种因素的影响下发生着急剧的变化。但是由于明朝中央政府的腐败无能，在后金势力迅速崛起的过程中，东北亚地区的局势显示出对明朝非常不利的变化。正是缺乏对这种变动中的挑战的有效应对策略，导致了明朝的最后失败和清朝铁骑的入主中原。

努尔哈赤统一女真部族。在我国东北地区的白山黑水之间，生存着众多历史悠久的民族。先秦时期的肃慎，与西周有着密切联系。肃慎在汉代改称"挹娄",南北朝时改名"勿吉",隋朝改称"靺鞨"。它们都是满族的渊源。在漫长的岁月中,尽管中原王朝屡次更迭,而肃慎也三易其名,但满族的祖先一直和中原王朝保持着密切的联系,屡次遣使入贡。白山黑水间出产的"赤玉好貂"是中原统治者喜欢的珍贵货物。唐代,靺鞨势力强盛,分为七部,分布在黑龙江流域到大海之间。唐朝先后设立黑水都督府等机构进行统治,这表明,满族的祖先所生活的地区,已经纳入我国的地理版图。唐开元元年(713年),靺鞨的一支——粟末靺鞨的首领大祚荣被唐朝册封为渤海郡王,其后他又建立渤海国,接受唐朝的册封并入贡于唐。这是满族先世建立的第一个地方政权。五代时期,靺鞨改称"女真",势力日衰。唐末,

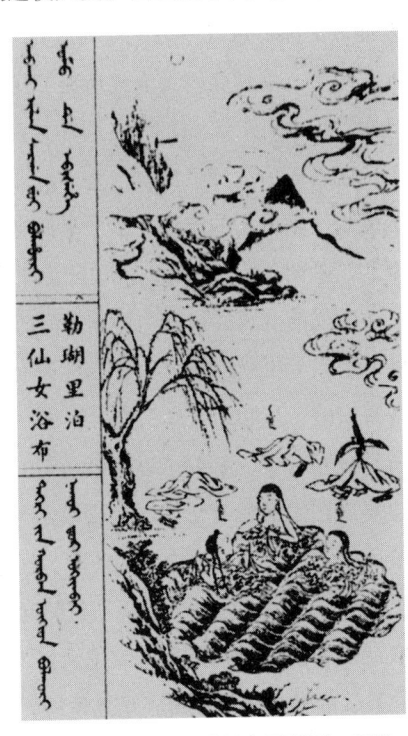

《清实录》中的满族起源版画。据说,三仙女中的三妹佛库仑浴后吞果受孕,生一男孩,曰布库里雍顺,相貌异常,生而能言,是爱新觉罗的始祖。

明清更迭 | 203

东北的契丹族崛起,建立辽国,消灭了渤海国。女真人处于契丹的统治之下。

北宋时期,女真的完颜部开始崛起,在首领完颜阿骨打的率领下,打败辽国,于北宋政和五年、辽天庆五年(1115年)建立大金,定都上京(今黑龙江阿城)。这是满族先世建立的第二个地方政权。女真族的大金先后灭了辽和北宋,形成和南宋对峙的局面。12世纪,北方的蒙古族开始兴起,在首领成吉思汗的带领下,蒙古先后灭掉了西夏、金、南宋,出现了统一的元朝,东北地区处于蒙古人的统治之下。明朝建立后,蒙元残余势力退守到塞北,明朝开始对东北地区进行管理和经营。

明代的女真族,分为建州、海西、野人(东海)三大部。明朝于永乐七年(1409年)在东北设立奴儿干都司,负责管理北达外兴安岭、东起库页岛的广大区域。根据明朝规定,奴儿干都司所辖建州各卫,都要"以时朝贡"。朝贡制度是我国古代管理周边藩属国家的特有形式,包含政治与经济的双重目的,一方面,藩属地通过朝贡向中央定期述职、报告地方管理事务,并向中央贡献朝贡物品;另一方面,通过朝廷的赏赐和马市制度,属国获取盐、铁器、农具等生产与生活资料。通过与明朝的朝贡贸易,女真族的社会经济获得了迅速发展,很多女真头领也成为明朝敕封的官员,这为女真人总体社会文化水平的提高创造了条件。在这一过程中,女真人也吸收了汉人、朝鲜人、蒙古人、达斡尔人、锡伯人等,形成了新的民族。

明朝末年，女真众多的部落之间进行着激烈的吞并与掠夺战争。建州、海西两个部族南迁，明朝对其实行"分而治之、互相牵制"的政策，加剧了女真各部之间的分裂和混战。在这样的状态下，只有那些具有雄才大略和超凡勇气的历史人物，才能脱颖而出，成为部族争雄中的佼佼者，在更广阔的天地中展开政治角逐。16世纪末，建州女真的一个小部落中，就诞生了这样一个人物，他就是努尔哈赤。努尔哈赤出生在建州女真一个小部落主家庭中，其先世受明朝册封担任建州左卫的指挥使等职。但他自幼贫穷，青少年时期曾经以采参、打猎为生。万历十一年（1583年），在明朝攻打一个女真部落的战争中，其祖父、父亲作为明军的向导参战，交战中被明军误杀。作为补偿，明朝任命努尔哈赤为建州左卫都指挥使。这样，努尔哈赤这个有胆识、有谋略，又有着超人勇气的青年，在东北女真各部落的斗争中崭露头角。

此后的十多年，努尔哈赤先后统一了建州女真各部，同时避免与海西女真发生冲突，并且对蒙古、朝鲜进行拉拢、合作，对明朝中央政府表示恭顺，每年"遣使通好"，进贡岁币。他本人也多次前往北京朝贡。所以在这个过程中，明朝并没有对他的征伐活动进行干预，还对他加官晋爵，晋封他为明朝的"龙虎将军"。此后，努尔哈赤用了十几年时间开始了对女真其他部族的统一战争，向东征服了东海女真各部，向西兼并了海西女真各部。努尔哈赤通过统一女真各部，招徕大量人民，初步建立起统治秩序，创立了"以旗统人、以旗统兵""出则备战、入则务农"的军政合一的统治形式。所谓"八旗"，是以黄、白、红、蓝四色旗为单位，下设牛录、固山等单位的组织形式。后来由于人口增加，又增设了镶黄、镶白、镶红、镶蓝四色旗，共为八旗。八旗制度的建立以及自称"聪睿恭敬汗"，表明努尔哈赤建立起了国家政权的雏形。

努尔哈赤同时注意发展经济，并加强文化学习，于明万历二十七年（1599年）下令以蒙古文的字母、女真语的发音创造了满文，为女真各部的统一和社会发展创造了条件。明人记载努尔哈赤"好看《三国》《水浒》二传，自谓有谋略"。在多年与明朝抚顺马市交易和进京朝贡的过程中，满族部落的领袖不但带回了中原地区的先进技术和物资，还努力学习内地文化，这对他们从部落领袖转变为整个辽东地区的领袖起到了重大作用。

建立后金政权，瓦解明朝辽东政策。 明万历四十四年（1616年），努尔哈赤追溯其先世——北宋时期的女真政权金，建立了新的政权"大金"，史称"后金"，自称"奉天承命养育列国英明汗"，改元"天命"，将除叶赫之外的女真各部置于统治之下，成为明朝强大的对手。两年后，即明万历四十六年（1618年），努尔哈赤以"七大恨"为口号，正式对明发动进攻，由此正式与明朝决裂，开始敌对的军事行动。

明朝在辽东地区设置辽东经略，负责关外的防务。后金建国后，辽东的边事突然吃紧。明万历四十六年（1618年）四月，努尔哈赤率兵两万攻打抚顺，明朝守将李永芳率众出降。后金掳掠人、畜三十万，毁掉了抚顺城。后金一边征伐，一边在掳掠的汉人中拣拔有文化者辅助国家建设，这些汉人谋臣在后金的国家建设和征伐战争中，发挥了重要作用，也使得后金由落后的部族奴隶制政权迅速向中央集权转化，加强了后金国家的统治能力。抚顺之战，给予明朝朝野以极大的震动。明万历四十七年（1619年），明朝以杨镐为辽东经略，聚集部队八万八千多人，朝鲜以大将姜弘立为五道都元帅，率军一万三千多人助明，此外尚有叶赫部兵参与，号称四十七万，分兵四路，直指后金都城赫图阿拉。努尔哈赤掌握了明军的战略部署和行动计划，采取"任尔几路来，我只一路去"的战术，在萨尔浒将明军各个击破，取得了以少胜多的胜利。经过这一战，明、金之间的力量对比发生了根本改变。明朝御史杨鹤在上疏分析萨尔浒之战失败的根本原因时，尖锐地指出："辽事之失，不料彼己，丧师辱国，误在经略；不谙机宜，马上催战，误在辅臣；调度不闻，束手无策，误在枢部；至尊优柔不断，又至尊自误。"由此可见，明朝政府从上到下已经腐败透顶。战争失败所暴露出来的问题，预示着大明王朝昭然若揭的未来。明朝在辽东地区长期建立的防御体系完全解体，从此再无力组织大规模进攻，转入了防御。

萨尔浒一战，天下震动。明朝在蒙古、满洲、朝鲜诸藩属国

沈阳故宫

家中的声望一落千丈。明天启元年、后金天命六年（1621年），努尔哈赤率大军攻打明朝关外重镇沈阳、辽阳，经略袁应泰准备不足，率守军一万多人激战三天而被歼，袁应泰自杀。辽沈之战后，后金迁都沈阳，并陆续占领了辽河以东七十多个城堡，辽东半岛上，辽河以东的全部地区都纳入了后金统治之下，仅旅顺和沿海部分岛屿为明朝所守。辽东地区的整体态势，日益对明不利。而明朝中央，则由于宦官魏忠贤把持朝政，还在无休止地争论着是战还是守的问题，朝廷陷于党派斗争的泥潭而不能自拔。明廷先后两次起用辽东经略熊廷弼，熊廷弼提出"三方布置策"，试图重建明朝协同蒙古、朝鲜以及海道的制夷方针，采取"稳扎稳打、徐图恢复"的防守策略。这一在当时看来最可行的战略意见，竟然在朝廷权力斗争的互相倾轧下不能得到实施。而熊廷弼本人则由于宦官魏忠贤的陷害而被冤杀并传首九边。这种自毁长城的行为，使得大臣将帅为之胆寒，明廷从此很难选出一个能担当大任的统帅。

孙承宗被起用为兵部尚书后，他采用前任熊廷弼"以守为战"的战略，支持袁崇焕固守宁远城（今辽宁兴城），加强锦州外围防线，整顿山海关防务，使得明朝的防御渐有起色，后金无机可乘。明天启六年、后金天命十一年（1626年），努尔哈赤率大军西征，围攻宁远城。守将袁崇焕不顾兵部尚书高第命其撤回关内的命令，坚守宁远，多次击退努尔哈赤进攻，并以澳门运抵的红夷大炮击伤努尔哈赤，迫其退兵。宁远之战，是明朝对后金作战中取得的第一次胜利。努尔哈赤退回沈阳后，于当年八月十一日发病身亡。后金政权由于皇位更替和新占领地区的社会矛盾，暂时放缓了攻击明朝的节奏，这为明朝的辽东防务赢得了短暂而宝贵的时间。然而，明朝政府的腐败，却白白断送了这一重大调整的机会，在忙于应付内忧外患的过程中，失去了挽回局面的最后机会。

发生在17世纪上半叶的这场东北地区规模最大的军事博弈，以明、金为主角，东北地区其他部族与周边国家亦牵涉其中。明朝经过二三百年苦心经营，建立了以察哈尔蒙古、朝鲜为屏藩，对东北地区女真各个部落"分而治之"，决不允许互相兼并造成

宁远之战中的明军与后金军

一家独大的北部边防策略。而以努尔哈赤为首的女真上层贵族，则制定了"伐大木"的战略，在与明朝展开直接对抗前，对明朝的藩属国蒙古、朝鲜步步蚕食，在内部坚定地实行部落统一与兼并战争。这样，使得明朝的辽东政策丧失基础。在这场角逐中，明、金的内政起着主导作用。后金在草创政权的过程中展现出的勇猛、活力以及高效率的动员、执行能力，使得它在各种紧要关头都能够迅速选择最为正确的应对措施。相比之下，明朝则在皇帝无能、宦官专权、权臣斗争的内耗之中，走向了毁灭的深渊。

建号满洲，改革政权。后金政权，从一个落后的部落组织，骤然扩张为统治东北地区包括汉族在内的众多民族的地方政权，虽然在征服的过程中也建立了粗具规模的统治机构，但原来部落议事制度所遗留下来的决策体制，越来越不能适应对外扩张和对内统治的需要。努尔哈赤死后，时任旗主的第八子皇太极称汗，对后金政权进行了一系列改革。这些改革，奠定了后金作为全国性统治王朝的政权基础。

改革集中在四个方面：一、加强汗权。后金的八旗制下，各旗的旗主贝勒各领旗众，共同参与国家大政方针的决策，国家大事由四个贝勒轮流当值处理，大汗的权力非常有限。为了加强中央集权，推进集权化的改革，皇太极打击、削弱分权势力，提高汗权。天聪四年（1630年），皇太极以阿敏弃守滦州、永平（今河北卢龙）、迁安、遵化四城的罪名，将其终身幽禁。天聪五年（1631年），莽古尔泰同皇太极发生口角时，竟拔刀相向。皇太极借机以"御前露刃"之罪，革去他大贝勒衔。至此，四大贝勒仅剩他和代善两人。天聪六年（1632年），皇太

皇太极像

极终于废除了与三大贝勒俱南面坐、共理政务的旧制，改成自己南面独坐，取得了汗的独尊地位。二、建立国家机构。皇太极仿照明制，逐步建立国家统治机构，以取代八旗制度所行使的国家权力。天聪三年（1629年），建立了由满汉文人组成的"文馆"，职掌"翻译汉字书籍""记注本朝政事"，为皇太极推行汉化运筹帷幄。天聪五年（1631年），设立吏、户、礼、兵、刑、工六部，分掌国家行政事务。天聪十年（1636年），又将"文馆"扩充为内国史院、内秘书院、内弘文院，统称"内三院"，负责撰拟诏令、编纂史书、掌管和起草对外文书与敕谕、讲经注史、颁布制度等。稍后，又建立都察院，改蒙古衙门为理藩院。皇太极通过这套政权机构，把权力集中到皇帝手中。皇太极心胸开阔，具有雄才大略，他非常注意任用归降的汉人，使得中原王朝的治国思想和方略为后金所用。三、在军事上，为了平衡满族八旗的势力，他创建了汉军八旗和蒙古八旗，把统治下的汉人和蒙古兵编入八旗，旗主由皇帝任命，不能世袭。四、在进行这些内政改革的同时，皇太极还加紧了与蒙古、朝鲜的联络，先后使得蒙古各部臣服于后金政权，变朝鲜为属国，割断了明朝与朝鲜的藩属关系。皇太极即位后，为反映民族共同体的新面目，达到凝聚力量的目的，于天聪九年（1635年）十月十三日，正式下令把族名定为满洲。他说："我国建号满洲，统绪绵远，相传奕世，自今以后，一切人等，止称我国满洲原名，不得仍前妄称。"这标志着满洲族（简称"满族"）正式形成。明崇祯九年（1636年），皇太极宣布将国号由"金"改为"清",年号崇德。这标志着后金改革的初步完成,从此皇太极将主要力量放在进攻明朝上,明、清之间的战略关系进入了一个新的阶段。

进军关内,占领中原。就在后金调整其统治政策,完善

李自成像

国家制度建设的同时,明朝则在另外一条战线上疲于奔命。明崇祯二年(1629年),出身陕西榆林府米脂县的农民李自成在甘肃当兵,朝廷调其所在队伍去北京防守,部队开到金县(今甘肃榆中),因索取欠饷同县令发生冲突,李自成带领士兵杀死了县令和参将,率众参加了农民起义队伍。两年后,他们辗转加入了闯王高迎祥部,就这样,李自成率领的起义军成为众多活跃在西北、河南、陕南等地的农民起义军中的一支。

根据古代气象资料,17世纪初期,中国北方的气候处于异常状态,气候寒冷,等温线南移,灾害性天气频繁,干旱灾害频仍。西北、河南等地区,出现了大量四处就食的流民,这些流民在找不到食物的情况下,往往变成聚众抢劫的强盗。官府如果能开仓赈济,这些强盗就又变回了平民。由于明朝的财政日绌,这些流民成为各处农民起义军源源不断的后备力量。

鉴于农民起义愈演愈烈的情况，崇祯皇帝任命兵部尚书洪承畴为三边总督，对义军进行清剿。明崇祯八年、后金天聪九年（1635年），各地起义军聚集在河南荥阳，共商对敌作战的方略，这就是历史上著名的"荥阳大会"。在这次大会上，农民军确定了"三面防御、向东攻击"的战略，高迎祥、李自成、张献忠等率领东路军，一直攻打到安徽凤阳，捣毁了明朝皇帝的祖坟和龙兴寺，这一行动，给明朝以巨大的打击。明崇祯十三年、清崇德五年（1640年），李自成起义军进入河南，吸收了大量贫苦农民、失业的手工业工人和城市平民，队伍迅速壮大。根据形势的发展，农民军提出了"均田免粮"的起义口号，得到所到之处饱受明政府横征暴敛压迫的人民的拥护。明崇祯十四年、清崇德六年（1641年），李自成指挥大军攻克中原重镇洛阳，当众处死了明朝福王朱常洵，把其所占的土地和粮食财货分给了广大农民。洛阳之战后，农民军在战略上从防御、流动转入进攻。明崇祯十六年、清崇德八年（1643年），李自成在湖北襄阳被拥立为"新顺王"，改襄阳为襄京，初步建立了政权，中央由上相、左辅、右弼组成内阁，下设吏、户、礼、兵、刑、工六政府，地方设府、州、县三级，军队分为前、后、左、右、中五营。农民军在此确定了"先取关中，以陕西为基地，然后攻击山西、河北、进军北京"的战略。同年十月，农民军在汝州击败兵部尚书孙传庭所率领的明朝大军，攻入潼关，顺利占领西安，陕、甘、青广大地区为农民军所有。明崇祯十七年（1644年）春节，李自成正式宣布建国，改西安为西京，国号大顺，年号永昌。农民军在西安继续完善中央机构和政权建设，恢复生产，加紧练兵，为进攻北京做好各项准备。一月，李自成派刘宗敏、李过率先遣队开始东征，十日攻克太原。兵分两路，一路由李自成率领，经大同、宣府，攻打居庸关；南路由刘宗敏率领，出固关，攻占真定、保定。明守军或望风而逃，或开城投降，农民军两路大军于三月中旬会师北京城下。三月十七日，李自成指挥大军开始攻打北京城。十九日凌晨，崇祯皇帝在煤山寿皇亭旁的一棵小树上自缢身亡；上午，农民军占领北京；中午，李自成从德胜门进入北京城。由此，相传十六代、统治中国二百七十六年的明王朝被燃烧的地火所吞灭。

自从1636年改元大清后，皇太极就进一步加强军政力量，为进攻明朝做准备。此时清军已经拥有了明朝投降的众多大将，如洪承畴、孔有德等，并且获得了明朝登莱地区由西洋人训练的水军、火炮手和火炮，这为不善攻城的清军提供了绝好的条件。明崇祯十六年、清崇德八年（1643年）八月，皇太极病死，清朝因为继位人选的问题发生了严重的冲突。最后，掌握实权的多尔衮拥立皇太极的幼子、六岁的福临继位，由多尔衮与其堂兄济尔哈朗为摄政王，解决了继位危机。明崇祯十七年、清顺治元年（1644年）初春时节，北方的天气尚未转暖，多尔衮即准备率军大举进攻明朝。此时，明朝的山海关总兵吴三桂拥重兵处于犹豫之中。但是李自成农民军在北京城拷掠明朝官员、追赃逼饷的激烈措施，使他认定农民军不能长久，转而投向清朝，修书请清朝出兵助明平息农民军。多尔衮率领的十四万清军走到连山之时，接到吴三桂泣血求助的书信，多尔衮感到进军关内、占领中原的时机已经到来，遂回书吴三桂，打着为明朝皇帝复仇的旗号，开赴山海关。李自成得知吴三桂拒绝投降后，亲率二十万大军前往攻打。四月二十二日，吴三桂迎接多尔衮入关，与清军联合在山海关附近的一片石与李自成展开决战。由于李自成对清军参战估计不足，仓促应战，损失惨重。二十六日，李自成退回北京。二十九日，李自成率领新政府的文武百官于紫禁城武英殿匆匆即位，过了一夜的皇帝瘾后，于三十日狼狈撤离北京，返回关中，以图后起。五月一日，多尔衮率清军进入这个他们曾经围攻多次而未能得手的北京城，明朝的文武百官、遗老遗少出城五里以外跪迎。十月，清朝小皇帝福临登上了紫禁城的皇帝宝座，颁即位诏书于天下："入山海关，破贼兵二十万，遂取燕京。抚定中夏，迎朕来京，膺受大宝。"

在与清较量的过程中，明王朝一直面临着西部与东部两条线的作战压力。在崇祯朝的最后几年，帝国的主要力量都被用来对付越剿越多的"流寇"。西线作战的压力，最终耗尽了大明的国力。崇祯皇帝虽然是一个勤勉的皇帝，但由于前几代腐朽皇帝所积累的社会矛盾，导致底层人民已经到了无法生存、不得不揭竿而起的地步。民间的反对力量，是明朝最终灭亡的主要因素。而清朝的入主，将给这个遭受连年天灾、兵祸的中原大地带来什么样的命运呢？这一切还都是个未知数。

清王朝的稳固

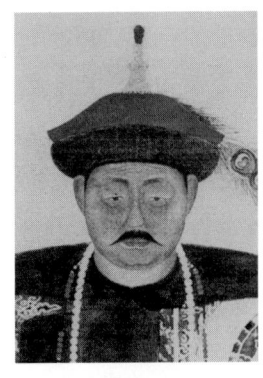

多尔衮像

经过文艺复兴、宗教改革、大航海时代的洗礼，17世纪中叶的世界，特别是欧洲大陆，不断呈现出前所未有的新变化。1640年英国资产阶级革命的爆发，更标志着西方世界开始步入近代化历程。在此重大历史转折关头，东方古老的中华大地上，也在上演着一场新变动。1644年的北京紫禁城，就是这场新变动的集中展示地。

十月初一，在摄政王多尔衮的精心筹划下，年仅六岁的清幼主福临宣布即皇帝位，并于初十登上紫禁城皇极门，颁即位诏于全国。"天崩地解"的大变局，至此基本尘埃落定。

从福临即皇帝位这一刻开始,中国历史便翻开了新的一页,清王朝从此登上了历史舞台。

多尔衮武力摧毁大顺政权。然而,放眼当时全国形势,新诞生的清王朝需要面对的局面,实在很不容乐观。

尽管清军已经控制了辽东、畿辅、山西大同、山东德州等地区,但是,李自成的大顺政权,依然拥有整个西北,以及山西、河南、湖广的部分地区;张献忠的大西军,正处于收取四川的过程中;明王朝虽然崩塌,宗室势力却仍然统治着南部广大地区,并建立起弘光等南明政权。

如何应对如此严峻的局势,成为清朝统治核心权力层的头等大事。

小皇帝福临自然难以担此重任,于是考验再次落在实际执政者——摄政王多尔衮身上。

南明抗清铁炮

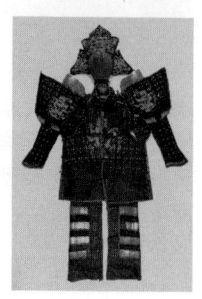

清代武官盔甲,内蒙古博物馆藏。

多尔衮，这位指挥八旗铁骑杀进关内，并把李自成赶出北京城的关键人物，确实具有很强的军事、政治才能。入关之初，他就曾采取一系列举措，如为崇祯皇帝发丧、起用明朝旧官、清除明朝弊政苛政等，以争取人心。此时，面对危机重重的考验，他审时度势，果断做出对农民军、南明政权等抗清力量展开猛烈攻势的决定，以进一步扩大对全国的统治。

史可法像。明末抗清名将、民族英雄。清军攻陷北京城后，拥立明福王（弘光帝），继续与清军作战。南明弘光元年（1645年），清军攻破扬州城后，多尔衮劝降，拒降遇害。

顾炎武像。明末清初杰出思想家、经学家、史地学家和音韵学家。清兵入关后，顾炎武投身南明朝廷，投笔从戎。南明政权覆灭后，累拒仕清。

顺治元年（1644年）十月十九日，多尔衮以顺治帝的名义，派英亲王阿济格为靖远大将军，统兵西进，平西王吴三桂、智顺王尚可喜率部从征，进攻李自成大顺军及其政权；同时，决定十月二十五日出兵江南，命豫亲王多铎为定国大将军，恭顺王孔有德、怀顺王耿仲明随征，进攻南京的福王弘光政权。

顺治像

不久，由于战事局面的变化，多尔衮接到河南巡抚罗绣锦的告急求援后，不得不调整进军策略，下令多铎所部大军改南下为西进，先救怀庆，转攻陕西，取潼关，与阿济格部形成夹击之势，会师西安，以彻底摧毁李自成军。

这一部署非常奏效，经过一番激烈较量之后，李自成大顺政权于顺治二年（1645年）四月被摧毁。紧接着，南京弘光政权、张献忠大西政权，也先后于顺治二年五月、顺治三年（1646年）十一月覆灭。此后，南明隆武、鲁王监国、绍武、永历政权，以及大顺军、大西军余部，时而各自为战，时而联起手来，继续与清廷对抗。不过，除最顽强的永历政权一直支撑到康熙元年（1662年）四月外，其他政权有的仅存在一个多月，有的也就维持了一年多。这些政权之所以不能有所作为，最大的症结就在于为争权夺利而内讧不已，彼此间为正统之名而争斗不息。

军事上的节节胜利，掌控地域的不断扩大，使清王朝逐渐获得较为稳固的统治基础。但与此同时，清廷最高统治层的矛盾，也愈演愈烈。矛盾的焦点，主要集中在多尔衮和小皇帝福临身上。

顺治帝亲政：清算与调整。多尔衮尽管在入关前夕为了顾全大局，放弃了嗣君之争，扶立福临，但他并非一个淡泊权力的人。尤其是随着清王朝统治局面的不断好转，"一人之下，万人之上"的他，权力欲越来越膨胀，甚至发展到有些忘乎所以的地步。

多尔衮权力欲的膨胀，主要表现为：越来越独断专行，党同伐异；不断扩展自己的势力集团，用人唯亲；贪图声色，擅作威福；蔑视小皇帝福临，俨然以"真皇帝"自居。这样一种势头，迅速使朝廷内部的矛盾趋于尖锐化。

顺治帝曾抱怨说："于时墨勒根王摄政，朕惟拱手以承祭祀，凡天下国家之事，朕既不预，亦未有人向朕言者。"更对多尔衮亲信者的行为表示愤慨说："岂意轻蔑朕躬！"显然，多尔衮及其集团势力的存在，已严重威胁到了皇权。

清王朝的稳固

摄政王多尔衮令旨

冲突一触即发之际，一件谁也料想不到的事发生了。

顺治七年（1650年）十二月初九晚八时左右，年仅三十九岁的摄政王多尔衮，因外出围猎时摔伤膝盖，加上风疾的长期困扰，猝死于他为避暑专门经营的喀喇城（今河北滦平境内避暑山庄）旁。

多尔衮的丧事，顺治帝处理得很得体。他不仅亲自到东直门外五里迎多尔衮柩车，而且下诏褒扬多尔衮的谦让之德和平定中原的功劳，要求中外以皇帝礼仪为多尔衮举丧，并追尊多尔衮为"懋德修道广业定功安民立政诚敬义皇帝"，庙号成宗。这一尊荣，对多尔衮来说，也可含笑九泉了！

按照规定，一旦小皇帝长大成人，摄政王便要归政，由皇帝亲政。现在既然摄政王多尔衮去世，亲政问题便被提上了日程。

顺治八年（1651年）正月十二日，十四岁的少年天子福临在紫禁城太和殿宣布亲政，颁诏大赦天下。清王朝的新政治权力格局自此启动。

然而，表面看来波澜不惊的核心权力转移，背后却正酝酿着一场暴风雨。刚刚去世不久的多尔衮，成了这场暴风雨的冲击对象。

顺治八年二月十五日，原多尔衮近侍苏克萨哈等，上疏揭露多尔衮私制帝服、私藏御用之物。六天后，郑亲王济尔哈朗等又联合上奏，控诉多尔衮独专威权等罪。

顺治帝命在朝大臣进行商讨，结果众臣一致同意应追治多尔衮之罪。

二月二十一日，顺治帝下诏列诉了多尔衮所犯的十几条主要罪状，昭示全国。其中的致命点，是认定多尔衮"谋篡之事果真"，也就是说，多尔衮想"篡位夺权"。

如此大逆不道之罪，自然要予以严惩。尽管多尔衮已死，但他仍受到剖棺、鞭尸、砍掉脑袋、暴尸示众的惩罚；其母亲、妻子也受到罢追封、撤庙享、停恩赦的处置。牵连所及，其他多尔衮势力集团中人，也大都受到程度不同的惩治。

清王朝的稳固

这一事件,无疑体现了皇权与摄政权之间严重紧张的关系,也反映出统治集团内部存在着利益纷争的重大矛盾。但若仅仅如此,似乎还不能说明这场暴风雨爆发的根源。事实上,统治层权力争夺的背后,还蕴含着一个更大的政治、社会原因,那就是随着清政权向清王朝角色地位的转变,作为核心统治者的满洲权贵,究竟应该采取什么样的治国思路。在这个事关清王朝命运的重大问题上,满洲权贵内部的认识并不一致。

在问鼎中原、以武力平定大顺政权等敌对力量的进程中,以多尔衮为代表的一部分满洲权贵掌权者的头脑还是清醒的,采取的策略也大体合宜。然而,随着形势向有利于清廷的方向发展,多尔衮等越来越显露出征服者高高在上的优越、专断姿态,肆无忌惮地践踏着广大汉族民众的利益。

圈地、投充、逃人法三大弊政,以及无视汉族文化传统,强行命令汉族人民依满俗剃发易服,多次制造血流成河的屠城等,不仅加剧了满汉民族间的隔阂与冲突,更体现出多尔衮等决策者的政治短视。这样下去,怎能获得民心!

北京市社会科学院满学研究所研究员 阎崇年

多尔衮打下地盘,脑子发热了,强制汉族人"留发不留头,留头不留发",这就引发了冲突,民族的冲突,两种文化的冲突。中原是农耕文化,满族是森林文化,语言和文化都不容易沟通。汉族人的观念是身体发肤受之父母,怎能接受剃发呢,于是他们就起来进行激烈的对抗。

顺治帝以迅雷不及掩耳之势清算多尔衮及其势力集团,是势所必然的:一方面,他出于自己的最高权威受到威胁的原因,起而做自我保护;另一方面,从统一和稳定全国的角度考虑,很有必要扭转多尔衮等一部分满洲权贵的过激统治思路。

亲政后的顺治帝,果断地对统治思路和策略进行了一系列调整。如,督促各级官吏招徕流民开垦荒地,给予一定的优惠政策;对关系国家财政收入的赋役制度进行整顿,编纂成《赋役全书》,颁行全国;丈量土地,绘制成鱼鳞图册,并将人丁、丁银、地、粮四项编制成黄册,即户口册;整顿吏治,严惩贪官;协调与边疆各民族的关系:对蒙古,主要采取封爵和联姻的方法,对西藏地区,则实行政、教并用政策,扶持顾实汗和达赖喇嘛分别掌管行政、宗教事务,等等。

这些举措,在一定程度上纠正了多尔衮摄政期间的许多过激行为,并在缓和满汉民族间的紧张关系、消解广大汉族民众对清廷的敌视情绪上,做出了积极努力。而随着几支主要抗清力量被逐一消灭,以及与一部分蒙古、西藏等少数民族政权建立起较为良性的关系,清王朝不仅基本站稳了脚跟,掌控区域也大大拓展,从而为其后的统治奠定了较为坚实的基础。

世事难料,正当清王朝统治大有起色之时,肆虐的天花病毒,却无情地断送了这位年轻皇帝的生命。

顺治十八年(1661年)正月初七夜子时,年仅二十四岁的顺治帝,在天花病魔的折磨下,撒手人寰。按关外习俗,顺治帝火化后,被安葬在河北遵化境内昌瑞山南麓的孝陵。

作为清王朝的第一位帝王,顺治帝虽然生命短暂,但他勇于开创的作为与魄力,却并不平凡。

康熙亲政,诛灭鳌拜。天花虽夺去了顺治帝的命,却成就了另一个人,那就是皇三子玄烨。

在顺治帝弥留之际确定皇位继承人时,只有玄烨因年龄和出过天花具有免疫力而符合条件,在孝庄皇太后和传教士汤若望的支持下,年仅八岁的玄烨被确定为嗣君。

考虑到玄烨年纪尚小,顺治帝在征得孝庄皇太后的同意后,指定索尼、苏克萨哈、遏必隆、鳌拜四大臣辅政,并将此写进遗诏。

这项人事安排大有深意:一是可以避免当年多尔衮摄政擅权局面的重演,避免宗室亲王对皇权的威胁;二是索尼等四人虽然属于异姓,但出身八旗中由皇帝掌管的上三旗,即正黄旗、镶黄旗、正白旗，对皇帝忠诚；三是在当年拥戴顺治帝及同多尔衮的抗争中，索尼等四人立场鲜明、态度坚定地站在孝庄皇太后一边，从而深受孝庄皇太后的赏识和信任。这样一来，一个既可以避免亲王摄政体制弊端，又可以巩固皇权，以孝庄皇太后为主、亲信大臣辅政的中央统治核心便形成了。

顺治十八年（1661年）正月初九，顺治帝去世后的第三天，玄烨在紫禁城太和殿登基，继承皇位大统，诏告天下，改次年为康熙元年。

以异姓而身膺辅政大任，对索尼等四人来说，当然是受宠若惊。受命之际，他们曾立下誓词，表达了不私下与诸王贝勒往来、不结党羽、不受贿赂等忠君报国的决心，以报答顺治帝的托付大恩；并表示，如若违背誓言，将遭到"上天殛罚，夺算凶诛"的报应。

然而，尽管信誓旦旦，执政之后，辅政四大臣却对顺治帝更张旧制、渐习汉俗的做法加以变更，提出"率循祖制，咸复旧章"的治国主张。这意味着要向关外时期的旧传统、旧制度回归。

在此思想指导下，他们虽然也延续了顺治帝时的一些积极策略，如重视吏治、奖励垦荒等，取得了一定成效；但取消内阁和翰林院，恢复内三院旧制,提高满官品级,排斥打击汉族士绅势力,借端制造"哭庙案""奏销案""明史案"等,显然不利于刚步入正轨的统治,在一定程度上又激化了满汉民族间的矛盾。

更为严重的是,由于受权力欲和利益驱使,辅政四大臣之间的矛盾越来越明显、激化。尤其是鳌拜,自恃战功卓著,不甘心居辅政四大臣之末的位置,于是他极力培植党羽,想方设法把持朝政,擅作威福,甚至不把小皇帝玄烨放在眼里,抗旨逆命,拦截奏章,如此等等,不一而足。当年多尔衮专权的一幕,即将再次上演。

康熙六年(1667年),按照顺治帝亲政例,年已十四岁的康熙帝到了亲政的年龄。此时,身居首位的辅政大臣索尼已是年老多病,鉴于鳌拜势力越来越膨胀,他担心发生事端,便提议皇帝亲政。苏克萨哈、遏必隆二人表示赞成。鳌拜心里虽一万个不情愿,但也不便公开反对,只好于三月领衔上奏,提议皇帝亲政。但康熙帝以自己年纪小为由,表示想再等等,故留中未发。

六月二十三日,索尼去世。鳌拜的气焰更盛,俨然以首辅自居。

这一事态,使孝庄太皇太后深感不安,她同意康熙帝亲政。于是,七月初七,在太和殿举行了隆重的亲政大典。

面对鳌拜的骄横跋扈、势力坐大,康熙帝虽然还是少年,但已学习了不少治国理政经验,文化素养也大大提高,他当然不愿坐等鳌拜就此恶性发展下去,威胁自己的皇权。那么,如何制止鳌拜呢?这是个让康熙帝不得不周密思虑的大问题。因为鳌拜的亲信党羽几乎遍布朝中重要机构,如果处理得不好,将会酿成不可想象的严重后果。

在祖母孝庄太皇太后的支持下,少年老成的康熙帝筹划了一个智取鳌拜的妙计。

第一步,他重用忠于自己的心腹之人,悄悄组织起一支由皇后叔父索尼第三子索额图率领的少年卫队。这些十五六岁的少年,整天陪着皇帝玩"布库之戏",即使鳌拜来,也照常进行。这样做的目的,是为了迷惑鳌拜,让他觉得皇帝沉浸玩耍,无心政事。而且,布库戏是满族传统的摔跤运动,不会引起鳌拜警觉。鳌拜有时也在暗中监视,但没发觉有什么异常,慢慢地也就不当回事了。

第二步,康熙帝有意借各种名义把鳌拜的亲信党羽派遣出京,以扫除障碍。

一切措置稳妥之后,关键的一步棋开始付诸行动了。

康熙八年(1669年)五月初十,康熙帝在南书房召见鳌拜。像往常一样,鳌拜并没觉得有什么不对头的地方,不加防备地只身前往。他刚走进房内,早就埋伏好的摔跤勇士们便冲了出来,将他团团围住。鳌拜虽然在疆场上能征惯战,但此时手无寸铁的他,哪里是众多身手矫健的小伙子的对手,转瞬间便被擒住。

接下来,鳌拜的其他主要亲信党羽也全部被缉拿监禁。

五月十六日,康熙帝命议政王等审讯鳌拜及其同党。审讯的结果是,议拟鳌拜犯有三十条大罪、遏必隆十二条、班布尔善二十一条等,应分别处以斩、绞、凌迟重刑。奏上,康熙帝考虑到此事牵连甚广,而且扳倒鳌拜的目的已经达到,为避免引起政局动荡,决定从宽处理:除将班布尔善等九人处死外,其他人皆免死,从轻治罪;对首恶鳌拜,则革职拘禁、籍没家产。不久,鳌拜病死在拘所。

年仅十六岁的少年天子康熙,兵不血刃地解决了鳌拜及其集团对皇权和政局的威胁。这一果断行动,无论是对最高统治权的稳固,还是对清王朝的发展,无疑都是至关重要的。

平定三藩之乱。铲除鳌拜虽然使康熙帝长舒一口气,但接下来"三藩之乱"的爆发,则使他再次面临更为严峻的考验。

三藩,指平西王吴三桂、平南王尚可喜、靖南王耿精忠分别掌管的云贵、广东、福建势力范围。耿精忠的爵位袭自其父继茂,而继茂袭自其父仲明。这个格局,确立于顺治十七年(1660年)。

中国社会科学院历史研究所研究员 林存阳

清王朝最早建立三藩的目的是为了解除朝廷的南顾之忧,就是希望他们来屏障朝廷,即通过笼络、利用吴三桂等人,收"以汉制汉"之效。应该说,这一设计有其合理性,也确实收到了很大成效。不过,也存在着一些隐患,如三藩之王能否对朝廷一直忠心不二,三藩势力一旦坐大,朝廷如何应对,等等。

此后,清廷担心的事情,慢慢都变成了现实。

三藩不仅垄断地方财政、聚敛财富,还不断以兵饷和行政开支为由,向朝廷伸手索要巨额经费,这给朝廷造成了沉重的经济负担。

三藩虽非封地,但操纵着当地官员的任免大权,吴三桂节制的云贵地区尤其如此,这既是朝廷授予三藩特权的后果,也是三藩专擅一方的恶性膨胀,这些地区简直成了"独立小王国"。

更为严重的是,三藩各握兵柄,拥兵自重,虽然仅占全国总兵力的十分之一,但他们手下的兵,只知为藩王家丁,不知有朝廷。而且,除额定兵外,三藩还拥有数量众多的私人武装力量。这对清廷无疑是一个很大的潜在威胁。

三藩尾大不掉之势就这样形成了,与朝廷的关系也变得越来越紧张。

三藩割据的发展态势,逐渐引起朝廷关注。顺治年间,已有部分官员开始上疏弹劾三藩的不法行为；康熙初年，庆阳知府傅弘烈奏告吴三桂图谋不轨，浙江巡抚范承谟更上书呼吁撤掉三王。这引起康熙帝高度警觉，将三藩问题视为一大心病。但因对付鳌拜，时机尚不成熟，他没有贸然行动，只是暗中为解决这一隐患做积极准备。铲除鳌拜之后，解决三藩问题遂正式提上日程，康熙帝着手对三藩有针对性地进行压制。这让藩王们感到很是不安。

康熙十二年（1673年），平南王尚可喜的上疏，成为引发撤藩与否问题的导火索。三月，尚可喜疏请撤藩，归老辽东，并请求由其子尚之信袭爵留镇。此时，康熙帝认为撤藩的时机来了。他一面夸尚可喜能识大体，一面以藩王见存、子无移袭之例为由，拒绝了由尚之信袭爵留镇的请求，明令全藩北撤。

这一决定，不仅表明康熙帝对撤藩的明确态度，实际上也是对吴三桂、耿精忠的一个暗示。

为试探康熙帝对自己的态度，吴三桂、耿精忠于七月也疏请撤藩。康熙帝将计就计，表示同意，并令议政王大臣商讨迁移之事。

当时，对撤掉耿藩，朝中意见是一致的，但撤不撤吴藩，分歧很大。除兵部尚书明珠等少数人赞成撤外，大多数廷臣如图海、索额图等认为不宜撤。康熙帝心意已定，力排众议，坚决撤藩。八月初六，下令三藩全撤。十五日，派遣礼部侍郎折尔肯等分赴云南、广东、福建，处理撤藩事宜。

吴三桂没想到自己弄巧成拙，大为恼怒，在手下的怂恿下，密谋反叛。十一月二十一日，吴三桂处死不肯依附他的云南巡抚朱国治，扣留钦差折尔肯，公开举兵叛清，拉开了三藩之乱的序幕。

在吴三桂的影响或胁迫下，一时间叛乱四起。耿精忠于康熙十三年（1674年）三月十五日、尚之信于康熙十五年（1676年）二月二十一日，先后举起叛旗。

吴三桂像

广西将军孙延龄、陕西提督王辅臣，分别于康熙十三年二月、十二月反叛。此外，像一些前明遗老、降清官将、据守台湾的郑氏集团，也都纷纷加入反清行列。就连蒙古的一些部族，也趁机入边侵扰。

面对如此严峻的局势，康熙帝并没慌乱，而是根据形势的发展，采用分化瓦解、剿抚并用与军事行动配合的策略，从容镇定地对平乱事宜做出部署。

一开始，由于吴三桂等叛军势头猛烈，多路进攻，清军疲于应付，处于不利局面。康熙十五年之后，康熙帝对战略部署重新做了调整，形势逐渐向有利于清军的方向发展。节节败退、越来越孤立的吴三桂，于康熙十七年（1678年）三月，在衡州（今

清王朝的稳固

湖南衡阳）称帝，但八月就病亡了，其孙吴世璠于十月即位。此后，局面完全反转，清军展开全面进攻。康熙二十年（1681年）十月二十八日，吴世璠见大势已去，在昆明城内自杀。二十九日，吴国柱等率众出城投降，清军顺利入城，戮吴世璠之尸，将其头颅传送京师。

一场历时八年、战火燃遍大半个中国的大动乱终于被平定了。康熙帝得捷报后，写了一首《滇平》诗，以表达心中的喜悦和感慨："洱海昆池道路难，捷书夜半到长安。未矜干羽三苗格，乍喜征输六诏宽。天末远收金马隘，军中新解铁衣寒。回思几载焦劳意，此日方同万国欢。"

平定"三藩之乱"，对清王朝来说，是基本实现统一大业、确立稳固统治的一个重要标志。经过三十八年的不断努力和开拓，清朝逐渐摆脱动乱的困扰，进入平稳发展时期。

统一大业

康熙帝戎装像

在中国历史上，虽然出现过无数动荡、纷争，甚至流血战争，但"大一统"则是人们一直孜孜追求的目标。

著名历史学家杨向奎先生曾在《大一统与儒家思想·序言》中说："大一统义倡自《公羊》，汉末何休发扬光大之，千百年来此义深入人心，变成我国民族间之凝聚力，都是炎黄子孙，华夏文明，始终应当一统。魏晋以后，政权分崩，实不一统，但任何一族之当道者，都以一统为己任而以炎黄之后自负。"

道路尽管曲折，步履也很艰难，中国最终还是形成了一个统一的多民族国家，中华民族也成为多民族的统一体。

其间，清朝是一个承上启下的重要时期。

以安抚、怀柔手段统一蒙古各部。清朝以前,中原王朝与周边少数民族及其政权之间,就呈现出纷繁复杂的关系。但有一个明显的特点始终贯穿其中,那就是:两者总处于分与合、相依与冲突、一体与多元的张力状态之中。

对此,著名清史大家孟森先生曾在《清史讲义》第一章《开国》中做过精辟概括。他说:"以物质之缺乏,仰中国为赡生之计,此为其常态。中国未失道时,因其所求,以为操纵,顺则与之,逆则夺之。又多存其部落,予以世职,而保其并生并育。自居于兴灭继绝、扶弱抑强之帝德,而实制其兼并坐大之图。"

崛起于白山黑水之间的满洲后金和清政权,即经历过这一过程;而定鼎北京、建立起清王朝后,随着统治地位角色的转换,又不得不面对同样的问题。

为了稳固已取得的政权,进一步扩大对全国的统治权,清廷面临着多重考验。其中,来自北方和西北等边疆少数民族地区的挑战与威胁,无疑是一个非常严峻的考验。

要想成就统一大业,清廷必须正视和应对这一挑战与威胁。

而早在入关之前,努尔哈赤和皇太极已开始着手解决。

在广袤而美丽的蒙古草原上,一代天骄成吉思汗曾以狂飙之势,打造出蒙古帝国的辉煌;其子孙更凭此气势,经营出疆域空前、多民族统一的朝代——元朝。

时光流转,明王朝建立后,成吉思汗的后裔们被逼退守大

《蒙古人的一天》，蒙古国博物馆藏。

漠。从此，他们一方面繁衍生息，一方面因难以割舍黄金家族情结，与明廷对抗，希望有机会再现昔日雄风。

活动在大漠周围的蒙古人，分为三大部落，即漠南蒙古、漠北蒙古（又称喀尔喀蒙古）和漠西蒙古（又称卫拉特或厄鲁特蒙古），各有自己的游牧范围，基本上互不统属。每个部落下，又分成几个小部落。由于对继承权、牧地、部众，尤其是全蒙古汗位的争夺，各部落内部或彼此之间经常会发生摩擦、冲突甚至攻掠。

国家清史编纂委员会委员 李治亭
蒙古和明朝一直对立，明朝政权延续了二百七十六年，他们也打了二百余年。当然不是天天打，而是打打停停，停停打打。

努尔哈赤的崛起和后金政权的日益壮大，使蒙古各部又多了一个竞争对手。

起初，由于势力有限，而且要对抗明廷，努尔哈赤不愿多方树敌，所以对邻近的漠南蒙古的敌视尽量克制，并采取联姻、结盟方式争取其支持。这一远攻近交策略很有成效，科尔沁等部很快成为后金的盟友。

为了争夺对科尔沁等部的控制权，察哈尔部自称"四十万蒙古国之主"的林丹汗，与后金不断发生冲突。就当时的形势来说，林丹汗所部对后金攻明形成后方及侧翼威胁。因此，自努尔哈赤到皇太极的二十年间，打击林丹汗成为后金经略内蒙古的主要目标。经过几次大的征讨，皇太极于天聪六年（1632年）将察哈尔汗国击溃。

崇德元年（1636年），漠南蒙古十六部四十九位王公齐聚沈阳，承认皇太极为蒙古可汗，并奉上"博格达·彻辰汗"尊号。此后，在逐鹿中原和统一全国的进程中，漠南蒙古皆发挥了重要作用。

也就是在这一年，皇太极将"后金"改为"清"，对明战争进入新的阶段。

与漠南蒙古不同，由于所处地理位置较远，喀尔喀、厄鲁特蒙古和后金之间的关系相对较疏，但也有遣使通贡的来往。

自天聪八年（1634年）起，喀尔喀蒙古开始向后金致书并派遣使臣，双方使者往还不断，希望能"共守盟约，以享太平"。崇德三年（1638年）之后，喀尔喀开始向清进"九白之贡"，即一只白驼、八匹白马。这一形式，至清入关后的顺治十二年（1655年）成为定例，喀尔喀也在名义上成为清廷的臣属。

厄鲁特蒙古也一直保持着与清的遣使通贡关系，并一直维持到康熙二十九年（1690年）。

不过，在与清遣使通贡的同时，喀尔喀、厄鲁特也感受到了清的强大威胁。为了抵御来自清的压力，这两部再度形成联盟，于崇德五年（1640年）订立了《喀尔喀卫拉特法典》，以有效地维护和保障共同利益与安全。

从总体上来看，努尔哈赤、皇太极以安抚、怀柔手段，处理与蒙古各部的关系，是比较成功的。这既为他们对明发动战争争取了较稳定的后方和力量，也为其后继者提供了处理与少数民族之间关系的有益经验。

政、教并用，以安蒙藏。 顺治帝对西藏问题的处理，就是对其父祖策略的成功延续。

崇德七年（1642年），扶持格鲁派的厄鲁特蒙古和硕特部领袖顾实汗，应五世达赖喇嘛之请，率军入藏，推翻了统治卫藏二十多年的噶玛噶举教派的藏巴汗政权，成为西藏及青海地区的最高权力者。此举得到皇太极的支持，双方建立了比较好的关系。

顺治二年（1645年），顾实汗派其子至北京，向清廷表达了"无不奉命"的态度。之后，双方关系更趋密切。

鉴于这一发展态势，顺治帝遂于顺治十年（1653年）派遣大臣携带金册金印入藏，正式册封顾实汗为"遵行文义敏慧顾实汗"。从此，以顾实汗为"屏辅"，清廷实现了对西藏地区的间接统治。

扶持顾实汗的同时，清廷还大力扶持达赖喇嘛。早在入关前，皇太极就曾多次派人延请五世达赖喇嘛，但因时局动荡，一直没能成行。后顺治帝也一再敦请。五世达赖喇嘛与西藏和厄鲁

五世达赖罗桑嘉措

特蒙古僧俗磋商后,于顺治九年(1652年)起身赴京,十二月十五日抵达北京。

达赖受到了顺治帝热情而隆重的款待。有意思的是,两人的相见非常"戏剧化"。相见那天,顺治帝并没坐在金銮殿上等待达赖朝见,而是以"田猎"为名,与达赖"不期然"相会于南苑猎场。这样一个"特殊相见"的安排,既达到了出城迎接以示对达赖的尊重的目的,又不失顺治帝作为"天下国家之主"的尊严,对双方来说,显然既轻松又庄重。

达赖在京城居留期间,住在专为他建造的位于安定门外的西黄寺。

顺治十年(1653年)四月,达赖一行离京返藏。停留代噶(今内蒙古凉城)时,顺治帝派大臣赶往赐送金册金印,封达赖为"西天大善自在佛所领天下释教普通瓦赤喇呾喇达赖喇嘛"。

这一举措，不仅确立了五世达赖在喇嘛教中的领袖地位，而且还实现了清廷在蒙藏地区利用喇嘛教进行统治的目的。

通过对顾实汗和五世达赖喇嘛的正式册封，清廷确立起对西藏政、教并用的统治，并为在蒙藏地区推行"兴黄教即所以安众蒙古"政策打下重要基础。

中国社会科学院中国边疆研究所研究员 马大正

清朝对五世达赖是很看重的，这跟当时的国策有关。人们都知道，清朝作为一个生活在东北地区的边疆民族，要成为中国的主人，它依靠什么？主要是依靠满蒙的结盟。满洲和蒙古结盟，把蒙古的力量作为它统治集团力量的一个核心组成部分。满洲和蒙古之所以能结合，有一个很重要的纽带，那就是藏传佛教。

狮钮活佛印

清廷之所以在很长一段时期对蒙古诸部和西藏地区采取安抚、怀柔政策，很大程度上与当时所面临的内地动荡局势和战略部署重点有关。

定鼎北京之后，清王朝的统治一时还很不稳固。为了扩大统治权，清廷鉴于客观形势

哲布尊丹巴活佛

的需要，遂将战略目标和主要精力放在摧毁李自成、张献忠及其余部农民军，南明政权，以及各地抗清武装上。好不容易于顺治末、康熙初将这些威胁扫除，但不久又疲于应对以吴三桂为首的三藩之乱和据守台湾的郑氏集团。所以，基本上没有精力和军事力量投到其他地方。

如此局面，使清廷不得不暂时以羁縻手段或间接统治，来维持与蒙古等北部、西北部广大地区的关系，蒙古诸部也因此获得了进一步发展壮大的机会。

御驾亲征，剿灭噶尔丹。然而，这种相对平静、相安无事的状态并没能持续太久，便被厄鲁特蒙古准噶尔部首领噶尔丹打破了，而准噶尔部也从此成为西北和北部地区的一个主要不稳定因素。

噶尔丹是一个很有野心的人，他梦想成为蒙古霸主。所以，当他掌握了准噶尔部统治权、获得"博硕克图汗"称号后，就开始对厄鲁特诸部及临近的蒙古部落发起一系列兼并和掠夺战争。经过十余年征战，实现了这一"近攻"的预定目标。

接下来，气焰日盛的他，又开始了"东进"计划，想进一步控制青海的和硕特部和喀尔喀蒙古。这一计划，实际上是和清廷争夺对这些地区的控制权。为了达到自己的目的，噶尔丹一反其父兄抗击沙俄入侵的严正立场，竟然与沙俄互相勾结。

噶尔丹在沙俄支持下，率三万人马侵入喀尔喀地区的特穆尔。

康熙二十七年（1688年），正当喀尔喀蒙古的抗俄斗争进入高潮时，噶尔丹却在沙俄侵略军头子戈洛文的挑唆和支持下，率三万人马侵入喀尔喀地区的特穆尔，使喀尔喀蒙古陷入腹背受敌的困境。在噶尔丹的强势攻击下，喀尔喀各部惨败，其首领不得不率部南下附清。噶尔丹又以追逐喀尔喀为名，气焰嚣张地进犯当时已为清廷所统一的内蒙古乌珠穆沁地区。

康熙二十九年（1690年），噶尔丹又侵入乌尔会河以东的乌兰地区，进攻驻守当地的清军，并乘胜长驱而入，一直打到距北京仅七百里的乌兰布通。这一局势，对清廷构成了极大威胁。

中国社会科学院中国边疆研究所研究员 马大正

噶尔丹不是想投靠沙俄，而是想利用沙俄来达到他自己的政治目的。俄国也想利用噶尔丹这股政治力量作为牵制康熙的一个筹码，希望在签订《尼布楚条约》时获取更多的好处。噶尔丹想利用沙俄，实际上却被沙俄所利用。

噶尔丹的大肆扩张，以及与沙俄的狼狈为奸，不仅阻碍了当时反击沙俄的良好势头，而且恶化了清廷和厄鲁特蒙古早已建立的遣使通贡关系。尤其严重的是，噶尔丹竟然狂妄地向康熙帝提出"圣上君南方，我长北方"的要求，俨然要与清廷分庭抗礼，独霸蒙古。

面对如此危局，康熙帝清醒地认识到，噶尔丹这个人"力强志大，必将窥伺中原，至殒命不止"。为了维护国家统一、安宁边疆，他决定打击和消灭亲俄的噶尔丹分裂势力，并迅速做出"断宜速灭""除恶务尽"的平定方针。

自康熙二十九年（1690年）七月起，清廷派大军向噶尔丹发起了反击。

在征讨噶尔丹的过程中，康熙帝曾于三十五年（1696年）二月、九月和三十六年（1697年）二月，三次率军亲征，这表明了他彻底打击噶尔丹的坚定决心。

几经较量，清军先后在乌兰布通、昭莫多之役中获得大胜，重创噶尔丹军，将其有生力量消灭殆尽。

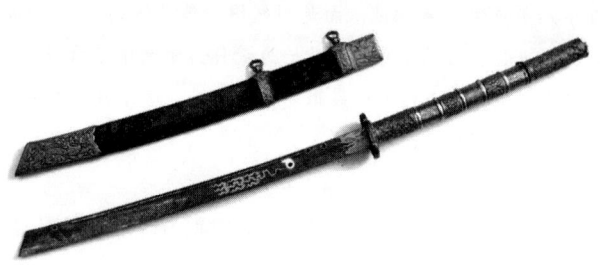

康熙帝错金龙纹腰刀，呼和浩特市地区征集，内蒙古博物馆藏。

清军与噶尔丹军队激战

康熙三十六年闰三月十三日,众叛亲离、走投无路的噶尔丹身亡于阿察阿穆塔台。噶尔丹的侄子丹济拉等带着噶尔丹的尸体及其女钟齐海,率三百户归降。

剿灭噶尔丹、招抚其部众的目的均已达到,康熙帝遂于五月十六日班师回京。

清廷平定噶尔丹的叛乱和分裂,在统一西北和北部边疆的进程中,迈出了重要的一步,进一步促进了多民族国家的发展。而且,还有效地遏制了沙俄对我国边疆的侵略、蚕食,捍卫了我国多民族国家的独立与完整。

统一大业

鄂尔多斯右翼中旗扎萨克令牌，锡林郭勒盟地区征集，内蒙古博物馆藏。

塞翁失马，焉知非福。噶尔丹所挑起的动乱，却也给清廷带来一个意外收获。当噶尔丹攻击喀尔喀时，喀尔喀不得不向清廷求援，并归附了清廷。

为了安置喀尔喀部众，康熙帝于三十年（1691年），集内外蒙古首领，在多伦诺尔举行了一次盛大会盟。并按照内蒙古编制，将喀尔喀诸部分设三十四旗，实行扎萨克制，赐封各首领亲王、郡王等爵号。

中国人民大学清史研究所教授 成崇德

多伦诺尔是蒙古语，意为七个湖泊。康熙在这个地方扎了很多营帐，把蒙古的所有王公都请来，把新疆的王公都请来，把西藏的喇嘛请来，举行了一次阅兵、会盟。

这次会盟，意义非同一般。清廷不仅从此将漠北地区纳入直接管辖之下，还凭借喀尔喀在北部边疆筑起了一道坚固的"铜墙铁壁"。

北京市社会科学院满学研究所研究员 阎崇年

《清史稿》评价康熙皇帝之功,说"虽曰守成,实同开创"。"虽曰守成",就是说他守住了原来祖先的事业,并且进行了巩固。"实同开创"怎么理解呢?譬如说疆域问题,历经太祖、太宗、世祖三朝(特别是入关后,顺治皇帝用了十八年),都没能解决这个问题。到康熙二十二年(1683年),康熙皇帝把这个问题给解决了。

康熙帝曾不无自豪地说:"昔秦兴土石之工,修筑长城。我朝施恩于喀尔喀,使之防备朔方,较长城更为坚固!"

一波方平,波澜又起。

继噶尔丹之后,策妄阿拉布坦成为准噶尔部首领。他趁青藏各派势力冲突、形势复杂多变之际,企图控制青藏地区,依附沙俄,以壮大自己的势力范围。康熙五十五年(1716年),清廷发动了对西藏的武力征服。

为稳定西藏动荡局势,康熙帝两次派军队入藏,五十九年(1720

内蒙古呼和浩特市清代固伦恪靖公主府。康熙三十六年(1697年),康熙皇帝六女儿恪靖公主下嫁漠北喀尔喀蒙古土谢图汗敦多布多尔济后所建府邸。

统一大业 | 249

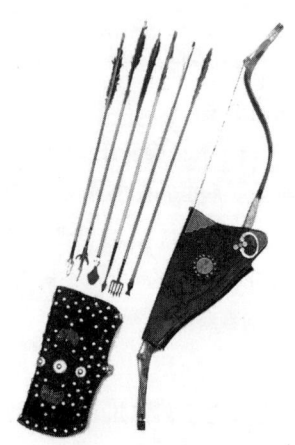

弓箭。内蒙古博物馆藏。弓箭是当时战场上的常见冷兵器。

年）九月，将准噶尔军驱逐出西藏。

驱准保藏获得胜利后，清廷在西藏设置噶伦，任命康济鼐等藏官总理藏政，以加强对西藏的直接管理；并派四千军队留驻拉萨，维护治安。

此后，雍正帝鉴于阿尔布巴事件，于雍正六年（1728年）正式在拉萨设立驻藏大臣衙门。

乾隆十五年（1750年），珠尔默特那木札勒事件后，清廷废除"郡王"，改设四噶伦制，并颁布《酌定西藏善后章程十三条》，明文规定、强化了驻藏大臣的职权。五十八年（1793年），击退廓尔喀第二次入侵后，又颁布《钦定藏内善后章程二十九条》，将西藏地方的行政人事、司法、财税、外交、军事等权力赋予驻藏大臣，并确立了选择大活佛转世灵童的"金本巴瓶"掣签制度。西藏地方与朝廷的政治关系，在制度上最终趋于定型和强化。

征剿罗卜藏丹津，西征噶尔丹策凌。在驱除策妄阿拉布坦的过程中，和硕特部亲王罗卜藏丹津，以及青海和硕特各部首领曾随清军入藏，出了不少力。清廷为表彰他们的功劳，分别予以赏赐，并重新进行了人事安排。但早就想独霸青海、西藏之地的罗卜藏丹津，因清廷的安排不合己意，大为不满。

为满足自己的权力欲，他于雍正元年（1723年）发动了反清的武装叛乱，自称"达赖珲台吉"，正式宣布要恢复先人的霸业，即占据西藏，遥控青海。

刚刚登上皇帝宝座不久的雍正帝，一开始并不想兴师动众，希望罗卜藏丹津能"罢兵和睦"。但罗卜藏丹津不仅不听劝告，气焰反而更为嚣张。

鉴于事态的进一步恶化，雍正帝决定迅速平叛，任命川陕总督年羹尧为抚远大将军，前往征剿。罗卜藏丹津慑于清军的强势进逼，请求罢兵。雍正帝断然拒绝讲和，坚持武力平叛。

雍正二年（1724年）二月，清军以五千精兵，分成三路，直击罗卜藏丹津的巢穴。仅用了短短十五天的时间，便大获全胜，罗卜藏丹津改扮女装逃亡准噶尔部，其余叛乱首领皆被俘获。三月初一，年羹尧大军凯旋班师。

随后，年羹尧提出改西宁卫为西宁府、任命"办理青海蒙古番子事务大臣"管理青海一切事务、实行盟旗制等十三条处理青海善后事宜的意见，经总理王大臣讨论后，得到雍正帝的批准，于雍正三年（1725年）开始实施。这些举措，使清廷对青海地区的管辖得到巩固，促进了该地区的统一和发展，多民族统一国家得到进一步推进。

解决了青海地区的问题后，雍正帝又将视线转向准噶尔部。

雍正五年（1727年），策妄阿拉布坦去世，其子噶尔丹策凌继立。清廷敦促他将罗卜藏丹津交出，但他一再拖延。雍正七年（1729年），清廷以"准噶尔匿青海叛贼罗卜藏丹津将不靖，必扰青海及唐古特"为由，决定分两路进兵西北，以解决准噶尔部对清廷的威胁。

但接下来的几年，由于噶尔丹策凌多次耍诈降手腕，于是双方时战时停，互有胜负。

一直到雍正十一年（1733年）冬，元气大伤的噶尔丹策凌向清廷求和。此时，清廷也因连年用兵消耗了不少人力物力，且出师久而无功，于是宣布暂停进兵。但清廷内部对是战是和的意见并不统一。

雍正十二年（1734年）七月，雍正帝决定议和，然后派傅鼐、阿克敦等前往准噶尔宣谕，希望准噶尔与喀尔喀游牧界明确划分，永息兵戈。

由于议和已经开始，形势也趋于缓和，雍正帝于十三年（1735年）批准西北两路撤军计划，只留少量兵力驻守。但直到乾隆四年（1739年），划界问题才在反复讨论后达成正式协议。

雍正年间西征噶尔丹策凌之役，虽然有得有失，但总体来说，还是有积极意义的：既消灭了噶尔丹策凌叛军的一部分有生力量，遏制了其地方割据势力的发展，维护了喀尔喀蒙古、青海和硕特蒙古和西藏地区的稳定与发展，也为此后解决准噶尔部问题奠定了基础。

水印画《征回部》

主动进取,实现"大一统"。 与康熙、雍正二帝被动应对准噶尔部首领叛乱不同,乾隆帝则采取了主动进取的策略。

乾隆十年(1745年),噶尔丹策凌病逝,准噶尔部因继承权而发生激烈争斗。在争斗中,达瓦齐胜出,成为准部首领,但杜尔伯特、和硕特部的许多贵族则归附了清廷。

乾隆帝敏锐地把握住准部动荡、达瓦齐统治不得人心的有利时机,于二十年(1755年)二月,果断地派两路大军出兵伊犁,征讨达瓦齐。六月,自立为汗的达瓦齐被清军俘获,平准之役大获成功。

但不久,原本归顺清廷、被封为亲王的和硕特部的阿睦尔撒纳,因请求当四部总汗的愿望未获应允,大为恼火,于八月举兵叛清。

乾隆帝再次出兵征讨。二十二年（1757年）四月，清军在库陇癸之战中大捷。六月，阿睦尔撒纳逃往俄国，不久患天花而死。

至此，自康熙年间以来，为患西北、屡向清廷挑战长达近七十年的准噶尔部，最终被平定，纳入国家版图。

但阿睦尔撒纳的叛乱刚刚被平定，曾支持阿睦尔撒纳叛乱的小和卓木霍集占，又煽动威胁其兄大和卓木布拉尼敦，在天山南路叛清。

乾隆二十三年（1758年）二月至二十四年（1759年）秋，清廷派大军进剿，将大小和卓木擒杀，从而平定了天山南路。

平定天山南北两路后，为稳固西北边疆、加强对新疆的治理，清廷于乾隆二十七年（1762年）设置"总统伊犁等处将军"，作为管辖新疆地区的最高军政官员。伊犁将军之下，分设都统和参赞、办事、领队大臣，管理各地军政事务。并根据因地制宜、因俗施治原则，在天山北部汉回族居住区实行郡县制；蒙古族和哈密、吐鲁番地区的维吾尔族实行扎萨克制；伊犁地区和天山南部各地维吾尔族维持伯克制，但将伯克的任免权收归朝廷，而且严格实行政教分离。

经过长期努力，北部和西北地区终于与内地形成一个统一的整体。

然而，这个过程实在是充满了艰辛和曲折。所以，魏源在

清人绘《弘历洗象图》,描绘乾隆皇帝行乐的场面。

《圣武记》中曾这样总结:"西北周数万里之版章,圣祖酋之,世宗畲之,高宗获之。"

除了经营北部和西北地区外,乾隆朝还对西南等地区多次用兵,平定动乱,反击外国势力入侵。如乾隆十二年至十四年(1747—1749年)、三十六年至四十一年(1771—1776年),先后两次出兵平定大小金川土司动乱;三十一年(1766年),出兵反击缅甸对中国边境的入侵;五十三年(1788年)、五十六年(1791年),两次出兵反击廓尔喀对西藏的入侵等。

尽管一系列的军事行动花掉了年均国库财政总收入的百分之六七十,但对促进边疆的巩固、国家的统一、社会的发展等,还是发挥了积极作用的。

乾隆帝曾说:"守中国者,不可徒言偃武修文以自示弱也。彼偃武修文之不已,必致弃其故有而不能守,是亦不可不知耳。"

向往和平与稳定,厌恶动乱与战火,是人们的共同愿望。但事情往往并不如人愿。面对一些不稳定的因素或威胁,如果不能果断地采取措施加以应对、解决,国家就不能获得安宁和发展。边疆稳固、社会安定、国家统一、多民族和谐共处,都需要强大的军事力量做后盾。

尽管乾隆帝的话难免有为自己连年用武开脱之嫌,却也有一定的道理。

正是在康熙、雍正、乾隆一个多世纪的不断开拓和经营下,清王朝的疆域达到了鼎盛状态。

当时的版图,西起巴尔喀什湖以东、以南和帕米尔高原,接中亚细亚;东到日本海、渤海、黄海、东海,库页岛、台湾及其附属岛屿;北抵戈尔诺阿尔泰、萨彦岭、外兴安岭至鄂霍次克海;南至南沙群岛的曾母暗沙;西南达喜马拉雅山脉,包括拉达克。陆地总面积达一千三百多万平方公里。而此时的人口,也已达到三亿多。

"图大鸿谋远,宅中燕翼垂。即今大一统,前烈万年知。"乾隆帝的这一感叹,虽然不无虚誉,但在客观上确也体现了清朝前期所达到的新高度。

一个幅员广阔、人口众多、多民族统一的国家,岿然屹立在世界的东方!

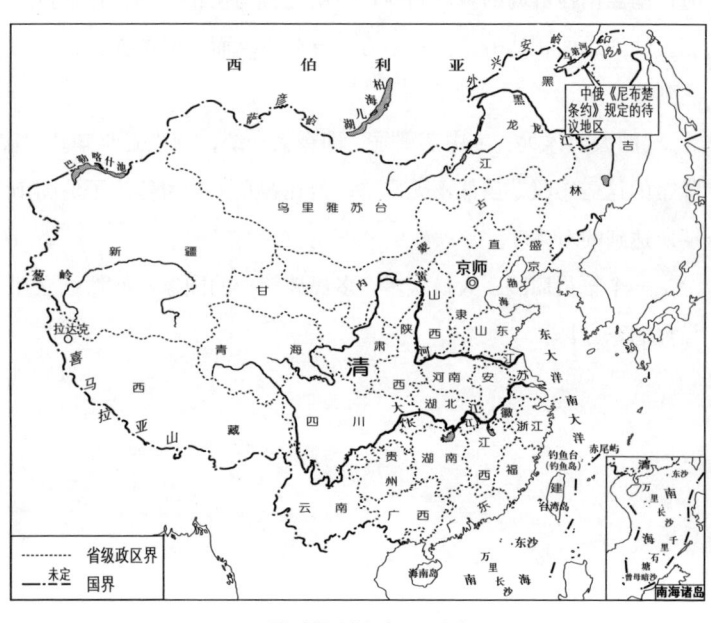

清时期全图（1820年）

收复台湾

清乾隆铜版印本《平定台湾》

明嘉靖二十三年（1544年），一支葡萄牙的商队前往日本国进行贸易，途经台湾海峡时，看到一处岛上秀丽的自然美景，不禁惊呼："I lha Formosa！"意思是"美丽之岛"！这处被赞叹为"福尔摩萨"的岛屿，就是台湾岛。

然而，这座古老而美丽的家园，并非总是那么祥和与安宁。自17世纪以来，她曾经历被外国殖民势力占据的苦痛，也曾饱尝国内战火的煎熬。尤其是明末至清康熙初期，台湾的命运更是一波三折。

荷兰独占台湾，实行强制统治。 台湾，位于中国大陆的东南部，介于东海与南海之间，东临浩渺的太平洋，西面隔台湾海峡与福建省遥遥相望，最近处相距仅一百三十公里。总面积约三万六千平方公里，呈南北长、东西狭之势。由于台湾所处地理位置的重要性，所以清朝时就被视为"东南之锁钥""数省之屏障"。

据考古发现，台湾很早就有人类居住，生息繁衍。

1970年，在台南左镇菜寮溪一带的河床上，考古学家发现了一块灰红色的人类头顶骨化石残片。经鉴定，为一男性青年，年代距今约三万至两万年。1968年，台湾大学的考古队，在台东县长滨乡八仙洞发掘出多达三千余件旧石器时代的遗物，年代距今约一万五千至五千年之间，或者更早些。这就是"长滨文化"遗址。

新石器时代的遗址，被发现者已有一千多处，星罗棋布于台湾岛各处适合人类居住的地方。从文化层来看，有早期的绳纹文化层，中期的圆山文化层、龙山文化层、巨石文化层，晚期的黑陶文化层、红灰文化层等。"大坌坑文化""圆山文化""凤鼻头文化"，即这一时期典型的文化遗址。

考古发掘不仅展示出台湾宝岛上人类足迹的久远性，更为重要的是，揭示了如今被大家通称为"先住民"的人，与中国大陆特别是东南及南部沿海地区古越族等，有着十分密切的渊源。民族学、民俗学等研究对此同样提出了有力的证据。

随着时代的推移,大陆与台湾之间的关系越来越密切,众多从大陆而来的移民,与先住民一起,共同致力台湾的开发和发展,使台湾不断呈现出新面貌。

据文献记载,自汉代起,大陆与台湾的交往就已经正式开始了。其间,既有大陆民众因战乱或迫于生计泛海至台移民求生者,也有随着商业发展海峡两岸民间贸易往来者。尤其是11世纪中叶以后,两地在经济、政治、文化等方面的联系更趋紧密。

在此形势之下,中原王朝也日益对台湾予以关注和经营。

北宋时,开始在澎湖派兵戍守。南宋乾道七年(1171年),泉州知府汪大猷在澎湖"造屋二百间,遣将分屯",隶属于晋江。元朝至元年间(1264—1294年),又在澎湖设立巡检司,管辖澎湖、台湾等岛屿。自此,台、澎地区开始正式被纳入中原王朝的行政管辖。

明初鉴于元朝用兵海上失败的教训,颁布禁海令,并于洪武二十年(1387年)废澎湖巡检司。后来迫于倭寇、海盗的猖獗,嘉靖四十二年(1563年)重又恢复巡检司,但不久因海天遥阻而裁弃。万历二十五年(1597年),才因日本侵扰台湾而设置"游兵",驻厦门遥相指挥。然而,由于兵力单薄,加上军纪废弛,实际上并没能发挥应有的作用,东南海防几同虚设。

更为严重的是,明朝末年统治的衰败、海防的空虚,给了外国殖民者以可乘之机。台湾就是在这样的时势下,不幸被荷兰入侵者占据的。

自大洋航道开辟以来，西方国家即不断将殖民势力投向东方，凭借优势武力，寻求建立贸易基地，以攫取高额利润。中国就是他们的一个主要目标。17世纪初，荷兰摆脱西班牙人的统治后，也加入了这一行列。

明万历三十二年（1604年），由韦麻郎带领的荷兰东印度公司船队，第一次进犯澎湖。福建巡抚徐学聚等坚决反对，积极布防，并派沈有容前往劝谕，晓以利害。韦麻郎不仅没能获得通商的机会，而且在福建官兵严阵以待的情势下，不得不撤离澎湖。

但荷兰并没有因此放弃入侵计划，明天启二年（1622年）再次卷土重来，雷约兹率领的舰队侵入澎湖岛，修建城堡，向福建地方官府提出通商要求，并在沿海地区不断进行骚扰。

明廷对此深感不安，决心以武力将荷兰殖民者赶出澎湖。

经过一番较量，荷兰殖民者在明朝军队的优势包围下，被迫求和。而此时的明王朝，由于受到东北后金政权和西北农民大起义的困扰，已无更多精力顾及东南海防。于是，双方在明天启四年（1624年）八月达成协议：荷兰人从澎湖撤走，福建地方官府应允他们到台湾贸易。这项协议虽然使明王朝暂时获得了澎湖的安宁，但也给荷兰入侵者侵占台湾留下了口实。

荷兰人入侵台湾后，很快在台南站稳脚跟，构筑了热兰遮城、赤嵌城等城堡，并逐渐向中部、东部和北部不断扩充势力。

明天启六年（1626年），即荷兰侵入台湾两年后，西班牙人也入侵了台湾的北部，同样构筑城堡，扩大自己的势力范围。

在利益的驱使下，荷、西双方不断发生冲突，都想独霸台湾。

明崇祯十五年（1642年）八月，荷兰人向西班牙人发起军事进攻，西班牙人战败投降。至此，西班牙人在台湾十六年的统治结束，荷兰人独占了台湾。

在侵占台湾期间，荷兰人俨然以主人自居，对台湾广大民众实行强制统治。

他们强迫所占领的村社签订归附条约，设置长老进行管理；将汉族移民集中于几个特定区域，也实行长老统治，并严密防范汉人和当地居民来往。只要有人敢反抗，就进行残酷的军事镇压或屠杀。

荷兰殖民者还大肆搜刮掠夺台湾的财富。他们不仅将台湾土地称为"王田"，强迫民众交纳赋税，掠夺鹿皮、米、糖等特产，而且以台湾为据点，进行转口贸易，牟取暴利。

据统计，年均从台湾运往荷兰的财富达四十万荷兰盾，相当于四吨黄金！这反映出台湾民众所受到的剥削和掠夺，是何等的残酷！就连荷兰远征队统帅宋克也不得不承认："我们在中国沿岸的掠夺行为，激起了全中国的愤怒和反抗，他们把我们看成是谋杀者、暴君、海盗一样。我们对付中国人的手段确实也是非常刻薄和残酷的。"

郑成功弃文从武，反清复明。 台湾各族人民自然不甘忍受荷兰殖民者的残暴统治，不断掀起反抗行动。

顺治九年（1652年），郭怀一领导的抗荷起义就给了殖民者沉重一击，使他们惶恐不安。尽管参与起义者遭到血腥屠杀，但广大台湾民众的反抗斗志愈加坚定。血的教训使他们更清醒地意识到，除了自己要不断抗争外，获得大陆人民的支持援助，尤为迫切。

郑成功的崛起，给深受欺凌的台湾人民带来了希望。

荷兰殖民者侵入台湾的那一年，即明天启四年（1624年），郑成功诞生于日本长崎平户，崇祯三年（1630年）被接回家乡，居住在晋江安平郑府。

郑成功的母亲是日本人田川氏，父亲是海商兼海盗的郑芝龙。

郑芝龙早年曾跟随海商李旦从事海上贸易，后在日本结识了著名海盗颜思齐，密谋推翻幕府事败后逃往台湾，很快在诸罗山（今台湾嘉义地区）一带形成一大势力集团。明天启五年（1625年），颜思齐病死后，郑芝龙被众人推举为首领，其势力日益扩大，威震南海。后郑芝龙接受明廷的招抚，坐镇东海沿海一带。因剿灭海盗、反击荷兰侵扰屡立战功，升任为福建总兵、福建都督。与此同时，其海商集团势力更加强盛，几乎完全控制了东南沿海的制海权，雄霸海上。

集官、商、盗于一身的郑芝龙，对儿子郑成功寄予厚望，希望他能成为读书人，博取功名，同时希望他将来继承自己多年打拼出来的庞大海商家业。

郑成功没有辜负父亲的期望，他一面努力求学，视读书为"至爱"，一面热衷于骑马射箭和剑法。《春秋》和《孙子兵法》是他最爱看的书，这

郑成功像

为他日后念念不忘故国的戎马生涯做好了铺垫。

然而，郑成功的人生发展方向，却在明清易代的动荡局势中发生了重大转折。

1644年，关外清政权的八旗铁骑破关而入，问鼎中原，拉开了清王朝统治的序幕。这一统治权的位移，对广大汉族民众来说，无疑是一次大考验。

当此关头，那些情系故国、不愿接受满洲人统治的汉族民众，纷纷起兵抗清；明宗室也陆续建立起一些南明政权，以对抗清廷。

"闽海王"郑芝龙加入了这一潮流。他先是接受南明弘光政权的"安南伯"封号，继而于顺治二年（1645年）在福州与黄道周等人拥立唐王朱聿键，建立隆武政权。

出于巩固自己地位和为儿子谋发展的考虑，郑芝龙带儿子

拜谒了隆武帝。这次会面，郑成功与隆武帝谈得很投机，隆武帝当即赐予朱姓，并将其本名"森"改为"成功"。郑成功遂有了"国姓爷"的美称。

但出人意料，郑芝龙在争权夺利的野心驱使下，并不是真心辅佐隆武政权成就一番事业。这使清军于顺治三年（1646年）八月兵不血刃地进入福州，隆武政权覆灭。郑芝龙旋即接受了清廷的招抚。

具有讽刺意味的是，就在郑芝龙率手下归附清廷时，清军却打进了他的老家安平。其妻田川氏因不堪忍受清兵羞辱，投缳自尽。

面对国破家亡，郑成功最后做出痛苦抉择，坚拒了父亲和清廷的劝诱。他曾作诗明志说："天以艰危付吾侪，一心一德赋同仇。最怜忠孝两难尽，每忆庭闱涕泗流。"又到孔庙祭拜，表明心迹："昔为儒子，今为孤臣。向背去留，各行其是。谨谢儒衣，祈先师昭鉴。"毅然弃文从武，矢志走向反清复明的道路。

郑成功于清顺治四年、南明永历元年（1647年）正月在烈屿（小金门岛）誓师起兵后，很快在东南沿海一带形成一支声势浩大的武装力量。他奉南明永历政权为正朔，自称"招讨大将军"，以厦门、金门为基地，展开了与清军的较量。

郑成功势力的不断壮大，对清廷来说，显然是一个很大的威胁。在军事进攻、厉行海禁没能取得成效的情况下，清廷试图以敕封澄海公、挂靖海将军印，以及允给泉、漳、惠、潮四府驻兵等手段，招抚郑成功。但因郑成功始终坚持索地、增饷、不剃发等原则，清廷劝降陷入僵局。

顺治十四年、南明永历十一年（1657年），鉴于"地方频得频失，终无了局"的困境，郑成功决定转变策略，全力北伐南京，希望借此实现反清复明的"中兴大业"。这一策略得到永历帝的肯定，晋封他为延平王，并令其迅速进军江南，勤王迎驾。

但由于部署失当，郑军前两次出兵均遭败绩。

顺治十六年、南明永历十三年（1659年），郑成功不顾西南基本平定、清军即将掉头东向的危险，第三次率全师出击，于七月直逼南京城下。郑成功满怀豪情，挥笔赋诗："缟素临江誓灭胡，雄师十万气吞吴。试看天堑投鞭渡，不信中原不姓朱！"

《郑成功弈棋听军情图》

战机稍纵即逝。面对绝对有利的局势，郑成功因误判而没能采纳部下速战速决的建议，致使错失了一次扭转局面的良机。

在清军六路增援大兵的反攻下，郑军遭到重创，不得不返回金、厦基地。从此，郑成功再无力发动战略性进攻。

驱荷复台，初步经营和治理。清廷乘胜追击，派重兵前往福建，想一举把郑成功所部歼灭。郑成功的处境越来越困难了。

为了避免倾覆的厄运，郑成功在征得大多数将士的同意和支持后，决定进取台湾，以形成"进则可战而复中原之地，退则可守而无内顾之忧"的有利形势。

就在这时，原郑芝龙的旧属、时任荷兰东印度公司通事的何廷斌到厦门，将台湾地图、赤嵌城木制模型和荷军的兵力部署图呈献给郑成功，并极力劝说他收复台湾。这更增强了郑成功进取台湾的信心。

于是，郑成功力排众议，决定进军台湾。他开始积极着手制定攻台方案，训练军队，修造船舰，并采取措施以麻痹占据台湾的荷军。

一切准备就绪之后，郑成功于顺治十八年、南明永历十五年（1661年）二月，由厦门移驻金门，令其子郑经和郑泰、黄廷等留守金、厦。

三月二十三日，郑成功亲率大军，从金门岛料罗湾出发，吹响了攻取台湾的号角。

在何廷斌的引导下，郑军于四月初一抵达鹿耳门港外。台湾民众闻听祖国大军的到来，纷纷前来欢迎，并协助郑军登陆。

登陆后，郑成功一面立即向荷军发动军事攻势，一面致书荷方，强调台湾乃"中国之土地"，希望荷方将其无条件归还。但荷兰殖民者哪里肯轻易就范，仍然进行抵抗。

为了彻底摧垮荷军,郑成功先对赤嵌城展开了攻势。荷军守城司令官猫难实叮在郑军的围攻下,无计可施,不得不签订投降书。接着,郑成功又对荷兰殖民者在台湾的统治中心——台湾城展开进攻。但因荷军炮火猛烈、城墙坚固,郑军多次攻城失利后,便不再强攻,转而采取围困策略。

十二月初,也就是围困台湾城八个月后,郑成功下令炮轰荷军防御工事乌特利支堡,仅用了两个多小时,即占领了该据点。

此时,摆在荷兰殖民者面前的,只有两个选择:要么投降,要么被全部消灭。经过权衡,荷方总督揆一选择了前者。

经过谈判,郑、荷双方达成协议,该协议中文为十六条、荷文为十八条。

顺治十八年十二月十三日(1662年2月1日),双方代表在大员市镇税务所举行誓约、签字、盖章、互换条约仪式。9日,在台江边的沙滩上,举行了隆重的受降仪式。几天后,揆一即带领残余的五百余人退离台湾。

至此,被荷兰殖民者侵占长达三十八年之久的宝岛台湾,重又回归炎黄子孙的怀抱。郑成功也因此成为名垂青史的民族英雄!

厦门大学教授、台湾研究院副院长 邓孔昭

郑成功确实是把台湾当作一个要长远发展的地方来建设的。首先,他要解决自己军队的粮饷供应问题。他把军队分派到台湾各处去开发土地,去进行农业生产。其次,他建了孔庙,又建了学校,使得中国传统文化得以在台湾传播。郑成功收复台湾后,打下了一个很好的基础,真正的中国传统文化从此以后就发展起来了。

收复台湾后,郑成功将之视为抗清的一个长久基地,为实现反清复明的心愿,他开始倾全力着手各方面的建设。

在行政建制上,郑成功将赤嵌地区改作东都明京,设一府二县,即承天府、天兴县、万年县;并设立了吏、户、礼、兵、刑、工六官,六科都事,以及察言、承宣、宾客诸司。这一举措,使台湾从此具备了与内地相同的行政管理体制,为日后治理台湾奠定了基础。

在经济上,郑成功一方面大力推广屯垦,积极鼓励福建、广东沿海一带的人民移居台湾,从事农业生产;另一方面,充分利用台湾的位置优势,大力发展海外贸易,并与大陆进行直接的秘密贸易。

郑成功还大力"劝学",崇重沈光文等文人儒士,积极兴办和发展文化教育事业。

这一切刚刚初见成效,年仅三十九岁的郑成功却于康熙元年(1662年)五月初八去世了。

尽管郑成功未能实现反清复明的夙愿，但他驱荷复台、初步经营和治理台湾的功绩却在历史上留下了光辉的印迹！直到今天，我们仍能从民间祠庙、口碑，以及厦门、南安、嘉义等地所建的郑成功纪念馆，深深地感受到海峡两岸人民对这位民族英雄、"开台圣王"的敬仰之情！

郑成功去世后，郑氏政权内部在延平王位问题上发生分歧，分成拥郑成功之弟郑袭和拥郑成功之子郑经两大派，并因此发生内乱。经过争斗，郑经获胜，执掌了台湾的控制权。

但由于郑经为人不务宏远，器量狭小，不能聚拢手下将士，所以，在与清军的对抗中，屡遭败绩，一些主要将领降清，福建沿海抗清基地完全丧失。

康熙三年（1664年），郑经退守台湾后，着手开发经营台湾。在陈永华制定的"十年成长，十年教养，十年成聚，三十年与中原相甲乙"方略下，台湾呈现出迅猛发展的势头，政权建设、经济发展、人才培养等方面都取得了长足发展，而且更为内地化了。

三藩之乱爆发后，郑经认为进攻大陆的机会来了，于康熙十三年（1674年）亲率大军西征。但这次行动不仅没捞到任何便宜，反而损兵折将、大伤元气，康熙十九年（1680年）随郑经败退回台湾的仅一千多人。

从此，郑氏政权只能进行消极防御了。郑经也再无反清复明的斗志，甚至无心过问政事，终日沉溺于花酒之中。康熙二十年（1681年）正月，为酒色所戕的郑经中风死去。

郑经死后，郑氏政权内部再次因争夺统治权发生动乱。冯锡范等人将负责监国的郑经长子克臧杀掉，拥立自己的女婿、郑经次子——十二岁的克塽继位。

在冯锡范等人的专权下，郑氏政权内部的矛盾更加激化。而接下来的三年，旱灾、水灾、火灾接踵而至，台湾经济大幅度下滑，民生困顿。

台湾的前途，再次陷入迷茫。

厦门大学教授、台湾研究院副院长 邓孔昭

郑经西征的时候，其实反清的大形势还是比较好的，西南有吴三桂，广东有尚可喜，福建有耿精忠。早期在福建的时候，郑经跟耿精忠两股力量是联合的，后来双方产生了利益争端，再加上三藩势力很快就被清军瓦解了，所以说，最后郑经这股势力就变得非常单薄了。当他以自己这一股势力去面对比较强大的清军时，当然就会失败得比较快。

武力与招抚并举，清廷收复台湾。对郑氏在沿海和台湾的动向，清廷一直没放松警惕，在进行军事打击的同时，也尽力想以招抚手段诱使郑氏归降。

自康熙元年至十九年（1662—1680年），清廷与郑经曾进行过十余次谈判。尽管清廷一再做出重大让步，如满足郑经世守台湾、不剃发、不易衣冠等要求，但郑经得寸进尺，不仅节外生枝，更恶劣的是，他竟利令智昏地反复强调如朝鲜例、台湾非中国版图，要求清廷能以外国之礼相待。

这一公然闹分裂的行径，既是对其父郑成功的背叛，更是对中华民族的背叛。显然，清廷是绝不肯答应的。

谈判的同时，清廷也曾进行了武力收复台湾的尝试。

康熙三年（1664年）十一月，福建水师提督、靖海将军施琅，奉命统率周全斌等原郑氏降清水师，开始了第一次远征台湾的行动。但行至洋面遭遇飓风，无功而返。

康熙四年（1665年）三月，施琅再次出征台湾，又因遇到飓风等恶劣天气而返回。

两次尝试失败，清廷便暂时放弃了进攻。因朝廷对施琅心存疑虑，康熙七年（1668年）将福建水师提督撤掉，召施琅进京，授予内大臣。

清廷之所以对施琅心存疑虑，原因在于，他是郑芝龙的属下，随郑氏降清后，又追随郑成功抗清。顺治八年（1651年），他与郑成功反目，再次归降清廷。

郑氏政权的长期存在，终究是清廷的一大威胁。多年的巨额用兵费用，也给清廷造成沉重负担。因对付郑氏而采取的禁海政策，更使沿海民不聊生。彻底解决台湾问题，越来越迫在眉睫。

康熙十九年（1680年），当平定三藩基本上成定局之后，康熙帝遂将关注重点转向台湾。

第二年六月，康熙帝得到郑经病死、台湾内乱的消息，认为时机来了，于是命福建总督姚启圣等规划平定台湾、澎湖事宜。

七月，在李光地、姚启圣的大力保荐下，施琅重新被起用为福建水师提督，加太子少保。十月初六，施琅抵达厦门就任，积极为攻取台湾做准备。

然而，在筹划进军事宜时，施琅却遇到了两个难题。

一个难题是，在平台方案方面，他与姚启圣在进军路线、进攻时机和策略运用等方面，产生了严重分歧。由此带来第二个难题，即施琅与姚启圣职责不清，究竟由谁来做最后决定，难以明确。

为了摆脱姚启圣的掣肘，康熙二十一年（1682年）三月初一、七月十三日，施琅两上密折，向康熙帝详细陈述了自己的进军想法，并请求独掌征剿大权。

康熙帝一开始并没答应施琅的请求，但在李光地极力保荐、大学士明珠附和下，他才下定决心，于十月初六颁谕，命由施琅相机"自行进剿"，而姚启圣等要"同心协力"为出兵备办粮饷。

获得"专征"授权后，施琅大受鼓舞，更加积极地投入了出征前的准备工作。

康熙二十二年（1683年）六月十四日，一切就绪，施琅遂统率水师三万余人、战船三百余艘，在铜山港誓师后，浩浩荡荡向台湾的门户澎湖进发。

六月十六日清晨，清军发动对澎湖的进攻，与驻守澎湖的刘国轩所部展开拼杀。二十二日，施琅改变战术，采用主力分路进攻、余船分股后援的策略，并充分利用战船数量优势，运用"五朵梅花阵"法，将五艘船结成一队，集中攻击对方一艘船。

激烈对攻之后，清军大获全胜，而郑军则损失了一百九十四艘战船、一万五千余人，另有四千八百余人倒戈投降。刘国轩仅带领三百多名将士，从没有清军堵截的吼门，狼狈逃回台湾。

澎湖大捷，清军很受鼓舞，康熙帝也很是高兴。但从全局出发，康熙帝否定了继续用武力进剿台湾的主张，认为招抚才是上策。

台湾方面，由于已无屏障可凭，面对清军的强大攻势，岛内上下人心惶惶。郑氏集团内部发生了激烈动荡，冯锡范等主张南走，刘国轩则力主投降。

和平解决台湾问题，已是大势所趋。

遵循康熙帝意旨，施琅一方面做攻取台湾的准备，一方面则展开招抚攻势。

经过一番交涉，郑克塽上表请降。

八月十三日，施琅率军登上台湾岛，料理善后事宜。十五

康熙朝服像

日,在孔庙举行了隆重的受降仪式。

当收复台湾的捷报传到宫中,正值中秋佳节,康熙帝欣然挥毫赋诗:"万里扶桑早挂弓,水犀军指岛门空。来庭岂为修文德,柔远初非黩武功。牙帐受降秋色外,羽林奏捷月明中。海隅久念苍生困,耕凿从今九壤同。"

悬处海隅二十二年的台湾,终于回到了祖国的怀抱!

但如何处理台湾,朝廷内部意见并不统一。

施琅坚决主张台湾不可放弃。在《恭陈台湾弃留疏》中,他向康熙帝详细阐述了自己的意见,强调:"弃之必酿成大祸,留之诚永固边围。"

康熙帝一开始也颇为犹豫,但台湾弃留毕竟事关重大,权衡再三,他认为"弃而不守,尤为不可",于是采纳了施琅的意见。

康熙二十三年(1684年)四月,清廷在台湾设置一府三县,隶属于福建省。从此,台湾真正纳入中国版图,步入全新的发展轨道。

"平台千古复台千古,郑氏一人施氏一人。"历史是不会忘记那些为台湾回归祖国大陆做出重大贡献的先烈的!

军机处

军机处

自秦始皇创立皇帝制度、确立官僚行政体制后,经过一千八百余年的不断发展演变,中国封建君主专制主义至清朝前期达到顶峰。

康熙帝曾对大臣们说:"朕御极五十余年,朝乾夕惕,上念祖宗遗绪之重,下念臣民仰望之殷,乾纲独断,柔远能迩,体恤臣庶,毫无私心。"乾隆帝更表示:"我朝家法相承,乾纲独断。"

清朝皇帝是如何做到"乾纲独断"的呢?

其中有一个很关键的因素,即军机处的设立和长期存在。

军机处的重要职责——承旨出政。雍正年间军机处初设时,仅有几间比较窄的板屋,其西端因靠近隆宗门北侧之墙,光线非常暗,办公条件很差。不久,由于修缮宫殿,办公地点移到广场对面,完工后回迁原地。到了乾隆初年,始改建为瓦屋,才有了现在的模样。

除了皇宫之外,在圆明园左如意门内、西苑门内等地,也有军机处人员的固定办公处所。而当皇帝出巡时,随从的军机处人员,或在各地行宫宫门值房,或在行营蒙古包、帐房内办公。

如果仅从办公条件的简陋情况来看,军机处似乎无足轻重。其实,恰恰相反,军机处在整个国家权力机制中,具有非常重要的地位和作用,其他任何机构都不能与之相比。

按照清朝的规定,以乾清门为界,横街以南为外朝,乾清门以北为内朝。内阁、六部等衙门位于外朝。而军机处则位于乾清门西侧、隆宗门北侧,紧邻内廷。所谓"军机处系机要重地""军机处系机密之地""军机处地属机枢"等,足见军机处在朝廷权力结构中的重要程度。

在人员设置上,军机处"大小无专官",均为兼官,而且没有属吏,其成员仅有军机大臣和军机章京。

军机大臣,俗称"大军机",由皇帝从满汉大学士、尚书、侍郎、京堂内亲自任命,没有固定名额,少则二三人,多则八九人,其中一人为领班军机,称为"揆首"或"领袖"等。军机大臣有一个十分突出的特点,即都是皇帝欣赏的亲臣、重臣。所以清人吴振棫说:"军机大臣惟用亲信,不问出身。"

军机章京,俗称"小军机",起初由军机大臣从内阁满汉侍读、中书及各部郎中、员外郎、主事中,选其贤能者充任,无定员;嘉庆年间,改为考试选拔,定满汉各十六人,分为四班,每班以一人领班,满语为"达拉密",后来又略有增减。

从体制上说,军机大臣间没有等级差别,但因各人资历、年龄、入值时间,特别是受皇帝宠信程度不同,名次各有前后之分。最后一名被戏称为"挑帘子军机",因为每当觐见时,总是由他来卷帘子,以便领袖军机和其他军机大臣进出。

军机大臣和军机章京之间,也没有隶属关系。但事实上,军机大臣位高、权重、望隆,又身为内阁大学士或部院堂官,军机章京的地位比军机大臣稍低。

而且,在"首崇满洲"的格局下,无论军机大臣,还是军机章京,满洲人都比汉人具有一定优势,虽然不像其他衙门那么明显。

军机处尽管没有衙门，只有值房，但它承担的职责却很不一般。

据清朝官方和私人文献记载，军机大臣总的职责是："掌书谕旨，综军国之要，以赞上治机务。"具体地说，负责为皇帝撰拟并发布上谕、协助皇帝处理奏折、随时听候皇帝召见以备咨询、参预高级和重要官员的选拔、提供赏赐名单和物品、奉命与有关部门官员商议大政、审理重要案件，以及兼充方略馆总裁、内翻书房管理大臣等。

军机章京则"分办清字、汉字之事"，如缮写谕旨、记载档案、查核奏议等。

在众多职责中，承旨出政，是军机处最为核心的一项工作，也最能体现出军机处的特殊性。

皇帝的命令分为谕和旨两大类：凡皇帝特别颁布的为谕；因官员奏请而指示，或因奏请而宣示中外的为旨。谕旨的传达又分两种形式：一是由军机大臣承皇帝之命交内阁办理的，称为明降谕旨，其中，在京衙门的朱批原折，要汇缴到军机处保存，需要用驿站传递的，由军机处封交兵部捷报处发出。第二种形式，是皇帝命军机大臣迅速、秘密办理，而不经内阁之手的，称为廷寄，直接由军机处封交兵部捷报处传递。传递速度，根据事情的缓急程度，分为日行三百里的马上飞递，或者日行四百里、五百里、六百里，以及六百里加紧等。

按照惯例，军机大臣承旨后，一般于第二天将所拟谕旨进呈。但自西陲用兵，军报一到，即立刻递进，所拟谕旨也随撰随进。

如果皇帝在巡幸途中,于马上降旨,军机大臣面奉谕旨后,便命军机章京歇马撰拟缮写,然后飞驰到皇帝驻足的行营进呈。不过,行营之间相距七八十里,需要半天工夫才能到达。军机章京为了显示自己的办事效率,常常匆忙将谕旨缮写好,便飞驰到两个行营之间的尖营(满语称之为乌墩)进行复命。这就是所谓的"赶乌墩"。清人赵翼曾评价这一做法,认为有利有弊:利在"敏速集事";其弊则在于因赶时间,撰拟的谕旨"不能曲尽事理",皇帝每每需要"御笔改定"。

廷寄格式,凡给经略大将军、钦差大臣、总督、巡抚、学政等封疆大吏的,封函上书"军机大臣字寄";给盐政、关差、布政使、按察使的,则书"军机大臣传谕"。上面加盖军机处印信。

军机处成立之初,并没有印信。雍正十年(1732年)三月初三,大学士等遵旨议奏,才定为"办理军机印信",由礼部铸造银质龟钮。乾隆初年,又换铸为"办理军机事务印记"。

军机大印一开始由军机处保管,后为防弊,转归内奏事处收藏,但印的钥匙仍由领班军机大臣随身携带。

另外,军机处还铸有一块金牌,上镌"军机处"三字。平常由值日军机章京佩带,封印后则交给领班章京。

每当用印时,值日章京先到内奏事处将印领出,然后以金牌为凭,向军机大臣请钥匙开启,用完后立即送回内奏事处。

如果平时事情不多,如此办理还不算麻烦,但若一天需用多次，就颇费周折了。军机处为此想出一个变通办法，即每次领出印后，就多盖一些封函，以便随时取用，从而提高了办事效率。

所以，清人赵翼曾感慨道："机事必颁发而后由部行文，则已传播人口，且驿递迟缓，探事者可雇捷足先驿递而到。自有廷寄之例，始密且速矣。"

不设专署，附载内阁之后。 然而，军机处尽管人员精炼、办事效率很高，但成立后很长一段时期，都处于临时性机构的状态，并没被列入朝廷的正式衙门。

在乾隆三十二年（1767年）所修《清朝通典》中，三通馆臣曾这样解释说："军机为机务地，不设专署，附载内阁之后。"

这一解释不无道理。不过，还有一些因素值得关注。

雍正九年（1731年）二月，雍正帝在一道上谕中说："于征剿准噶尔之举，悉心密筹于数年之前，一丝一粟，皆用公帑，而民间并不知国家将有军旅之事。"

同年四月，雍正帝又在另一道上谕中强调：四年（1726年）时，为应对厄鲁特蒙古准噶尔部首领策妄阿拉布坦、噶尔丹策凌父子与朝廷的敌对状态，曾定议由怡亲王允祥等办理北路军需、大将军岳钟琪办理西路军需。因事属机密，办理了几年，内外臣民并不知晓国家将有用兵之举。直到雍正七年（1729年）大军将发，因不得不动用民力，秘密筹办之事才浮出水面。

起初,为办理用兵军需事宜,在户部专门设立一临时办事机构"军需房",以怡亲王允祥、大学士张廷玉、户部尚书蒋廷锡为总管,司官瓮藻负责具体工作。后来,随着形势变化、前线战事吃紧,办公地点移到紫禁城内乾清门西侧,机构名称也改为"办理军机事务处",简称军机处。

张廷玉像

关于军机处设立的具体时间,学术界一直存在不同观点,主要有雍正四年、七年、八年、十年等说法。目前雍正四年、十年两说已被排除,而七年、八年两说仍在争论之中。之所以出现分歧,除因清代官私记载存在差异外,还由于学者们对军需房、军机房、军机处等称谓,以及它们之间的关系看法不一。

一般认为,军机处是由军需房、军机房演变来的。但也有学者持相反意见,如赵志强研究员在《清代中央决策机制研究》一书中认为:"在满文档案中,办理军机事务处、军机处的称谓,从雍正九年一直使用到清末,其间没有任何变化","军机处称谓的混乱,其实只是汉语名称的混乱","军机处名称'演变说'是很难成立的"。

尽管军机处成立的具体时间和称谓仍有疑问待解，但这一机构在协助雍正帝处理军机大政方面所发挥的重要作用，则是显然的。

一波三折的身份转型。不过，军机处的发展在雍正帝去世后，却遇到了波折。

雍正十三年（1735年）十月二十九日，刚刚即位不久的乾隆帝宣布裁撤军机处。其理由是："今西北二路既已无事，而苗疆之事亦少，大小事件既交总理事务王大臣等办理，其军机事务与苗疆事务，亦著交总理事务王大臣等兼理。"

但两年后的乾隆二年（1737年）十一月二十八日，乾隆帝于前一日应总理事务王大臣之请，取消总理事务处后，又下命恢复军机处。他强调说："目前西北两路军务尚未全竣，且朕日理万机，亦间有特旨交出之事，仍须就近承办。"

乾隆帝之裁而复设，一方面说明他对是否要承继军机处这一机构心存疑虑；另一方面，也显示出他对军机处的功能还是较为重视的。更关键的是，他对军机处的定位，开始由主要承办军务转向办理军国机要。

这一思路，为其子嘉庆帝所承继。嘉庆十年（1805年）五月十九日，御史何元烺曾上奏建议"酌改军机处名目"，但嘉庆帝批驳他说："军机处名目，自雍正年间创设以来，沿用已久，一切承旨书谕及办理各件，皆关系机要，此与前代所称平章军国重事相仿，非专指运筹决胜而言。"

军机处诞生之初的"神秘性"，在乾隆初年遇到的波折，以及此后很长一段时期对其身份定性的抉择，成为它迟迟不能转变为朝廷正式机构的重要因素。

军机处身份的转型，是在嘉庆年间完成的，而这与嘉庆帝对军机处的大力整顿密切相关。

大体说来，嘉庆帝主要采取了如下一些措施：为防军机大臣专权，严禁内外官员以所奏之事关会军机处，严禁朝臣阿谀逢迎军机大臣，亲王不得入值军机处，军机大臣与御前大臣不得相兼；对于军机章京人选，命军机大臣将各部院保荐者考选后带领引见，定其名额为满汉各十六人，规定军机章京升迁保举之法和回避之例，出差大臣除军机大臣外不得奏请随带军机章京，禁止留京王大臣将奏章交军机章京办理；为防军机处泄密，命都察院派监察御史一人，在隆宗门内北首内务府值房，轮流值班监视。

经过这一系列建章立制，军机处大为改观。所以，嘉庆二十三年（1818年）续辑成的《嘉庆会典》，正式出现了"办理军机处"的名目，军机处从此成为一个名正言顺的中央权力机构。其后，道光帝又于道光三十年（1850年）颁布《军机处章程九条》，军机处的规章制度得到进一步完善。

然而，随着鸦片战争的爆发，以及西方列强的不断入侵和蚕食，清王朝已是江河日下，处于风雨飘摇之中。在此形势之下，军机处虽然一直存续着，但它所能发挥的作用，已远非此前可比。宣统三年（1911年）四月，随着责任内阁的建立，军机处再度被废除。至此，存在一百八十余年的军机处，退出历史舞台。

军机处所体现的皇权至上。从清王朝的发展轨迹来看，军机处的出现，并不是一个偶然现象，实际上，它与当时的政治权力架构，尤其是皇权的高度强化趋势密不可分。

早在入关之前，努尔哈赤、皇太极两代，即开始着手政治权力建设和行政运作可行性操作。

作为"天命抚育列国英明汗"的后金创始者，努尔哈赤因位高望重，享有至高无上之权，虽以八旗为支柱，但一切"予夺厚薄之权，实操于一己"。然而，关于继承人的问题，让他遇到了难题。当采取设立太子的尝试两次失败后，努尔哈赤于后金天命五年（1620年）九月，推出一项重大举措，即以他的儿孙、侄子为八和硕贝勒，共理国政。这一举措，在后金天命七年（1622年）三月再度被强调。后金权力格局暂时得到平衡。但仅仅过了几年，皇太极继位后，这种平衡便被打破了。根源还是出在诸贝勒对汗位的纷争上。

皇太极先是通过设立总理一切事务的八大臣等，剥夺了诸贝勒直接统兵、理政、断狱的特权，接着又借各种理由对代善、阿敏、莽古尔泰三大贝勒进行打击，从而达到了"南面独坐"的目的，重新确立起君权至上、大权独揽的统治格局。

努尔哈赤、皇太极还通过设立书房和议政王大臣会议制度，进一步加强对权力的掌控。

书房也称文馆，为儒臣入值之所，初设于努尔哈赤时期，皇太极继位后进一步做了规范。

书房的儒臣，一开始称"巴克什"，汉人官员也自称"书房相公""书房秀才""书房臣"。后金天聪五年（1631年），皇太极更定为"笔帖式"。清崇德元年（1636年）三月初六，皇太极又将书房改为内三院，即内国史院、内秘书院、内弘文院，设立大学士、学士为三院官员，另设笔帖式等办事人员。

书房的职责，早期不详。后金天聪三年（1629年），皇太极命儒臣分两班入值，一班负责翻译汉字书籍，一班负责记注政事。

后金天聪六年（1632年），书房秀才王文奎在上奏中曾说："夫今日之书房，虽无名色，而其实，出纳章奏，即南朝之通政司也。民间之利病，上下之血脉，政事之出入，君心之启沃，皆系于此。"可见，"出纳章奏"，也是书房的一项重要职责。既然负责"出纳章奏"，书房的儒臣们自然也就有"参与机务"的使命。

内三院的职责，就是在书房的基础上进一步细化和规范的。

议政王大臣会议制度，草创于努尔哈赤时期，是后金以来适应政权建设，由满族宗室王公和八旗高级官员组成，负责议决军国大政的一种中枢决策形式。其办公地点为议政处。

议政处是一个特殊机构,因为它没有正规编制,而且有官无吏,议政大臣为该机构的主要官员,另设满洲、蒙古、汉巴克什从事具体事务,这些人员皆为兼职。

议政大臣的职责,起初是赞议军国重务、审理重大案件、荐举贤能官员并重,以后随着官制建设的不断成熟和完备,赞议军国重务成为它的主要任务,一般不再承担具体事务。

从人员组成和承担的职责不难看出,议政处是一个秉承君主意志、参与军国大政决策的非常规机构,具有很明显的满洲少数民族特性,主要体现了满洲贵族的利益。

定鼎中原、建立清王朝之后,满洲权贵的统治角色、面临的局面,都有了很大改变。为了应对新的形势,最高统治者一方面吸取借鉴明朝统治模式,进一步完善官僚体系;另一方面也承继了关外时期的一些做法,以确保满洲统治的主体地位。

入关之初,沿设内三院,顺治十五年(1658年)废除,改设内阁。顺治十八年(1661年),辅政四大臣执政,以顺治帝遗诏为名,罢内阁,恢复内三院。康熙帝亲政后,于康熙九年(1670年)八月,再度将内三院改为内阁,始成定制。

这一反复,既体现出清廷最高权力层内部对采取何种统治方式的分歧和犹豫,也表现出满洲权贵民族优越感心理的狭隘性。

康熙帝确立内阁后,依照顺治十五年成例,定大学士加殿阁衔,品级为正五品。这比正二品的六部尚书明显低了很多。雍正八年（1730年），雍正帝做出调整，定大学士为正一品，尚书为从一品。至此，内阁高居其他部院之上，大学士成为位极人臣的要职。但直到乾隆十三年（1748年）底，大学士员数和三殿三阁兼衔、出缺开列，才最终形成定制。

作为内阁的最高官员，大学士的职责是："掌议天下之政，宣布丝纶，厘治宪典，总钧衡之任，以赞上理庶务。"

不过，鉴于明朝内阁首辅权重的教训，清代皇帝对大学士是严格控制或防范的，方法是：不设首辅，令学士、侍读参与票拟，军国大政仍主要由议政大臣商议，利用奏折制度直接下达谕旨等。总之，内阁是秉承皇帝意旨办事的。

尽管如此，皇帝对内阁仍不满意。一是由于内阁位于外廷，容易泄露秘密事宜；二是内阁办事效率不是很高，特命满汉大学士、尚书、左都御史而成立的稽查钦奉上谕事件处，就是为解决这一问题而设的。

不仅内阁不能令皇帝满意，延续下来的议政王大臣会议制度，同样存在问题。

中国社会科学院历史研究所研究员 杨珍

议政王大臣会议是清代颇具特色的一种制度，他们议决的内容除了军国要务外，还有制定法规等，入关之后，议政王大臣会议仍然有很大的权力。

入关之初,由于政局尚不稳定,议政大臣在制定军国大政方面,确实发挥了积极的作用。但由此也形成一个隐患,即权力过大。谈迁曾说:"清朝大事,诸王大臣佥议既定,虽至尊无如之何。"这种局面,显然不利于皇权的行使。

议政大臣虽然人员较多,但大多素质较差,且不谙政务。另外,议政大臣"会议之事,俱系国家重大机密事务","议政所关,殊为机密重要",但因队伍庞杂,泄密时常发生。如此情形,议政大臣又怎能发挥应有的作用呢?

顺治至乾隆诸帝也曾想方设法解决这一难题,但收效并不大。

军机处诞生后,议政大臣越来越边缘化,渐渐成为满洲大学士、尚书所兼的虚衔。到了乾隆五十八年(1793年)十月,乾隆帝宣布废除议政虚衔。他说:"自雍正年间设立军机处之后,皆系军机大臣每日召对,承旨遵办。而满洲大学士、尚书,向例俱兼议政虚衔,无应办之事,殊属有名无实。朕向来办事只崇实政,所以议政空衔,著不必兼充。"议政王大臣会议制度就此退出政治权力舞台。

书房尽管经内三院而最终发展成内阁制度,但起初的影子仍有所保留,并呈现出新的形式。

顺治十七年(1660年)六月,顺治帝曾颁谕,命翰林院选翰林官轮班入值,以备自己随时召见,咨询顾问;并令在景运门内建造值房。这项举措,与当年努尔哈赤创建书房时颇为相像。但仅仅运行了一年半,这项举措就因顺治帝的去世而取消了。

康熙帝亲政后，又推出一项措施，于十六年（1677年）十月，谕令从翰林官内选择博学、善书者，入值内廷。经大学士等讨论后，十一月十八日，张英、高士奇首批入选。十二月十七日，他们在南书房正式侍从康熙帝。

康熙像

南书房位于乾清门内、乾清宫的西南隅，又称南斋、大内南书房，原为康熙帝读书之所。

南书房翰林大多为汉人，没有固定名额，主要职责就是侍从皇帝讲经论史、诗文唱和，以及编校图书等。

虽然康熙帝告诫入值南书房者不得干预外事，但有时也让他们参与特颁诏旨的草拟、书写工作。所以，宗室昭梿在《啸亭续录》中说："本朝自仁庙建立南书房于乾清门右阶下，拣择词臣才品兼优者充之，康熙中谕旨，皆其拟进。"南书房翰林的重要性由此可见一斑。

几经调适和抉择，清王朝的权力架构越来越成熟。清人管世铭曾说："国家初制，章疏票拟主之内阁，军国机要主之议政处，其特颁诏旨，由南书房、翰林院视草。自雍正初年设军机处，领以亲重大臣，复选庶官之敏慎者为满汉章京襄其事，机要章奏皆下焉"，"而政本悉出机庭，兼议政、视草而一之"。

南书房

这一中枢权力演变轨迹,也正是清代皇权不断强化的过程。

从大的趋势来看,军机处的产生,既是皇权不断强化的结果,又反过来进一步为皇权高度强化提供了强有力的支持。因为,无论形制,还是职责,军机处可以说集内阁、议政处、南书房之大成,非常有利于皇帝集中权力,统一意志,能够快速、有效地推行政令;同时,也在很大程度上预防、排除了来自宗室、八旗权贵和朝中重臣等的干扰、掣肘,较好地处理了长期以来皇权与相权、臣权等的矛盾。

而从雍正帝的角度来看,当年摄政王多尔衮的目空一切、辅政大臣鳌拜的飞扬跋扈、康熙帝的两立两废太子、诸皇子谋求储位的明争暗斗,以及各种势力对清廷的敌视、少数民族政权欲与清廷分庭抗礼等血与火的事实,历历在目,这迫使他不得不建立强有力的权力运行机制,以化解各种明显或潜在的危机。西北准噶尔部的动荡和挑战,恰好为雍正帝创设军机处提供了一个难得的契机。后来军机处的发展表明,这一制度更新,具有不可小觑的重要意义。

军机处尽管被赋予了很大权力,但有一个事实不容忽视,那就是它始终是在皇帝的掌控下行使职责的。

清人赵翼评价军机处说:"雍正以来,本章归内阁,机务及用兵皆军机大臣承旨。天子无日不与大臣相见,无论宦寺不得参,即承旨诸大臣,亦只供传述缮撰,而不能稍有赞画于其间也。"而经嘉庆帝大力整顿后,军机处的权限更受到了严格控制,不仅难以与过去的相权相比拟,甚至连雍正、乾隆时期的情形也不如了。

乾隆帝曾一再强调:"我朝家法相承,乾纲独断";"我朝自定鼎以来,综理政务,乾纲独揽"。"乾纲独断"也好,"乾纲独揽"也罢,表达的是同一个意思,即皇权至上。

既然皇权至上,军机处也就只能成为皇帝意旨的传达机构了。

南开大学教授冯尔康先生在《清朝简史·序》中曾强调:中国历史上皇权和相权的分配,从秦汉的丞相制,到唐代的三省制,再到明朝的内阁制、清代的军机处制,是相权越来越缩小,君权越来越加大。相权根本无法与皇权抗衡,从而也难以对专制皇权的弊病起到补救与调整的作用。清朝皇帝置宰相于幕僚地位,大权独揽到无以复加的地步,使皇权发展到高峰。但是像任何事物一样,当其到达顶点时,也就是走下坡路的开始。而清代皇权变化较快,由于外国的侵略和内部的演变,清代后期皇权在事实上衰落了,后来不得不宣布预备立宪,预示着典型的封建君主专制行将结束。

历经岁月洗刷,军机处已变得不再神秘。但当人们零距离接触它时,仍不免会产生无限遐想。

军机处留给世人的,并非一排看上去不起眼的房子,而是"一面镜子":不打破权力怪圈,国家就不能在本质上走向正常发展的轨道。

摊丁入亩

清木刻本《耕织图》

《诗经》中说:"溥天之下,莫非王土;率土之滨,莫非王臣。"这句话所表达出的以"王权"为核心的理念,不仅规定了中国几千年的总体发展框架,而且也成为执政者治理社会的合法性依据。在此理念主导之下,广大老百姓不管愿不愿意,都得自然承担起交纳赋税和提供劳役的责任。

马克思曾揭示:"赋役是官僚、军队、教士和宫廷的生活源泉,一句话,它是行政权力整个机构的生活源泉。强有力的政府和繁重的赋税是同一个概念。"这种情形,对以农立国的中国传统社会来说,尤为重要和关键。

清朝的赋役制度,就是在前代的基础上确立起来的,同时又呈现出新的发展趋势。其中,雍正年间"摊丁入亩"制度的普遍推行,可以说是中国特别是清朝赋役史上的一件大事。

整顿赋役制度,编纂《赋役全书》。明朝的灭亡,原因很多,但官府的暴敛横征和战乱造成的巨大破坏,尤其对广大老百姓和社会危害无穷。

崇祯十年(1637年),张岱在一首诗中曾感慨道:"因思世界尽如此,死兵死赋均死耳。辽东一破如溃痈,强蠡流毒势更凶。民间敲剥成疮痍,神气太泄元气疲。"

与昔日的情景大为不同,明末整个社会所呈现的,则是芸芸众生"冻骨无兼衣,饥肠不再食,垣舍弗蔽,苫藁未完,流移日众,弃地猥多"的凄惨和悲凉!

如此情形,民命何以堪?社稷又何所保?

面对"地亩荒芜,百姓流亡,十居六七"的严峻现实,新入主中原的清朝统治者清醒地意识到,若不对明朝积累的弊政大加厘剔,就难以维系民心,稳固和进一步扩大对全国的统治权。

关注和着手整顿赋役制度,遂成为清廷应对和化解社会危机的主要突破口。

入关之初,一些官员即开始提出"议国用""定经赋"的呼吁,期望恢复正常的赋役制度,以使社会发展走向正轨。

顺治元年(1644年)十一月,山东道监察御史宁承勋,更率先倡议对征收赋役依据的《赋役全书》进行重新编纂。他强调:"赋役之定制未颁,官民无所遵守。"

《祈雨图》

中国社会科学院荣誉学部委员 郭松义

从明末崇祯年间开始，一直到顺治十八年（1661年）以后，全国性的战乱才告一段落，当时的社会经济是非常凋敝的。因为战乱，很多地方原来交税的底子都遗失了，或者被烧毁了，这是个大问题。因为你要去征税，总得知道人家有多少地、多少人，总得有个凭证。所以，顺治年间，就提出要编纂《赋役全书》。

然而，就当时来说，编纂《赋役全书》又谈何容易？且不说清王朝当时尚未站稳脚跟，更直接、主要的困难在于，由于明清鼎革的战火，明代各地的户口、土地等赋役册籍，几乎荡然无存。

当此一筹莫展之时，顺治三年（1646年），御史张懋熺在《请成赋税定额方册疏》中，提供了一条重要线索。他说，虽然各府县的册籍经战火"存去不可考"，但存藏于户部的原明朝《赋役全书》《会计录》二书，并未听说被焚毁，如果以此为凭据，那么，赋税所入之数，也就可理清十之八九了。

张懋熺的建议显然起了作用。

顺治三年四月，摄政王多尔衮颁布了一道谕令，命大学士冯铨前往户部，与二等公英俄尔岱"彻底察核"，并责成中央和地方有关部门官员"严核详稽"，以拟定《赋役全书》。

随后，多尔衮又特命户部右侍郎王弘祚专职负责编纂《赋役全书》工作。

尽管如此，限于客观条件，《赋役全书》的编纂进行得仍然非常缓慢。顺治帝亲政后，继续推进这一工作。

就这样经过十多年的努力，到顺治十四年（1657年）七月，一部纲举目张、官民两便的《赋役全书》才算告成。

《赋役全书》依次开列地丁原额、荒亡、实征、起运存留各款，并将新垦地亩、招徕人丁编入册尾。每州县发给两本，"一存有司，一存学官"。

顺治朝《赋役全书》的编纂，应该说取得了比较大的成效。这可从两方面体现出来：

一是，以明朝万历年间则例为基准，确定了征收赋役的定额原则。不过，"万历年间"是个很模糊的概念，该时期赋役征收的额度前后多有变化，究竟以哪一年为准，清廷并没明说。所以，顺治帝一再强调的"钱粮则例，俱照明万历年间"，只是一个大的原则。

李之芳在浙江主持编纂的《浙江省赋役全书》，对了解清初的赋役征收内容，提供了一个重要参照。该省赋役主要由两大块组成：一为明万历年间未加派辽饷前的额数；二为辽饷加派及清初新增名目，计银56.4万余两。

浙江省的例子，大体上反映了当时赋役应征额的情形。何平教授在《清代赋税政策研究》一书中指出，"清代赋税应征额主要由两大部分组成，一是万历年间未加派辽饷前的原额，一是清初新增赋额。清初新增赋额部分，主要是对辽饷加派的沿袭、部分新增加派和因折价提高导致的赋额加增"。总的看来，清初的赋役额，普遍高于明万历年间额，而低于崇祯年间额。

需要注意的是，清初沿袭的辽饷，名称已改为"九厘银"。之所以称为"九厘银"，是因为明万历四十六年至四十八年（1618—1620年）征收赋役时，每年分别加增了三厘五毫、三厘五毫、二厘，合计为九厘。清廷虽然于入关头三年声明蠲免辽饷、剿饷、练饷等加派，以舒民困，但实际上做得并不彻底，在大量军费开支等的压力下，只好改头换面，将"辽饷"改为"九厘银"，继续向老百姓征收。

顺治朝编纂《赋役全书》的另一个明显成效，是对赋役条款和程序做了简化，继续实行一条鞭法。

据康熙年间直隶灵寿县所编县志记载，该县征收的赋役款目，明万历条鞭有：田地、夏税、秋粮、马草、驿递工料、马价、草料、银差、力差、听差、里甲额支待支杂支。清顺治年间则简化为田地、地银、丁银三项。

福建省宁化县县志所载明代赋役款目，更为繁杂，其中万历年间有：田地、粮料官折、纲银、均徭、机兵、驿站；明季加派有：辽饷、藩府膳田租银、加派书手铺兵工食银、皇陵工料银、均粮银、溢地银、练饷、房号税契、典铺、樽节纸赎银。清初则简化为田地、丁银、地银、匠班银四项。

宁化、灵寿二县，大体上反映出南、北各地的赋役征收情况。

通过归并合则，明朝后期以来名目纷杂的赋役款目，得到大力整顿。从此,清代的赋役基本上规范为田赋和丁银两大项。

康熙二年(1663年),清廷又采纳工科给事中吴国龙的建议,将"一应杂项俱称地丁钱粮",于康熙三年(1664年)开始执行。

后来,康熙帝鉴于"户口土田,视昔有加,按户增徭,因地加赋,条目纷繁,易于淆混",于二十四年(1685年)下令重修《赋役全书》,规定"止载起运、存留、漕项、河工等切要款目,删去丝秒以下尾数",称为《简明赋役全书》。

这些举措,诚如陈支平教授在《清代赋役制度演变新探》中所揭示的:"说明了清初的赋役整理,并不仅仅是重复明代万历年间的一条鞭法,而是把封建社会晚期的赋税一体化推进了一大步。如果清初的赋役制度整顿,没有把赋役的折银化和归并合则推向深入,那么,清代中期的摊丁入亩制度的顺利实行,显然是不可能的。因此可以说,清初推进赋役折银化和把差徭、上供、杂办等正赋化,是清代中期实行摊丁入亩而最后达到赋役一体化的必不可少的前提。"

土地清丈与户口清查。与《赋役全书》相配套,清廷还对土地和户口情况进行了一定程度的清查。

顺治元年(1644年),清廷即下令对各地无主荒地进行统计,但具体执行情况不详。三年(1646年),批准御史黄赞元之请,

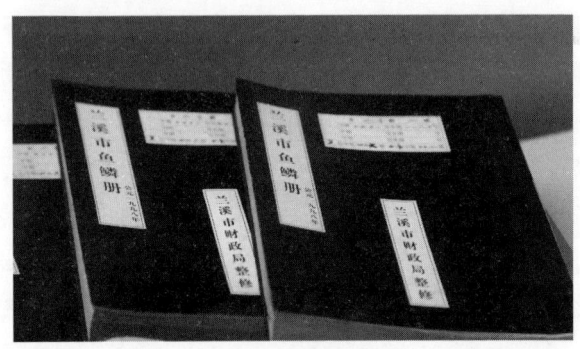

明代《鱼鳞图册》

对江南之地进行清丈。然而，直到十年（1653年），清廷才明确了以鱼鳞老册为准、对不清者进行丈量的原则。第二年，又制定官方丈量规制：各省州县地用步弓，广一步、纵二百四十步为一亩，由户部统一铸造颁发；旗屯地用绳，一绳为四十二亩。并规定自十二年（1655年）起开始清查。但接下来的清查，并非是全面的土地清丈，而只是针对有地无粮、有粮无地者。直到十四年（1657年），才编制成鱼鳞图册。

户口清查与土地清丈同时起步。顺治四年（1647年），清廷正式下令编审人丁。第二年，再次下令编审户口，并责令州县官照旧例编制黄册。十三年（1656年），顺治帝下令将人丁编审和编制黄册合而为一；并把黄册改为简明黄册，只登载当时的里甲、熟地活丁及应征钱粮总数，其他款目一概删除。第二年，简明黄册编制完成，正式颁行。

以户为主、以田为辅的黄册，和以田为主、以户为辅的鱼鳞图册，两者一经一纬，与《赋役全书》相表里，为赋役征收提供了重要依据。

然而，从鱼鳞图册和黄册的编制进程看，显然是滞后于《赋役全书》的编制的。这说明，清廷对土地和户口的清查，目的不在土地、户口本身，而是为保证赋役的顺利征收和达到规定额度服务的。

正是出于这一目的，清廷还制定实行了易知由单、截票、印簿、循环簿、粮册、奏销册、赤历册、序册等，作为征收赋役的辅助手段。

苦乐不均。任何一项制度，不管出发点多么美好，但如果在执行过程中走调变形，其结果往往会适得其反。

清廷尽管对赋役制度建设狠下了一番功夫，但在实际运作过程中，仍然弊端丛生，广大拥有少量土地或无地的老百姓，不堪其苦。

赋役征收过程中存在的弊端，主要表现为"偏苦不均"，或者说"苦乐不均""偏枯不公"。

之所以会出现偏苦不均，在于负责征收赋役的各级官吏、差役等，与拥有大量土地的地方豪绅互相勾结，徇私舞弊，放富差贫，转嫁责任，致使老百姓被迫承担了本不应该由他们承担的沉重赋役负担。

这就导致了富者田连千顷而不役,贫者有田数亩或数十亩而因役破家、逃亡,甚至"人已亡而不肯开除,子初生而责其登籍。沟中之瘠,犹是册上之丁;黄口之儿,已入追呼之檄。始而包赔,既而逃亡,势所必然"等种种赋役不均的普遍现象。老百姓为之苦累不已,度日如年。

不仅如此,田赋、丁银之外,官府还往往以各种借口,向老百姓征收比正赋高出三五倍的"附加税",如"火耗""雀耗"等。这些"赋外之赋",更是让老百姓苦上加苦。

至于地方官吏强加在老百姓身上的"私派",更是名目繁多、花样翻新、层出不穷。就连康熙年间任湖南偏沅巡抚的赵申乔也不得不感慨:"百姓憔悴,虐政已非一日,而害民尤甚者,莫如私派。"广东巡抚王来任也说:"蠹国殃民,莫此为甚。"

对此,康熙皇帝也深表关注。在一道上谕中,他指出:地方官员"每于正项钱粮外,加增火耗,或将易知由单不行晓示,设立名色,恣意科敛,或入私蠹,或贿上官,致小民脂膏竭尽,困苦已极","此等情弊,深可痛恨"!处在这样一种艰难境地,广大老百姓也只能"卖儿鬻产,茕茕孑遗,不死即逃"了。

竭泽而渔、杀鸡取卵式的横征暴敛,虽然可以暂时满足一些官吏的贪欲,但对整个国家的发展来说,则无疑是一种灾难,尤其对广大老百姓而言,更是一种没顶之灾。

如果任其发展下去,不要说赋役征收难以保证,就连国家正常的运转也会很成问题。"水可载舟,亦可覆舟"的历史教训,清统治者不会不清楚。

为了舒缓民困、解决赋役征收苦乐不均难题，清廷和一部分地方官员也曾做过一些努力和新的尝试。

如清廷多次下令清丈土地、编审人丁，以恩蠲、灾蠲、普蠲或部分蠲免等形式，豁免地方钱粮，在一定程度上减轻老百姓的负担。

在赋役征收环节中，推行三联票法、四联票法、滚单法；停止使用靡费无益的序册、赤历册等；让花户，即纳税户，到设在城乡指定交纳赋税的地点，进行"自封投柜"，以防止官吏、书手等徇私舞弊、滥派加征，为害乡里。

滋生人丁，永不加赋。康熙五十一年（1712年）二月，康熙帝更推出一项重要举措，即"滋生人丁，永不加赋"。

耕种图景

这项举措，是康熙帝鉴于清王朝建立六十余年以来，清廷的统治已经相当稳定，社会经济呈现上升发展态势，国库收入充实，户口日益增加，在长期鼓励垦荒政策引导下，土地开发基本上没有太大增长空间。

如此情形，在康熙帝看来，已没有继续增加钱粮的必要，而他想要搞清楚的，是各省编审人丁增长的实际数字。所以，二月二十九日，他在对大学士、九卿等的上谕中强调："将直隶各省见今征收钱粮册内有名人丁，永为定数，嗣后所生人丁，免其加增钱粮，但将实数另造清册具报，岂特有益于民，亦一盛事也！"

不久，大学士、九卿遵旨议奏："嗣后编审人丁，据康熙五十年征粮丁册，定为常额。其新增者，谓之盛世滋生人丁，永不加赋。"

从此，清廷遂以康熙五十年（1711年）的丁数2462.1334万口为基准，将丁银征收固定为三百三十五万余两。

值得注意的是，所谓"丁数"，有其特定的内涵，何炳棣教授在《明初以降人口及其相关问题》中辨析道："自16世纪或者更早之时起，丁已替代户、口而成为登记数字中的核心部分"，"清政府知道户口编审早已陈旧失效，因此不得不以编审丁口来代替"，但自"顺治八年至乾隆五年（1651—1740年）的丁数从来不代表人口"，也就是说,"丁统计数既不是人口数,也不是户数或纳税的成年男子数,而只不过是赋税单位"。

不过,"盛世滋生人丁,永不加赋"在实行中也遇到了问题。按照清廷规定,凡编审人丁,"六十以上开除,十六以上添注"。那么,出现固定丁额不足的情况时,该如何处理?

为解决这个矛盾,户部于康熙五十五年(1716年)制定了一个擦除、擦补的办法。规定:除按地派丁外,凡是按人派丁的,如果一户开除一丁、新添一丁,就以新添之丁抵补开除之丁;而如果一户开除二、三丁,不够抵补,就以亲族丁多的抵补;再不足,则以同甲同图粮多的顶补。直到原额平衡后,其余新增人丁,才属于"永不加赋"的范围。

李华教授在《清朝前期赋役制度的改革》一文中指出:康熙帝"滋生人丁,永不加赋"的举措,"对无地少地的劳动人民有一定的好处。在当时的情况下,地主阶级田多丁少(或因'优免',根本不纳丁税),劳动人民丁多地少(或根本没有土地)。这一种赋役制度的改革,如果确能认真执行的话,尽管劳动人民的丁额负担并没有减轻,但丁税有了相对固定,从而免于到处逃亡,生活得到一定程度的安定。从康熙朝统治者来说,实行这一改革,其目的是把劳动人民重新吸引到大片未开垦的荒地上来,不但澄清了户口,同时也增加了田赋收入"。

当然,从实质上看,"滋生人丁,永不加赋"并没能从根本上触动大土地拥有者的利益。

清人吴振棫曾强调:"滋生丁既永不加赋,而额丁子孙多寡不同。或数十百丁承纳一丁;其故绝者,或一丁承一二十丁;或无其户,势难完纳。"所以,田赋、丁银分征造成的矛盾,仍然十分严重。

这一矛盾,不仅普遍存在于各省之间,即使同一省内的各府或各县之间,甚至一县之内,也很不平衡。其结果,"在民有苦

《盛世滋生图》

乐不均之叹，在官有征收不力之参，官民交累"。

清初以来赋役不均、苦乐不均的难题，成为制约社会发展的一大瓶颈；而如何妥善处理地、丁之间的矛盾，则成为走出困境的一条重要出路。

地、丁合一，摊丁入亩。据《清朝文献通考》记载，各省征收丁银，在形式上并不尽同："有分三等九则者，有一条鞭征者，有丁随地派者，有丁随丁派者。"

这表明，地、丁合一已在部分地区开始实行。

地方上一些官员针对赋役不均进行的变通摸索，更使这一趋势得到了推进。

如江苏吴县知县雷挺，于顺治十三年（1656年）提出"田均而役亦均"的办法；江苏巡抚韩世琦鉴于苏州、松江二府"田归不役之家，役累无田之户"的弊端，于康熙元年（1662年）提出"均田均役"法，五年（1666年）奉旨实行；康熙十三年（1674年），江苏布政使慕天颜针对苏州、松江、杭州、嘉兴四府赋役繁重的情况，也主张实行"均田均役"法，并具体制定了一套实施方案，即《征收条约》。

与"均田均役"法不同，直隶乐亭县知县于成龙认为，赋役不均的根本原因在于"田与丁分"。所以，他于康熙二十年（1681年）提出"均田均丁"法。湖南安乡县也采用了类似的思路，部分推行了"人丁随粮摊"举措。

其他像河南、四川、湖南、湖北等省，也有一些州县于康熙五十一年（1712年）以前，开始筹划或实行摊丁入地。

一时间，"善变法者，不若并丁之名而去之，条目归于一，人既易知而事不繁，何用巧立诸科以滋文案"的认识，成为一种趋向。

尽管以上变通摸索有的没能实施，有的仅在小范围内尝试，甚至在实行过程中遇到种种阻挠和羁绊，但坚冰一旦有裂缝，其融化之势就很难阻挡了。

基于这样一种趋势，康熙五十五年（1716年），山东道监察御史董之燧率先上疏，提出"确查各县地亩若干，统计地丁、人丁之银若干，按亩均派"的意见，呼吁在全国实行摊丁入亩。在他看来，这种办法的可行性在于：对有地者来说，"所加无多，不为苦"；而对无地者来说，则可以"免赔累"。

董之燧的呼吁应该说顺应了形势发展的需要，但户部却以"各省州县地亩人丁，原有不同，随地制宜，相沿已久，未便更张"为由，否定了他的建议。

但耐人寻味的是，户部尽管否定了董之燧的建议，却在这一年批准"广东所属丁银，就各州县地亩，分摊征收"，分摊的标准为：每地银一两，均摊丁银一钱、六厘、四毫不等。

随后，四川也成为摊丁入亩的试点省份。

雍正继位后，一些大臣纷纷上奏，吁请实行摊丁入亩。他们的理由是："总使丁不离地，地即有丁，既免贫富不均之叹，亦免逃亡转赔之苦,更免吏胥贿嘱之弊,有裨国计,有便民生。"

对大臣们的吁请,雍正一开始是比较犹豫的。

雍正元年(1723年)六月初八,当山东巡抚黄炳奏请援照浙江省之例"按地摊丁,以苏积困"时,雍正不仅没答应他的请求,而且予以严厉批评,声称:"此等大事,岂是如此草率乱举的。"认为:"此等事外之事,不必搜寻。"并告诫说:"你要着实小心留心地方,再有一点差误,王法三尺,断不容也。"

七月十二日,刚上任不到五个月的直隶巡抚李维钧,也上疏请求将所属"丁银摊入田粮征收"。雍正批示道:"此事略早了些,更张之事在丰年举行好,候部议来再定。"而当李维钧八月初六进京陛见时,雍正再次当面对他说:"摊丁千古更张之事,你才做巡抚,不要轻举。"

不过,雍正也并非对摊丁入亩一事不关注,只是在等待时机或契机。

九月初八,户部对李维钧的上疏做出答复,认为"应如所请,于雍正二年(1724年)为始,将丁银均摊地粮之内,造册征收"。

此时,雍正还没明确表态,而是下令让九卿、詹事、科道对此事再进行商议。

九月二十二日,九卿提出商议意见:"应令该抚确查各州县田土,因地制宜,作何摊入田亩之处,分别定例,庶使无地穷民免纳丁银之苦,有地穷民无加纳丁银之累。"

雍正对九卿提出的意见很不满意,认为他们依违瞻顾,只想

摊丁入亩 | 311

迎合自己，并没真正据理详议。而且，就事情的处理来说，九卿延迟一天，内而六部、八旗，外而各省，都会因此迟延。

显然，从雍正的训斥来看，九卿虽然意在揣摩上意，但并没真正体会到雍正令他们再度商议的真实意图。如果他们能明确支持户部的意见，雍正也就不用再费口舌了。

经过这番反复，雍正最后明确表态说："著仍照户部议行。"

这样，雍正元年（1723年）九月二十二日，便成为历史上一个关键性的日子。

全国范围的重大赋役改革，就此拉开序幕。

李维钧请求实行摊丁入亩，虽然主要针对直隶一省赋役不均的情形而发，但其他各省也存在同样的问题。所以，当李维钧的请求得到雍正批准后，各省也都纷纷效仿，先后上疏请求实行摊丁入亩。

除广东、四川两省外，直隶、福建于雍正二年（1724年），山东于三年（1725年），云南、河南、陕西、浙江、甘肃于四年（1726年），江苏、安徽、江西于五年（1727年），湖南、广西于六年（1728年），湖北于七年（1729年），也先后实行摊丁入亩，并迅速展开。个别省份实行得较晚，如山西开始于乾隆元年（1736年），而且直到光绪十年（1884年）才全部实行；贵州则开始于乾隆四十二年（1777年）。还有一个例外，即盛京，它没有实行摊丁入亩，原因在于户籍无定。

在实行摊丁入亩时，由于各省各地实际情况不同，地赋每两所摊丁银数是不一样的。最高的像湖南一些县，高达八钱六分一厘；福建部分地区也高达三钱一分二厘；少的则仅为一毫四丝。

之所以会出现这种多少不等的情况：一是各省、各府州县的地、丁比例不同；二是征收依据不一，有的省份以粮载丁，有的省份则按亩计算。另外，在制定摊丁方式时，有的省份以全省为单位，统一分摊；有的省份则以州县为单位，自行决定分摊比例。

大体来看，地多、丁少的，地亩分摊丁银率低；相反，地少、丁多的，分摊丁银率则高。

除山西等个别省份外，各省摊丁入亩虽然在实行过程中遇到了一定的阻力，但整体来说，进展得还是比较顺利的。

"摊丁入亩"在雍正朝全面推行，尽管受历史条件的限制，存在不少缺陷和漏洞，然而，其积极意义不容忽视。

冯尔康教授在《雍正帝》一书中评价道：分别征收人口税和财产税，是中国赋役史上的一贯做法；而且人口税的徭役很重，在历史上常常成为农民造反的根由或爆发点。为此，历代王朝不断进行改革。

雍正帝的摊丁入亩制度，是全面实现人丁徭役税从土地税征收的制度，使得人口税与财产税合一。于是，无地人口，不再有人口税的徭役负担；有田产的民户增加了土地税额。所以，摊丁入亩实质上是政府从人口税、财产税分征转变为征收单一的财产税。摊丁入亩，对于政府讲，并没有减少税收；而对百姓讲，没有名义上的人口税了。这是赋役制度前所未有的革新，是继承唐朝、明朝的改革，又是历史上所有改革家所未能想象、未能做到的赋役合一。

从顺治朝整顿赋役制度,到康熙、雍正朝尝试变通、推行摊丁入亩的进程来看,尽管没能根本改变历史的积弊,但多少缓和了丁粮分征、丁役不均、放富差贫的社会不公现象,使老百姓的沉重负担有所减轻、人身依附也相对松弛。总的来说,摊丁入亩的普遍实行,收到了抑富、益贫、利国的效果。

清王朝之所以在乾隆时能达到发展高峰,与摊丁入亩的普遍推行有很大关系。

清初学者黄宗羲曾感叹:"斯民之苦暴税久矣,有积累莫返之害,有所税非所出之害,有田土无等第之害。"

黄宗羲的反思,在一定程度上揭示了清王朝统治的症结所在。但问题是,如果国家的政体不改变,当政者不从根本上解决老百姓的土地问题、制定合理的税收制度等,那么,老百姓苦于暴税的命运就难以得到实质性的扭转,所谓民生,也就只能成为一纸空谈。

战国时期的孟子,说过这样一番话:"得天下有道,得其民,斯得天下矣。得其民有道,得其心,斯得民矣。得其心有道,所欲与之、聚之,所恶勿施尔也。"民心向背,怎能不高度重视!

文治与文字狱

雍正读书像

清王朝发展的历程,以乾嘉之际为界,大体上分为前后两个阶段。前一个半世纪,无论政治、经济、军事,还是社会、文化等,主要表现为整体上升趋势;嘉庆以后,由于内忧外困的双重冲击,则逐渐走向衰落。

清王朝何以能在前一个半世纪由乱而走向治的局面呢?一个重要的原因,就在于顺治、康熙、雍正、乾隆四位皇帝,比较重视采取宽严并用的策略,以加强对广大臣民特别是汉族士人的引导与控制,实现有效的统治。

黄裳先生在《笔祸史谈丛》中曾揭示说:"清代诸帝总是对汉人的知识阶层不放心,对结党深恶痛绝,对有名望的儒臣怀疑,对草野遗民更是念念不忘，交互使用怀柔与镇压的两手，使之服服帖帖不再生事。这一政策，在乾隆时是大体得到了成功的。"

崇儒重道，重视文治。清最高统治者使用怀柔与镇压两手策略，固然是出于对汉人的疑惧，但另一方面，也有着治理国家长远利益的考虑。

康熙五十六年（1717年）十一月二十一日，康熙帝在对诸皇子、满汉大学士、九卿等的谈话中，就曾表示："从来帝王之治天下，未尝不以敬天法祖为首务。"而敬天法祖的实质，则在于"柔远能迩，休养苍生，公四海之利为利，一天下之心为心，体群臣，子庶民，保邦于未危，致治于未乱，夙夜孜孜，寤寐不遑，宽严相济，经权互用，以图国家久远之计而已"。

其实，早在顺治朝时，君臣即已注意到"宽严相济"问题。如顺治十三年（1656年）二月二十七日，顺治帝对大学士、尚书们说："朕自亲政以来，以宽为治，恒谓洪武诛戮大臣为太过。由今以观，太宽亦不可也。"都察院左副都御使魏裔介回应说："自古宽严相济，过宽而生玩，即用严亦宜。"

在此认识基础上，雍正帝更对"宽严相济"做了详细阐发。他认为："所谓相济者，非方欲宽而杂之以严、方欲严而杂之以宽也。惟观乎其时，审乎其事，当宽则宽，当严则严。"并以赏罚为例，对如何把握宽严的尺度做了说明。总之，在他看来，"宽严适协其宜，乃为相济，非参杂于宽严之间，而为子莫之执中也"。

雍正十三年（1735年）十二月初十，乾隆帝继位之初，也强调:"办理事务,宽严当得其中。若严而至于苛刻,宽而至于废弛,皆非宽严相济之道。"

清前期四位皇帝对"宽严相济"的探讨和张扬,基本上体现了他们在治理国家问题上的总体思路或取向。

当然,由于所处时势、面临的现实问题不同,每个时期"宽严相济"的具体做法、举措和效果,则不尽相同。但是,从大的走向来看,清前期基本体现了"宽严相济"的延续性。

关外时期,清政权虽然已对中原汉族文化有所接触和学习,但奉行的主要还是满洲传统的风俗习惯。

定鼎中原之后,由于面对的治理对象、控制地域范围发生了很大变化,以及鉴于政权合法性的考虑,清廷在统治思路和主导思想上,不得不做出相应的调整。

经过一番艰难抉择,清廷接受了被中原历代王朝奉为正统的儒家思想,以之作为立国的根本、治国的大法。

"崇儒重道"基本文化国策的确立,就是清廷艰难抉择的集中体现。

顺治九年(1652年)九月二十二日,顺治帝在太学举行了隆重的"释奠先师孔子"典礼,他勉励太学师生要笃守"圣人之道","讲究服膺,用资治理"。这一举动,拉开了清王朝重视文治的序幕。

第二年四月,顺治帝又颁谕礼部,将"崇儒重道"确定为一项基本国策。

十二年(1655年)三月二十七日,顺治帝更进一步表示:

"帝王敷治,文教是先;臣子致君,经术为本……今天下渐定,朕将兴文教,崇经术,以开太平。"

中国社会科学院历史研究所研究员 杨艳秋

清王朝是中国历史上第二个由少数民族的统治者建立的一个统一的政权,它的建立对明清之际的士大夫造成了非常大的冲击,除

《康熙南巡图》

了像其他的王朝一样要面临一系列的社会问题之外,清王朝还面临着很大的民族问题。在建立之初,它吸取了蒙元王朝排斥汉文化遭到灭亡的教训,所以,从顺治朝就制定了"兴文教、崇经术、开太平"这样一个文化策略。

阐扬文教,鼓舞儒林,以经学为治法。顺治帝的这一治国取向,虽然因康熙初年辅政四大臣返归"淳朴旧制"的回流而一度中断,但康熙帝亲政之后,则将顺治帝的抉择重新树立,并推向

新的境地。

亲政之初,康熙帝便在太学举行了释奠孔子之礼。二十三年(1684年)十一月十八日,首次南巡返京途中,康熙帝亲临曲阜孔庙,举行了隆重的谒孔活动。他不仅在孔子塑像前行了三跪九叩大礼,还手书"万世师表"匾额,以示"尊圣之意"。

推尊孔子的同时,康熙帝还大力表彰朱熹。他曾命理学名臣熊赐履、李光地先后主持,将朱熹的论学精义汇编成《朱子全书》。

五十一年(1712年)二月,康熙帝更明确表达了对朱熹历史地位的看法,认为:"惟宋儒朱子,注释群经,阐发道理,凡所著作,及编纂之书,皆明白精确,归于大中至正……孔孟之后,有裨斯文者,朱子之功,最为弘巨。"在征得大学士、九卿等的议复意见后,康熙帝遂颁谕将朱熹的地位升格,由孔庙东庑先贤之列,升至大成殿十哲之次。

这一重大举措,在很大程度上,起到了"阐扬文教,鼓舞儒林"的政治导向作用。

中国社会科学院学部委员、历史研究所研究员 陈祖武

对清初统治者来说,要表彰理学,就面临一个究竟是尊朱还是尊王的问题。寻求较之科举取士制度深刻得多的文化凝聚力,便成为必须完成的历史选择。顺应这样一个客观的历史需要,经历较长时间的鉴别、比较,清廷最终摒弃王守仁心学,选择了独尊朱熹学说的道路。

康熙帝不仅在主导思想上实现了由尊孔到尊朱的转型，树立起理学，特别是朱子理学的大旗，而且还于康熙九年（1670年）十月将顺治帝确立的"崇儒重道"的基本文化国策，具体化为"十六条"纲领，即"圣谕十六条"。

康熙帝认为："法令禁于一时，而教化维于可久。若徒恃法令，而教化不先，是舍本而务末也。"

基于这一认识，以及对当时社会风俗弊端的考虑，所以他在"圣谕十六

康熙"圣谕十六条"

条"中，对敦孝悌、笃宗族、和乡党、重农桑、尚节俭、隆学校、黜异端、讲法律、明礼让、务本业、训子弟、息诬告、诫匿逃、完钱粮、联保甲、解仇忿等做了着重强调，希望借此达到"尚德缓刑，化民成俗"的目的。

雍正帝曾这样评价"圣谕十六条"："自纲常名教之际，以至于耕桑作息之间，本末精粗，公私巨细，凡民情之所习，皆睿虑之所周。"

"圣谕十六条"颁布后，各直省府州县官员，及负有教化之责的学政系统，或以图解、诗、谣的形式，或以老百姓容易理解的白话，或直接讲解，或将其与律合释等，进行了大量阐释、通俗化的努力。

而雍正帝更寻绎其义、推衍其文,撰成洋洋万余言的《圣谕广训》,对"圣谕十六条"做了详细解说。

与"圣谕十六条"颁布后的情形相似,地方官员也对《圣谕广训》做了形式不同的疏释讲说。

尽管这一举措本身有着时代局限性,推行过程中也存在不少弊端,但康熙、雍正以礼导民、化民的做法,还是有一定合理性的,至少反映了清廷对治理社会的取舍态度。

这样一种取舍态度,主要的逻辑出发点在于:"治天下以人心风俗为本,欲正人心、厚风俗,必崇尚经学。"而之所以要"崇尚经学",是因为经学为"立政之要"。循此思路,康熙帝遂提出"以经学为治法"的治国理念。

两开"博学鸿儒"科,一开"经学特科"。为了将"崇尚经学"落在实处,清廷曾采取了一些举措。

康熙十七年(1678年),鉴于"自古一代之兴,必有博学鸿儒,振起文运,阐发经史,润色词章,以备顾问著作之选",康熙帝下令中央和地方官员荐举"学行兼优,文词卓越"之人,送至京师候试。

经过一年筹备,内外官员所荐近二百人,陆续进京。这些人中,既有因"旷世盛典"而歆动者,也有在地方官员软硬兼施下而被迫就道者。

康熙十八年(1679年)三月初一,考试大典在康熙帝的亲自主持下，于体仁阁隆重举行。试题为"璇玑玉衡赋""省耕诗五言排律二十韵"。

四月初六，公布考试结果，取中一等二十人、二等三十人，皆令供职翰林院，从事纂修《明史》工作。

陈祖武先生在《清初学术思辨录》中指出："博学鸿儒"科的举行，其意义远远超出五十名入选者个人的升沉本身。它的成功首先在于显示清廷崇奖儒学格局已定，这就为而后学术文化事业的繁荣做了一个良好的开端。其次，由于对有代表性的汉族知识界中人的成功笼络，其结果，不仅标志着广大知识界与清廷全面合作的实现，而且还在更广阔的意义上对满汉文化的合流产生深远影响，从而为巩固清廷的统治提供了文化心理上的无形保证。

后来，雍正也想效仿其父再开"博学鸿儒"科。但自雍正十一年（1733年）四月颁谕后，内外官员并未积极响应，直到雍正去世，也没能举行。

乾隆继位后，于元年（1736年）二月再下令，督促地方官员抓紧时间将荐举的人汇送来京。一切就绪后，九月二十八日，在保和殿举行考试。参加考试的有一百七十六人，取中一等五名、二等十名，被分别授予翰林院编修、检讨、庶吉士。

第二年，又举行了一次补试，录取一等一名、二等三名。

两次"博学鸿儒"科的举行,尽管显示了政策的连续性,但意义并不一样。如果说康熙所举意在收拾人心、稳定时局,以及鉴于形势发展,确实有求贤纳才的意图,那么乾隆对荐举之人资格限制之严、录取人数之少,则更多地体现为虚应故事、装点门面。

不过,乾隆所举"博学鸿儒"科效果虽然不理想,但他十几年后的另一举措,则贯彻了康熙"以经学为治法"的精神。

乾隆十四年(1749年),乾隆帝鉴于"崇尚经术,良有关于世道人心",颁布了一道上谕,命令内外官员荐举潜心经学的老成敦厚、纯朴淹通之士,而不论其是进士、举人、生员,还是退休闲废人员。

对乾隆此谕,大学士、九卿积极响应,踊跃推举,并建议由礼部来制定考试事宜。

但乾隆的反应出乎大臣们的意料。乾隆训示道:所举人数未免过多,如果真的有这么多淹通经学之士,也就不用"特诏旁求"了。而且,他也不赞同由礼部议定如何出题考试,认为这样会开启"人人皆得豫为揣摩"的弊端,而且也脱不了"举场应考习套",又怎能考察被荐举者的真才实学?

这一态度,令官员们有些无所适从,所以迟迟不能响应。接下来的一年半时间,也只荐举了四十余人。

乾隆十六年（1751年）闰五月，乾隆帝再次表明自己的态度，声明之所以召开"经学特科"，目的在于"务得经明行修、淹洽醇正之士"，并非注重"工射策、广记问、文藻词章充翰林才华之选"，更不是想借此"授以政事、责其当官之效，如从前各保一人故事"。并命令大学士、九卿对所举人员"再行虚公核实，无拘人数，务取名实相孚者，确举以闻"。

最后，经过严格审核，乾隆仅选定了陈祖范、吴鼎、梁锡玙、顾栋高四人。六月，授吴鼎、梁锡玙国子监司业；八月，因陈祖范、顾栋高"年力老迈，不能来京"，授予二人国子监司业衔，以鼓励绩学之士。

江南经师惠栋曾感慨："历代选举，朝廷亲试，不涉有司者，谓之制科，又谓之大科。国家两举制科，犹是词章之选。近乃专及经术，此汉魏六朝、唐宋以来，所未行之旷典！"

对于乾隆帝此举，陈祖武先生在《乾嘉学派研究》中评价道：清高宗以其举荐经学的重大举措，纳理学、词章于经学之中，既顺应了康熙中叶以后兴复古学的学术演进趋势，又完成了其父祖融理学于经学之中的夙愿，从而确立了崇奖经学的文化格局。

稽古右文，修纂图书。清廷还对搜访、纂修图书给予很大关注，以显示"稽古右文"。

顺治十四年（1657年）三月，顺治帝令各省学臣"购求遗书"。以此为开端，康熙、乾隆年间，搜访遗书的活动愈加推进。同时，编纂图书工作也越来越活跃。经史、政典之外，性理、诗文、音韵、历法、数学、地理、名物汇编等，无不涉及，编纂的重要典籍如雨后春笋般，纷然而出。

《清宫藏书·前言》中指出："仅以清宫藏书来看，其藏书量之大，藏书地之多，内容之博，校勘之精，书品之佳，雕版技术之高，装潢之美，利用之广，都超过了历朝各代，它从一个侧面反映了清代文化的繁荣，政治、经济的昌盛。……据统计，仅台北及北京两个故宫博物院遗存即有五十多万册，其中十五万余册收藏于台北，另三十余万册存贮于北京故宫图书馆。"

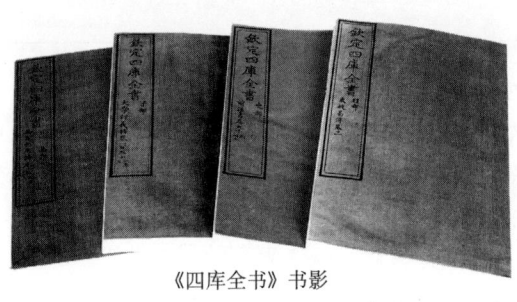

《四库全书》书影

《古今图书集成》《四库全书》两部大型图书，就是当时书籍编纂的代表性之作。

《古今图书集成》启动于康熙三十九年（1700年），原为陈梦雷想报答康熙帝，特别是皇三子胤祉的知遇之恩而作。

在侍从胤祉期间，陈梦雷多次听胤祉谈到，像《三通》《太平御览》等书，要么"详于政典，未及虫鱼草木之微"，要么"但资词藻，未及天德王道之大"，都不能令人满意；期望能看到一部"大小一贯，上下古今，类列部分，有纲有纪"的书，才足以"光大圣朝文治"。经胤祉这一指示，陈梦雷很受鼓舞，遂以一人之力，开始进行编纂。从第二年十月起，从胤祉处领银，雇人缮写。

由于陈梦雷本来就有不少经史子集方面的书籍，加上胤祉慷慨地允许他利用王府协一堂所藏典籍，所以，到康熙四十五年（1706年）四月，书稿就编成了。这次成书，分为六汇编、三十二志、六千部，约计万余卷。

书成之后，陈梦雷曾向胤祉上《进汇编启》，期待能得到皇三子和康熙帝的指示，以做进一步的存、去、分、合；并希望利用内府秘藏，补其未备；广聚江南等地别本书籍，加以校雠，以臻完善。

但直到康熙五十五年（1716年），《进汇编启》才得以正式进呈康熙帝。康熙审阅后，赐书名为《古今图书集成》，并专门开馆，命胤祉、陈梦雷主持工作，率领八十名人员，对该书进一步修改润色，并负责印刷事宜。

五十八年（1719年），编定成一万卷；第二年开始印刷。但印刷尚未完工，康熙帝就去世了。

雍正帝继位后，出于政治斗争的需要，将陈梦雷及其门生排挤出《古今图书集成》馆，甚至把陈梦雷父子发遣边外。但雍正帝并没因此中断《古今图书集成》的完善、印刷工作。雍正元年（1723年）正月初五，他重新任命蒋廷锡、陈邦彦等担任该项工作。

蒋廷锡等除了对已经印刷的九千六百二十一卷再次校对、改正错字外，还将未刷印的三百七十九卷重新审核、刷印、装帧。至于体例，仅把原来的志改为典，其他未做更改。

雍正四年（1726年），包含六汇编、三十二典、六千一百零九部、计一万卷的《古今图书集成》最终完成。该书用铜活字共印刷了六十四部，其中十九部为绵纸、四十五部为竹纸。

雍正撰《古今图书集成序》，认为："是书亦海涵地负，集经史诸子百家之大成。"乾隆也说："本朝所修《古今图书集成》一书，搜罗浩博，卷帙繁富，实艺林之巨观，为从来之所未有者。"大学士张廷玉也给予此书很高的评价，称誉说："自有书契以来，以一书贯串古今，包罗万有，未有如我朝《古今图书集成》者！……诚册府之巨观，为群书之渊海！"

这些评价虽然不无溢美，但实事求是地说，《古今图书集成》确实为后世提供了极大的便利。而清代总结、整理古代文化，于此书已初见规模。

此后，《四库全书》的编纂，更将这一趋势推向高潮。

乾隆六年（1741年），乾隆帝就曾责成各省督抚、学政访求天下遗书。三十七年（1772年）正月，他再度颁诏求书，但因应者寥寥，他大为恼火，于十月又下诏进行督促。

一年之内连下两道谕旨，可见乾隆对访求遗书的重视和迫切心情。

在此情形之下，安徽学政朱筠率先响应，在所上《谨陈管见开馆校书折子》中，对图书征集、著录、校雠等事宜，提出四条具体意见。

朱筠辑校《永乐大典》的建议，引起廷臣的激烈争论。最后，乾隆做出指示，基本上采纳了朱筠的看法。

三十八年（1773年）二月初六，乾隆选派总裁官；十二日，又决定："将来办理成编时，著名《四库全书》。"

至此，以朱筠辑校《永乐大典》的建议为契机，清廷大规模的征书之举，遂演变为《四库全书》的开馆纂修。

自乾隆三十八年二月开馆起，一支队伍庞大的人员便投入其中。仅《四库全书》卷首开列诸臣职名，即有三百六十人。而事实上，参与者远远超过此数。据学者郭伯恭考证，前后选用的誊录人员，就多达三千八百二十六人。

到了四十六年（1781年）十二月，第一份《四库全书》缮写完工。四十七年至四十九年（1782—1784年），又各完成三份。这四份分别藏于紫禁城文渊阁、圆明园文源阁、承德避暑山庄文津阁、沈阳盛京文溯阁，称为"北四阁"。

此外,乾隆为彰显国家藏书美富、便利江浙士子就近观摩誊录,还下令再缮写三份,分藏于扬州大观堂文汇阁、镇江金山寺文宗阁、杭州西子湖畔文澜阁,称为"南三阁"。

这七阁的命名,并非任意取的,而是有深意寓于其中。乾隆在《文源阁记》中这样解释道:"文"具有经世、载道、立言、牖民的重大意义;而经是文之源,史是文之流,子是文之支,集是文之派,派、支、流皆自源而分,集、子、史皆自经而出。所以,"于贮四库之书,首重者经,而以水喻文"。

《四库全书》共收书三千四百六十一种,计七万九千三百零九卷;存目六千七百九十三种,计九万三千五百五十一卷。若加上以各种原因而淘汰不存的书籍,其数量是非常庞大的。

全书按经、史、子、集四部分类,共计四十四小类,六十六子目。为了有所区别,经部封面用绿色、史部用红色、子部用蓝色、集部用灰色。

由于铜活字毁于乾隆初年,为解决《四库全书》应刊书籍的刊刻问题,金简发明了枣木活字办法,并制定了一套完整的程式。计刻大小木字二十五万三千五百个,合计其他相关用项,共用银两千三百三十九两七钱五分。

中国人民大学黄爱平教授在《四库全书纂修研究》中,评价纂修《四库全书》之意义,称:《四库全书》的纂修,不仅对中国古代典籍进行了系统整理，对传统文化做了全面总结，而且还推动了清代考据学的发展，促进了各门专科学术的兴盛。清代乾隆以后，以《四库全书》的纂修为标志，中国传统学术进入了一个全面总结整理的阶段。它既为后人留下了许多可供借鉴的成果，也为我们今天批判地继承传统文化遗产提供了便利。

强化统治，大兴文字狱，查缴禁书。与注重文治形成鲜明反差的是，清廷为消弭广大汉族臣民尤其是知识人的反清、抵触、不合作举动或情绪，又利用种种手段，实行高压统治。

作为国家选拔人才的大典，和广大读书人施展抱负的进身之阶，科举取士制度相沿已久。清王朝建立之初，多尔衮即以顺治帝的名义，于顺治元年（1644年）十月，下诏恢复科举。顺治二年（1645年）、三年（1646年），先后举行了乡试、会试。

然而，十年之后的顺治十四年（1657年），一场几乎蔓延全国的科场案却爆发了。牵连所及，不少主考官及其家人、中式（科举时代称考试合格）士子等，或被处以极刑，或被流放，或被取消中式资格。

科场舞弊并非罕见，清廷何以用如此严酷的手段加以处理？

明清史大家孟森先生这样揭示道："至清代乃兴科场大案，草菅人命，甚至兄弟叔侄连坐而同科，罪有甚于大逆。无非重加其罔民之力，束缚而驰骤之。"

显然，清廷的用意在于借科场案来震慑、打压广大读书人，

吕留良像。吕留良是明末清初的杰出学者、诗人，支援反清义军，具有强烈的民族气节，曾借评选时文以宣扬"华夷之分大于君臣之伦"。吕留良过世后，"反清复明"代表人物之一曾静崇奉其民族气节，为其广播，被告发下狱。吕留良死后四十九年（雍正十年，1732年）被雍正钦定为"大逆"罪名，惨遭开棺戮尸枭首之酷刑，所有著作被付之一炬，其子孙、亲朋、弟子广受株连。此案被称为清代以来最大的文字狱。

以收"天下英雄尽入吾彀中"之效。

清廷不仅对读书人不放心，对汉族臣僚也心存疑忌。

为防他们对朝廷有二心，皇帝曾借讨论"理学真伪"问题，有意识地警诫或压抑理学名臣。康熙二十二年（1683年）十月二十四日，康熙帝在乾清宫与讲官牛钮、张玉书、汤斌，就"理学"话题做了一番讨论。康熙特别强调，如果"终日讲理学，而所行之事全与其言悖谬，岂可谓之理学"；相反，"口虽不讲，而行事皆与道理符合"，就是"真理学"。这无疑为臣僚树立了一个参照标准。

后来，康熙又于三十三年（1694年）闰五月初四，在丰泽园考试翰林官，出的题目就是"理学真伪论"。无独有偶，乾隆十六年（1751年），乾隆南巡召试江南生员时，也出了同样的题目。可见，清最高统治者对官员、士人的思想动向是非常关注的。

官员结党,是令皇帝深感不安的一块大心病。对此,雍正颇费了一番心思。

雍正四年(1726年),江南武进人钱名世作诗赠年羹尧,中有"鼎钟名勒山河誓,番藏宜刊第二碑"之句。据钱名世自注,意思是年羹尧率兵平西藏,应该刻一座碑,立在康熙帝平藏碑之后。

这下惹怒了雍正,他认为钱名世"钻营不悛""悖逆已极"。实际上,他担心的是钱名世与年羹尧结党。

于是,为惩戒钱名世,并借此警示其他官员,雍正做了特别处理。他将钱名世革职后发回原籍,亲书"名教罪人"四字,令钱名世悬挂在大门上;还命令科举出身的在京大小官员,作诗讥刺钱名世的罪恶。

最后,三百八十五名官员的诗作,雍正认为满意,汇在一起,令钱名世刊刻。

不过,也有人因"作诗谬妄",受到

《大义觉迷录》。雍正编纂,主张清朝的正统性和"华夷一家",以期消弭汉人的夷夏之防。写作起因是汉人学者曾静、张熙受吕留良"华夷之辨"思想的影响,游说川陕总督岳钟琪反清失败被捕。书中包括雍正本人的十道上谕、审讯词和曾静口供四十七篇、张熙等口供两篇,并附曾静《归仁说》一篇。

了严厉处分。如翰林院侍读吴孝登,被发往宁古塔,给披甲人为奴;侍读学士陈邦彦、陈邦直兄弟,被革职。

雍正还曾专门写了一篇《朋党论》,表达了他对朋党问题的态度。与宋代欧阳修的看法完全相反,雍正认为"君子无朋,惟

查嗣庭像。雍正四年（1726年），查嗣庭任江西乡试正主考，出了如下题目：首题《论语》"君子不以言举人，不以人废言"，雍正认为查对朝廷保举人才之令有所不满；二题《孟子》"介然用之而成路，为间不用则茅塞之"，雍正认为查居心叵测；次题两道：《易经》"正大而天地之情可见矣"，《诗经》"百室盈止，妇子宁止"，雍正认为这是暗示人要把"正"和"止"两字联系起来思考，其中寓意暗合汪景祺《历代年号论》一文所说"正"有"一止之象"，都是指雍正年号，暗喻斩雍正帝之头；策题《易经》"君犹腹心，臣犹股肱"，雍正说查不尊君为"元首"，有辱君威。雍正帝认为他所出试题"讽刺时事，心怀怨望"，遂抄其家，查出其日记中"语多悖逆"，乃大兴文字狱，将其逮捕。查狱中病死后，仍遭戮尸枭首，亲族、弟子多人受株连。

小人则有之"。他所期望于臣僚的是"惟知有君"，这样的话，"其情固结不可解，而能与君同好恶"，从而达到"一德一心，而上下交"。

说白了，雍正希望看到的是，臣僚绝对效忠、俯首听命于他，而不能有其他的想法。

更为恶劣的是，为高度强化统治，清廷还制造了许许多多的文字狱。

清代文字狱，主要集中在康、雍、乾三朝，尤以乾隆时为最。据不完全统计,康熙时不超过十起,雍正时近二十起,乾隆时则多达一百三十余起,平均一年两起还多。

文字狱的发生,虽然有的缘于诗文、著作表现出对清廷的不满或讥讽,但更多的是因清统治者过于敏感,或者刻意引申而导致的。像"一把心腹论浊清""莫教行化乌肠国""明朝期振翮,一举去清都"等诗句,都被认定为心怀叵测。而一些别有用心的人,"往往挟睚眦之怨,借影响之词,攻讦私书,指摘字句",更助长了文字狱的泛滥。

鲁迅先生曾反思清代的文字狱说:"大家向来的意见,总以为文字之祸是起于笑骂了清朝,然而,其实是不尽然的……有的是鲁莽;有的是发疯;有的是乡曲迂儒,真的不识忌讳;有的则是草野愚民,实在关心皇家。而命运大概很悲惨,不是凌迟,灭族,便是立刻杀头,或者'斩监候',也仍然活不出。"

如此氛围,无怪乎龚自珍发出"避席畏闻文字狱,著书都为稻粱谋"的慨叹了!

与文字狱相伴行的,是清廷掀起禁书、毁书狂潮,尤以乾隆时修《四库全书》"寓禁于征"最为肆无忌惮。

自乾隆三十九年(1774年)八月乾隆明令查缴禁书,一直到五十八年(1793年),近二十年间,历代大量典籍,或遭全毁,或遭抽毁,遂酿成前所未有的图书浩劫。

据姚觐元《清代禁毁书目》、孙殿起《清代禁书知见录》、陈乃乾《索引式的禁书总录》、雷梦辰《清代各省禁书汇考》、王彬主编《清代禁书总述》等的统计,清廷禁毁的图书达三千一百多种、十五万一千余部,销毁的书版在八万块以上。

孟森先生曾沉痛地感慨:"检清代禁书,不但明清之间著述,几遭尽毁,乃至自宋以来,皆有指摘,史乘而外,并及诗文,充其自讳为夷狄之一念,不难举全国之纪载而尽淆乱之,始皇当日焚书之厄,决不至离奇若此。盖一面毁前人之信史,一面由己伪撰以补充之,直是万古所无之文字劫也!"

中国社会科学院学部委员、历史研究所研究员 陈祖武

尤为不可忽视者,严酷的禁书逆流以及伴生的文字狱,其恶劣影响已经远远逾出图书编纂本身,它直接酿成思想界万马齐喑的沉闷局面,从而严重地阻碍了学术文化的发展和中国社会的进步。

章太炎先生论清儒说:"清世理学之言,竭而无余华;多忌,故歌诗文史楛;愚民,故经世先王之志衰。家有智慧,大凑于说经,亦以纤死,而其术近工眇踔善矣。"实在发人深思!

民族狭隘心理的作怪,使清统治者无端猜忌;帝王独尊的虚幻光环,令清朝有些皇帝忘乎所以。

然而,"防民之口,甚于防川。……为川者决之使导,为民者宣之使言"的古训,又岂可忘记?宽、严如何相济,并非仅靠说说而已。

"九州生气恃风雷,万马齐喑究可哀。我劝天公重抖擞,不拘一格降人才。"龚自珍的呐喊,表明清朝的统治已到了岌岌可危的地步!

时代在变,国际形势也在变,如何应对,决定了清王朝的未来命运。

鸦片战争

英国在印度的鸦片制造仓库

经过17世纪工业化的洗礼,西方世界先后完成蒸汽动力取代人力、火器取代冷兵器的工业革命。由于工业和近代科学的迅猛发展,西方社会真正进入了海洋时代。决胜于海洋,是这个时代的主题。美国独立和法国大革命开启了西方民族国家纷纷建立的浪潮,而启蒙运动则将理性推广到政治、社会生活中。议会制、共和国成为工业资本主义拓展世界市场的制度保障。殖民主义采取血腥的方式在全球寻找着新的工业市场和统治空间,并且纷纷制定出规范各国竞争与行动的国际法。一个"崭新"的国际秩序在全球迅速蔓延。当以西方资本主义制度为主导的现代国际关系遇到以大清王朝为领导的东亚传统宗藩体系时,这场冲突不可避免地来到了。

表面繁荣掩盖下的危机。中国人眼中的世界,是以中原为中心,向外辐射的一个个同心圆。以居于中原地区的华夏疆域为中心,中原地区是文明世界,其外是蛮荒之地。所以,除了周边地区的藩属国,外部国家都被中国视为"夷"或"戎狄"。早在明代中后期,西方传教士就叩响了中国的国门,大批传教士进入中国内地甚至北京,他们身着儒服,与中国士大夫和老百姓讨论性理和教义,刊刻和编写了大量天主教的宣传品和科学技术书籍。中国的一些士大夫对西方国家的名称和科学名词都耳熟能详,甚至拉丁文辞典也在中国士大夫中流传。这就是中国历史上辉煌的第一次西学东渐。然而,一场政权更迭,将这一切断送殆尽。文明与城池玉石俱焚。清代入主中原后,文化上的保守和政治上的闭关政策,导致两个世纪后,中国对世界的认识还没有恢复到明末的水平。而在这两百年中,西方却经历着另一场暴风骤雨式的剧变:传统王朝一个个倒台,民族国家纷纷建立。共和国、工业革命、全球殖民、海上霸权……历史的发展突然加速,在中国还完全不了解的情况下,"夷狄"裹挟着血与火突然出现在面前,这样的会面,令中国措手不及。

乾隆五十八年(1793年),英王乔治三世的特使马戛尔尼率领使团来到中国,他们的目的是打开中国的贸易之门。此时,乾隆皇帝已经年逾八十,军政大事都委托和珅和福康安两位大臣打理。在经过不愉快的"礼节"问题的交涉后,英国特使的任务一个都没有完成。对英国使团竭尽全力想得到贸易许可的要求,乾隆皇帝只是轻蔑地说了一句"天朝物产丰盈，无所不有，原不藉外夷货物以通有无"，就把使团打发回去了。马戛尔尼在失望之余，想邀请傲慢的大清官员见识一下英国武器的威力。这位在征服大小金川和西北边疆叛乱中立下赫赫战功的福康安，拒绝了这一邀请。马戛尔尼在当天的日记

和珅像

中写道："他（福康安）一生中都没有见过连发枪，中国军队还在用火绳引发的枪。"

中国社会科学院历史研究所研究员 鱼宏亮

首先，让马戛尔尼不能接受的是，他必须向皇帝行三跪九叩的君臣之礼，而马戛尔尼只肯单膝跪地。中英官员就此事争执了近两月之久。在这个礼仪形式问题的背后，隐藏着中英双方认识上难以逾越的鸿沟。英方试图通过平等外交的手段打开中国市场，大清则把使节来访当成纳贡称臣。

嘉庆二十五年（1820年），双目失明的广东嘉应人谢清高，让人口述其早年在海外谋生与游历的故事，著成中国最早的介绍近代世界的作品之一《海录》。在这部书中，他讲到蒸汽机轮船："火盛冲轮，轮转拨水，无烦人力而船行自使。"

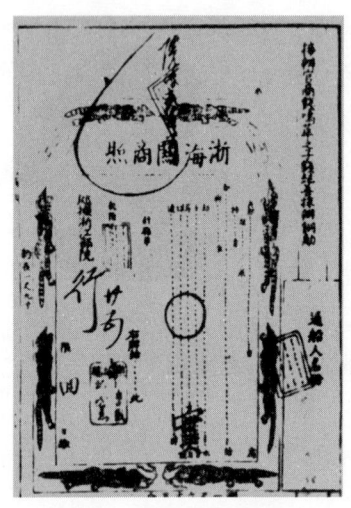

乾隆二十五年（1760年），清政府发给中国商船出海贸易的商照。

道光十二年（1832年），有个叫萧令裕的江苏人，写了一部叫作《记英吉利》的著作，特别提到英吉利国"船炮尤至精利"，详细介绍了战舰、火炮的制造和配置技术。更为重要的是，在中英初次接仗的鸦片战争前，由于相信无根据的谣传——"英国人双腿僵硬，不能自如屈伸，加以士兵有绑腿，所以英军不善陆战"，直接导致在第一次鸦片战争中各个战区的中国守军都疏于对英军登陆作战的防备，从虎门到厦门、定海、镇海，英军采用海军主攻正面、陆军侧翼包抄的战术屡试不爽，使得清军的防御战彻底失败。然而，在这部著作中，萧令裕特别指出这一点："又或谓夷以布缚两胯，屈伸不便，所曳革履，尤蹇于步，夷登陆则技穷。然广州商胡出游，登山亦殊矫捷，涉浅水则一纵即过，此所目验也。"

清朝士大夫的思维方式与价值观，导致了他们在对待外部信息方面有着严重的偏见。"天朝氛围"主导了他们对国际形势的判断。历史的机遇总是给予那些能够见微知著、一叶知秋的伟人们。可惜，在 18 世纪与 19 世纪的政治舞台上，却充斥着刚愎自用、目光短浅的贪婪之徒。

那么，鸦片战争前，中国内部的政治、经济到底是个什么样子呢？乾隆末期的清朝，表面的繁荣已经不再了。乾隆最得意的"十全武功"的大肆征伐，导致国库存银从八千多万两锐减到不到两千万两。而此时，席卷湖北、四川、陕西、甘肃和河南五省广大地区的白莲教起义却在迅速蔓延。到道光五年（1825 年），中国实际人口已经超过四亿，但城市人口只占 6%—7%。据美国历史学家施坚雅（G. William Skinner）统计，直到晚清，长江中下游地区的城市人口只占 7.4%。这表明，乡村社会仍是当时中国的绝对主导。昔日的繁荣下面潜藏着严重的社会危机。官僚的贪腐与压榨，不仅破坏着农民的生计与利益，也危害着国家财政与政治稳定，这就是鸦片战争前的中国。

中外贸易存在顺差。问题绝不仅止于此。从更广阔的范围来看，鸦片在世界贸易中的角色让我们大吃一惊。有资料显示，在明清时代，世界上存在着以东亚、欧洲、美洲以及它们各自的周边地区所形成的一个贸易、经济体系。以中国经济为中心的东南亚、南亚、东亚地区的贸易量，在全球贸易中占重要地位，甚至一度成为主要市场，具有支配作用。

对于明清时代各大洲之间的实物交流，中国的史家一点也不感到陌生。这不仅表现在中国的瓷器、丝绸、纺织品等手工业产品源源不断地通过对外贸易进入欧洲、美洲、非洲，对这些地区的社会生活产生巨大影响。而且,就中国来说,我们日常生活中已经变得不可或缺的重要产品,比如红薯、南瓜、番茄、辣椒、蚕豆,尤其是玉米与马铃薯,都是明清时代通过外洋贸易而从美洲传入的。可以毫不夸张地说,没有哪些作物像这几种外来作物一样对中国人具有如此重要的意义。新作物的巨大产量使得中国的耕地面积和人口在明清时代成倍增加。在同一时期,中国的人口增长要远远高于欧洲。如果不是因为明、清政权的鼎革所引起的战乱和天灾人祸,中国的社会形态会在17世纪发生巨大变化。同样,在15—19世纪灾害频仍的中国内地,这些高产而抗旱的粮食不知救活了多少中国人的性命。今天中国人所吃的食物中有百分之三十七是原产美洲的,中国是世界上仅次于美国的第二大玉米生产国。当然,17世纪前后,东南亚各国涌入大量中国移民,生活在马尼拉地区的华侨就达三万多人,这都是地区贸易所带来的结果。所有这些事实,更深刻地改变了我们对于明清时期中国与世界关系的认识。

中国社会科学院近代史研究所研究员 马勇

因为在西方来之前,中国古典社会结构就是士农工商。士农工商四个阶层使这个社会很稳定,但是这个社会稳定的前提条件是工人、农民很稳定,他们没有更多的消费能力。那么,在中国和西方的贸易当中,中国是初级农产品出去,英国是它的工业品进来,在这种状态下，中国就没有办法接纳西方的工业品。因此，解决中西贸易顺差的关键，只在于能不能提升中国工农两个阶层的消费能力，能不能培养他们的消费习惯，更重要的是能不能刺激他们的消费冲动。没有能力、没有习惯、没有冲动，那社会当然不可能接受更多的工业品。

这些重要作物的流传，借助于地区之间贸易网络所固有的航线，尤其是哥伦布等人开辟的新航线，更成为这种从很早之前就一直存在的地区贸易的催化剂。但是，从目前的统计数字来看，在以中国为中心的东亚贸易体系与其他地区的货物贸易中，中国存在严重的贸易顺差。这种情况在经济活动中表现为货物的输出和白银的输入。根据估算，从18世纪初到19世纪中期，中国仅从欧洲和美洲就通过货物贸易输入了将近五亿多两的白银，这个数字还没有包括从日本、俄罗斯等渠道获得的白银。而据一些外国学者估计，到道光五年（1825年），中国白银存量约十一亿两。无论这个数字是否准确，都表明了一个事实：中国与外国贸易存在着严重的顺差。同一时代，经过了工业革命的欧美国家，生产能力在大幅增长。进入海洋时代的民族国家，以殖民的方式拓展着自己对财富和领土的渴望。而这种拓展，在东方这个庞然大物面前，不得不另寻他途。这个王朝，既不打算也不准备了解这些远洋而来的"夷狄"。与中国交易的事情变得既简单又复杂。简单的是，他们被限定在几个固定的设立了商行的城市进行交易，以广州为主；复杂的是，与他们交易的是朝廷特许的商行，官方从不屑参与具体事务。清朝的官员更感兴趣的是幕后交易。英国东印度公司开往广州的第一艘商船抵达后，按照规定应该缴纳近两千五百两白银的管理费，但经过讨价还价和幕后交易，最终降至一千二百两白银，条件是付给海关监督三百两白银的感谢费。这些贸易上或明或暗的"制约"，令英国政商界感到愤怒。因此，他们多次派使团赴中国试图与清朝政府直接商谈贸易条件。但从马戛尔尼到阿美士德，都失望而归。然而，在长期的经商活动中，西方人发现了一种商品，这种商品虽然被中国政府所禁止，但却有着巨大的市场和利益空间。而广州的行商管理体制中的各种明、暗规则和敲诈勒索的盛行，正适合进行这种商品的交易。

鸦片弛禁与严禁。罂粟是一种美丽的草本植物，最早产于希腊。罂粟花结果后的汁液经过熬制可以制成一种毒品，亦可以入药。7世纪，鸦片经由阿拉伯人传入中国，在中国有阿芙蓉、阿片等名称，《本草纲目》介绍其"前代罕闻，近方有用者……气味酸涩，温，微毒。主治泻痢、脱肛不止，能涩丈夫精气"。但是，将罂粟花制成鸦片用于吸食、充当兴奋剂，是17世纪中后期从外洋传入的一种陋习。明代后期，少数地区的人由于从事外洋贸易，传入了熬制鸦片作为烟来吸食的方法。台湾、厦门、漳州等地风气尤其重，甚至有不法之徒开鸦片馆进行盈利。政府对鸦片的危害有充分的了解，故为之厉禁。顺治时期颁布的《大清律例》规定："兴贩鸦片烟，照收买违禁货物例，枷号一个月，发近边充军。如私开鸦片烟馆，引诱良家子弟者，照邪教惑众律，拟绞监候。为从，杖一百，流三千里。船户地保邻佑人等俱杖一百，徒三年。如兵役人等藉端需索，计赃照枉法律治罪，失察之汛口地方文武各官，并不行监察之海关监督，均交部严加议处。"

早期鸦片走私，大多是在东印度公司的特许状下以"非政府"的名义实现的。然而，东印度公司的贸易垄断地位不断受到自由贸易主义的挑战。道光十四年（1834年），英国国会废除了东印度公司的垄断权，而将远东贸易向所有公民自由开放。这一举措产生了两大后果：其一为鸦片走私规模迅速扩大；其二为中英之间的贸易关系，失去了东印度公司这个中介，而由两国政府直接面对。这两个后果都是中国极其不愿看到的。但是，清朝的吏治已经腐败，贪贿使得政策成为一纸空文。雍正七年（1729年），雍正皇帝开始禁止贩运和吸食鸦片之时，每年输入的鸦片为二百箱。而到了鸦片战争前的道光十八年（1838年），每年输入的鸦片已达到四万箱。有数字表明，从1800年到1839年的四十年间，由于鸦片走私而导致外流的白银总共达到六亿两。白银的枯竭扰乱了国内经济，使市面上白银与铜钱之间的兑换率产生了波动。为了应付银贵铜贱的局面，政府不得不降低铜钱成色、增加铸钱数量。鸦片的流入造成如此恶劣的影响，但是由于没有完善的海关体制，也无专门负责缉私的水师，主管部门往往与走私者沆瀣一气，将一些免费的鸦片样品当作截获的走私货物呈报政府当作"政绩"。每年东南季风即将结束的十月到次年西北季风即将开始的一月,所有装满鸦片的商船云集广州附近的洋面,盛大的交易会开始了。鸦片长驱直入,从东南沿海直到西北内陆,吸食之人日见增多。在清朝内部,从国家经济到家庭生活层面,无不受到严重影响。关于治理鸦片走私的官方奏折,开始雪片一样飞往北京。

事态的发展已经很清楚,必须要正视这个问题了。对于实行了将近百年的禁烟政策的挫折和失败,以广州的官员和著名书院学海堂为中心的一批士大夫上奏道光皇帝,他们关注的是白银外流的问题,因此主张以经济手段解决,主要措施概括为三条:鸦片贸易合法化,政府对其征税;以货易货,禁止使用白银交易;允许中国内地种植罂粟,抵消进口数量。这就是著名的"弛禁"说。这种观点无视鸦片贸易对国家体制和百姓的危害,所谓的"经济战"实质上是为了维护长期从中获取货贿的部分广东官员和商人集团的利益。因此,外国商人得知这种主张后,对鸦片贸易的前景表现兴奋,立即加大了鸦片输入的数量。

道光皇帝接到这个奏折后,没有表态,把它下发给各省大员进行讨论。反对的奏折迅速上来。礼部侍郎朱樽和兵科给事中许球以及江南道监察御史袁玉麟分别上书,严厉驳斥"弛禁"的主张,从祖制、政体、法制、农本、财政、国防等方面全面论述了鸦片的危害性和禁烟的必要性。这些意见得到湖广总督林则徐等人的大力支持,对道光皇帝形成很大触动,最高当局已经倾向于严禁。但是，有两个事件，最终促使禁烟措施迅速实行。

道光十八年（1838年）六月，负责外宾事务的官员黄爵滋上了《请严塞漏卮以培国本折》，从严惩吸食之人到禁绝贸易两方面，比较概括地反映了严禁的主张，在各省大员中引起很大震动，因此，支持严禁的奏折开始大量出现。另一件事情是当年十月，皇室成员庄亲王奕𬭚、辅国公溥喜两人在东直门外灵庙因吸食鸦片被抓。这一事件对道光皇帝影响很大，鸦片的危害已经逼近皇室，这促使他下定决心实施禁烟。一贯主张严禁的两广总督林则徐，于十二月奉召进京。轰轰烈烈的禁烟运动开始了。

道光十九年（1839年）一月八日，钦差大臣林则徐"焚香九拜"，从正阳门出彰仪门，由北京启程南下。三月十日抵达广州，设行辕于粤华书院，誓言鸦片之害不靖，誓不离粤。此前由两广总督邓廷桢推动的禁烟运动，从此展开了一个新的局面。林则徐放手严惩中国鸦片贩子、窑口主和吸食者，到五月，已经拘捕了一千六百名违犯禁令者，收缴烟枪四万两千七百四十一杆，鸦片两万八千八百四十五斤，并且惩处了一批与烟贩勾结的贪官。而对于外国走私者，林则徐审慎地制定了行动策略。他聘请美国传教士伯驾（Peter Parker）翻译了瑞士法学家滑达尔所著的《国际法》中有关禁止违禁品和宣战之权利三个章节，作为交涉的准备。他两次向英国维多利亚女王致函，从《国际法》的角度指出鸦片贸易的罪恶与不合法："鸦片诱惑华民以致流毒各省……以中国之利利于夷，岂有反以毒物害华民之理？试问天良何在？闻

林则徐像

该国禁食鸦片甚严……贵国王自不肯以己所不欲施之于人。"林则徐从天理、人心、中国禁律和政府决策几个方面,劝谕广州的洋商上缴鸦片并且出具永不携带的保证书,如有违犯,"货尽没官,人即正法";并将外国商人软禁在广州的商馆中,不许离开。在林则徐严厉的高压政策下,到五月十八日,英国驻华商务监督义律出面担保,外国商船共上缴了两万一千三百零六箱鸦片。道光皇帝下令就地销毁,于是在六月三日,这些鸦片被倾入虎门外海滩的三个大石灰坑中灌海水溶毁了,整个过程经历了二十三天。禁烟运动的第一个回合,由于林则徐的决心,取得了辉煌的战果。

然而,虎门销烟的胜利是一个孤立的事件,甚至不啻为一个诱饵。无论是林则徐还是道光皇帝,都既没有预见英国政府会做何反应,也没有在更广泛的层面上做好应对的准备。虎门的烟雾消散后,随之而来的局面,却是任何一个大清官员始料不及的。

军事上的彻底失败,导致被迫向列强开放。就在英国派驻中国的商务监督义律以英国政府的名义公告外国鸦片贩子交出鸦片的时候,他已经向英国外相巴麦尊发出了多封要求发动战争的信函。因此,对于虎门销烟,外国人有着不同的解读。有个外国人记录道:"中国人已经落入了使他们直接面对女王陛下的圈套。"同时,东印度公司、伦敦中国协会以及许多大城市的商会都开始积极游说政府,鼓动英国对中国动用武力。道光十九年(1839年)十月一日,英国内阁会议决定派遣一支远征军前往中国。同时,巴麦尊发出多次训令给在华商务监督义律,通知其做好战争准备。道光二十年(1840年)二月,巴麦尊发出训令给远征军总司令兼全权代表、英国海军少将乔治·懿律,并发出《巴麦尊外相致中国宰相书》。这支远征军包括十六艘战舰(三桅双层炮舰)、四艘蒸汽战船、二十七艘运输船以及一艘运兵船,士兵四千名。这是一支殖民时代强大的军事力量,他们进行的是迫使中国赔偿包括销毁的鸦片在内的各种损失,以及割占中国岛屿、开放市场等赤裸裸的强盗行径。随着战事的进行,这些要求一再升级。

中国方面,林则徐虽然抽调水师、修筑炮台,对战争做了一定防备,但对英国远征军来华的意图和实力没有丝毫了解。道光二十年(1840年)六月,英军抵达广州,没有进攻而随即北上,由定海、舟山直达直隶,英国人的想法是直接将照会交给朝廷。这一行动直接导致了林则徐的下台,因为朝廷的意图是将中外的冲突解决在遥远的广州,而绝不允许他们抵达天子脚下。直隶总督琦善代表政府接待了英军统帅，并接受了照会。受命了解英国人意图的琦善使用了息事宁人的方式，他隐瞒了英军的战争意图，向道光皇帝汇报英军只是前来申诉在广州所受的冤屈。同时承诺英军只要南下广州，即可谈判解决问题。九月十五日，懿律率军南下。近在天子脚下的一场危机被成功化解了，道光皇帝对琦善大为赞赏，立即任命他为钦差大臣，同时将林则徐撤职并发配往伊犁。然而琦善到广州后却在英军的武力胁迫下，试图与英军签订和约（《穿鼻草约》），割让香港、赔偿六百万元以及实行通商。这个消息传到北京，引起道光皇帝大怒，立即下令将琦善押解回京、抄家受审。琦善的家产达一千万英镑之巨。而这个条约传到伦敦之后，同样引起了英国政府的巨大不满。道光二十一年（1841年）四月三十日，英国政府以藐视训令为由撤掉了因懿律病倒而取代全权代表一职的义律的职务。新的驻华全权代表璞鼎查被派遣来华。清朝派出皇帝的侄儿奕山为靖逆大将军兼钦差大臣南下广州，统率大军清剿逆夷，而义律在璞鼎查尚未抵达之前，展开了一轮新的军事攻击，攻占了虎门要塞以及珠江沿岸的所有战略要点。奕山与广州官员在武力不敌的情况下，又只得提出停战和谈，这次他们付出了六百万的"赎城费"才换取了英军的撤退包围。道光二十一年（1841年）八月，新任驻华代表璞鼎查抵达澳门，义律返回英国。璞鼎查接受的是新的训令，直接北上攻击，迫使清政府屈服。从八月起，除了留少数战舰封锁广州、香港外，其余战舰立即北上，先后攻克了厦门、定海、宁波；道光二十二年（1842年）六月攻占吴淞、上海；七月占领镇江。镇江被占领，切断了大运河的南北航路，使得运往北京的漕运受阻，这下真正打痛了北京的神经，也使清廷认识到军事上的彻底失败。八月二十九日，英国旗舰"康华丽"号抵达南京江面，钦差大臣广州将军耆英与英国全权代表璞鼎查在军舰上签订《南京条约》；九月十五日，道光皇帝痛苦地批准了这一丧权辱国的条约；十二月二十八日，维多利亚女王批准了该条约。《南京条约》共有十三款，包括赔款两千一百万银元，废除广州的公行垄断制度，开放广州、厦门、福州、宁波、上海五个口岸，割让香港岛，核定关税等主要内容。

道光二十四年（1844年）七月，美国代表顾盛代表美国与清廷签署《望厦条约》；十月，法国代表拉萼尼代表法国与清廷签署《黄埔条约》。

中国从此走上了被迫向列强开放的道路。在这些条约中，以领事裁判权和最惠国待遇对中国危害最大。几十年后，作为清朝派往英、法等国使臣的薛福成对这两条评论道："立约之初，有视若寻常而贻患于无穷者，大要有二：一则曰一国获利，各国均沾也……一则曰洋人居中国，不归中国官管理也。"清朝政府在还没有现代民族国家的"主权"观念的情况下，丧失了经济、政治、领土等自主的权利，英、美、法互相援引和支持与中国签订的这些条约，在日后被不断地修订和扩展，在中国被亦步亦趋地拖入现代民族国家的国际秩序的过程中，清朝将陷入殖民主义的深渊。

鸦片战争,是一场双方信息完全不对等的战争。西方殖民国家通过不断的贸易、传教士活动和出使活动,已经搜集了大量有关清朝的政治、经济、文化与社会生活的情报,对清朝的军事力量有着充分的了解。而清朝则在盲目自大的以天下中心自居的氛围中,不屑于了解世界,甚至对已有的外部知识都无人问津。在与美国、法国签订条约后,这两个国家的代表分别准备了赠送给清朝的礼物,里边包括现代科学技术书籍、望远镜、火枪、蒸汽机原理、世界地图、各国概要等现代文明的成果,而出于狭隘的天朝上国心理,清朝拒绝了这些礼物。在整个战争过程中,除了少数有气节的官员外,大多数官员的主要心思都用来对付皇帝和朝廷,隐瞒真相、编造谎言是他们惯用的手段。如果考虑这样的背景,我们会对清朝的战败有一个新的认识:这只是一个开始,清朝注定要在更猛烈的血雨腥风中才能完成自己的涅槃。

中西方文明的一些深层因素也对中外交涉有着重大的影响。道光十六年(1836年),西方一位学者在一篇评价清朝军事力量的长文中,开篇就写道:"今天,作为评价各社会文明与进步的标准,最正确的大概是:每个社会在'杀人技术'上的精湛程度、互相毁灭的武器的完善程度和种类多少,以及运用它们的熟练程度。"而道光二十年(1840年)九月,直隶总督琦善受英国远征军司令璞鼎查之邀前往英军军舰谈判,他看到一排军容整齐的年轻的英国海军学院实习生在舰队上列队时,摇头叹息道:这样的青年才俊，为什么不读书做官，而是来当兵呢？！琦善是已经完全汉化的官僚，他的价值观完全是儒家式的，还停留在中世纪。而同一时代在西方流行的，却是民族国家争权夺利的现代观念。这两种观念塑造出来的人和制度是如此的不同，从而也导致双方在冲突中表现出巨大的反差。

然而，任何一个腐败的王朝，总是存在着一丝正义和勇气。正是这些微弱的光芒，让我们看到中国走向现代的希望。道光二十一年（1841年）五月二十九日，包围广州的英军在与广州当局达成协议撤退的过程中，与广州北郊三元里的百姓发生冲突。五月三十日，周围一百多个乡里的老百姓聚集起来，手持棍棒与英军展开战斗，这些把清朝正规军打得抱头鼠窜的英军，被愤怒的民众包围在一个炮台中，损失惨重。最后在广州当局官员的调解下，百姓才将英军放走。道光二十一年十月一日，英军"复仇号"等军舰进攻定海，守城总兵葛云飞、王锡鹏、郑国鸿血战六个日夜，最后全部壮烈殉国。这些百姓和将士，面对完全现代的武器，勇敢抵抗、浴血奋战，为中华民族的浴火重生做出了伟大的奉献。

太平天国

天王洪秀全像

19世纪是一个孤立被逐步打破、国家间互相紧密联系起来的时代。殖民主义的推动,为极具扩张性的基督教的传教事业创造了条件。对于东方这个神秘的大国,许多西方的宗教团体都梦想着有一天能踏上这片国土,将福音传播到其为数庞大的人口之中。1805年,伦敦布道会通过了《圣经》汉译的决议,随后派出了牧师马礼逊前往广州学习汉语,为翻译工作做准备。由于英国东印度公司的势力已经延伸到马来半岛的爪哇、马六甲、槟榔屿等华人聚集较多的地区,英国布道会决定以马六甲作为对华传教的基地。1815年,马礼逊和米怜在马六甲创办了一份叫作《察世俗每月统记传》的刊物,以神道、人道、国俗、天文、地理等为主要内容,开始宣讲基督教教义。这份杂志是近代以来第一份中文期刊。而在米怜所雇用的中国刻字工人中,有个年轻的广东人,名叫梁发。随后他受洗成为近代第一位中国传教士。1832年,他编写的基督教传教读本《劝世良言》刊行。一些往来于东南亚和广东沿海的中国商人偶尔会携带这些免费的读本进入内地。

社会矛盾尖锐,动乱一触即发。广东与广西这些清帝国最南方的地区,由于距离行政中枢最遥远、最晚被政府接管,所以相对来说,是对清朝统治认同感最为薄弱的地区。同样由于地缘的因素,又是与外洋贸易和接触最多的地区。鸦片战争以后,随着宁波、上海等五口开始通商,广东的许多原来从事茶丝贸易的商人和工人失去了生计。经济萧条给整个地区的人民带来雪上加霜的感觉,传统的族群矛盾从而激化。在广东,"本地人"与"客家人"的社会冲突开始尖锐化。

"客家人"是一个宽泛的概念,在中国历史上北方中原地区的人民因为战争和政治的原因有过几次大规模的南迁行动,尤其是南宋,由于金人军事打击而退守淮河大散关以南地区,大量中原地区的人民南迁到福建、广东、广西等地区。这些人群保持着原来的方言、生活习惯与礼俗,很难与当地人民融合,被称为"客家人",他们是当地社会的外来集团。"客家"家族、村庄与本地村庄之间的械斗时有发生。到了19世纪中叶,由于许多客家人皈依了基督教,而许多本地人则保持着祖先、偶像和神灵崇拜,宗教的冲突加剧了土、客民之间的矛盾,也加强了客民村社的凝聚力。

宗教是人们信仰的反映。土、客民的社会矛盾尚未酝酿出一种反政府的总体行动。但随着鸦片战争的失败，南方地区经济上的严重后果开始显现出来。中英《南京条约》并没有涉及关于鸦片的内容。一场以鸦片贸易为开端的战争，最终结果远远超出了贸易的范围。所以，鸦片战争后，鸦片贸易变得愈加猖獗。鸦片进口从战争初期的道光二十二年（1842年）的三万三千箱上升到道光三十年（1850年）的五万二千九百二十九箱，每年外流的白银达到一千万两以上。白银外流加剧了经济的混乱，扰乱了白银和铜钱的兑换秩序。由于普通百姓都是以铜钱作为通货，加上洋货大量涌入，沿海地区的家庭手工业濒临破产的境地。另一方面，清朝中期，全国总人口增加到4.3亿，但全国的耕地面积却没有增加，甚至还因为灾害等原因有所减少。人均占有土地面积急剧下降的同时，土地还在向少数富人、旗人以及官庄集中。到清朝中期，全国总人口中大约有60%—90%的人处于无地状态。无地的农民只能背井离乡，流入城市充当苦力，甚至出海寻求生计。

这样一个流民群体，形成了一股强大的力量。而这一时期，秘密社会的活动也活跃起来。民生艰难与官府的腐败，为天地会等发动叛乱提供了契机。正如天地会张贴的《万大洪告示》所说的那样："天下贪官，甚于强盗；衙门污吏，何异虎狼。富贵者纵恶不究，贫贱者有冤莫伸。"在这种背景下，抗租、抗粮、叛乱等活动开始频繁爆发。

传统中国的政治体制覆盖社会的方方面面，公共事业都依赖行政体制的效率。在行政效率较高的时期，社会救助、赈济贫困等事业尚能发挥一定的功能，但在政治腐败和行政效率低下的时期，人民的疾苦几乎无人问津。天灾与人祸总是密切相连。鸦片战争前后，几次重大的自然灾害在中华大地肆虐。道光二十七年（1847年），河南严重干旱；道光二十九年（1849年），湖北、安徽、江苏、浙江等省发生大水灾，广西发生大饥荒；而咸丰二年（1852年），山东境内的黄河改道淹没了大片村社与良田。几百万人遭受灾害，损失严重，政府的救济力量实在微薄，而这些微薄的救济资金还在发放之时就被各级官员中饱了私囊。灾民们流离失所，愤怒而绝望。

所有这些因素叠加到一起，整个社会其实已经像个大火药桶了。社会的不安定感在民众的心里持续发酵，加上各种外来因素，社会动乱一触即发。鸦片战争的过程中，清朝军队的无能暴露无遗。但基层民众在三元里抗英以及广州"反入城"的斗争中却爆发了强大的力量，导致当时广东地区流传着"百姓怕官、官怕洋鬼、洋鬼怕百姓"的民谣。天地会在广东、白莲教在湖南等地发动起义，有大量百姓支持、依附，正是这种社会矛盾的真实反映。

屡试不中的洪秀全。嘉庆十九年（1814年）一月一日，洪秀全出生于广东花县西北部一个小村庄的普通客家农户家庭。按照家族起名的排行，家人给他起名为洪仁坤，小名为火秀。洪秀全这个名字是他成年成为基督徒后改的，据说是因为"秀全"两个字拆开后为"禾乃人王"，与粤语"我乃人王"发音相近。洪秀全的父亲叫洪镜扬，是个正直而勤劳的农民。七岁的时候洪秀全进入私塾，由于天资聪颖加上勤奋好学，几年下来即"熟读四书五经、《孝经》、古文……自读中国历史及奇异书籍，均能一目了然"。学业上的成就使得家族和乡里对洪秀全未来取得功名抱着很高的期望。洪秀全在幼年时代即成为家族的骄傲，这使得他在少年时代就养成了非常自负的性格，为人跋扈，并且脾气暴躁。

洪秀全成年后，先后四次前往广州参加科举的最低一级——生员的考试。洪秀全四次都以童生的身份参加秀才试，最终连最低一级的功名都没有取得。这对于自幼被家族寄予厚望的年轻人来说，心理上的打击无疑是毁灭性的。

道光十六年（1836年），二十二岁的洪秀全第二次赴广州参加府试的时候，经历了两件让他记忆深刻的事情。他从小就学习的经书《礼记·礼运》中关于"大同"的思想对他产生了很大的触动，这段话说："大道之行也，天下为公。选贤与能，讲信修睦，故人不独亲其亲，不独子其子，使老有所终，壮有所用，幼有所长，鳏寡孤独废疾者，皆有所养。男有分，女有归。货恶其弃于地也，不必藏于己；力恶其不出于身也，不必为己。是故谋闭而不兴，盗窃乱贼而不作，故外户而不闭，是谓大同。"

"大同"社会的特点是公有制，人们没有私产，也没有私心，社会没有犯罪，老弱病残都得到妥善的抚养。这是中国古代圣贤所设想的最完美的社会制度，是存在于传说中的"三代"的社会制度，是古人头脑中虚拟的理想社会。这种完美的理想制度虽然不是现实中存在过的，但是古代思想家和政治家往往将它作为一个参照物，对现实社会的种种弊病进行批判。更为重要的是，这种完美的社会理想，往往会成为处于动乱时代流离失所困境中的人民心目中的理想国，也容易成为那些处于社会底层的失意人士的思想寄托。对于他们来说，"大同"社会既是理想，又是武器。《礼记》中的这段话对中国近代社会的影响是巨大的，从洪秀全太平天国的实践，到孙中山的民主革命，都与其有着深层联系。

另外一件事情就是，洪秀全在广州遇到两位基督教新教的传教士，其中一位叫史蒂文斯，他身穿一件长袍，蓄着长须。他们递给了洪秀全一本《劝世良言》。因考试失败而心事重重的洪秀全携带着这本分为九章的小册子，回到了家乡。

就在洪秀全第二次参加府试失意而归的道光十六年（1836年），令清朝中央头痛的主要问题是要不要禁止鸦片贸易。弛禁与严禁两种意见正争吵得不可开交。二月，邓廷桢出任两广总督，接到道光皇帝的谕旨命令剿灭鸦片。邓廷桢立即展开卓有成效的行动，在林则徐抵达广州之前即开始了轰轰烈烈的禁烟运动。清朝官方对于这个王朝的未来只是有隐约的担忧，立即到来的危险尚没有人能够觉察。而洪秀全这一类底层士人，正专注于获取功名的科举考试，虽然接连遭遇失败，但并没有什么理由让其放弃。谁不是这样呢？广州与他同一时间在科场上奋斗的还有另外一个叫朱次琦的年轻人，这年他二十九岁，已经获取了生员的资格，正在为考中举人参加乡试而挑灯夜读。朱次琦日后成了公羊派经学的著名学者，康有为正是跟随他学习了"大同"社会的学说。

"大同"学说所具有的革命性，我们可以从此看出一个端倪。叛逆的火种开始在人们的思想中萦绕，它需要的是一个外在的形式和机会。具有决绝的行动能力的人往往会走上革命的道路，而只是专注于思想的人往往倾向于设计改良的蓝图。

道光十七年（1837年），洪秀全第三次赴广州参加府试。在之前的县试中，他再次高列榜上。但是这次府试他还是名落孙山。这次落第对洪秀全的精神打击很大,导致他得了大病,不得不雇用两名精壮的轿夫于清明节这一天将其抬回家里。在这场断断续续的昏迷大病中,他身上发生了奇怪的"异象":他开始不断做梦,梦见有人将他抬到一个光明华丽的地方,有"天母"引领他到河边沐浴,说:"我儿,你在凡界身体弄脏了,让我给你到河中洗涤,然后再去见你父。"有许多年长的圣者将他引入一个大宫殿,进行换取心肝五脏的手术。最后他终于来到天庭,见一身穿乌龙袍、蓄着金色胡须的长者赐予他一柄斩妖宝剑和一方斩妖玺。他还遇到了一位他称为长兄的中年男子教他如何斩灭妖魔。洪秀全还看到孔子在向天父忏悔罪孽。在这种神智昏迷的幻觉中,洪秀全病了四十多天。偶尔清醒的时候,则头发直竖径自奔向其父身边,鞠躬说道:"天上至尊的老人,已令全世之人归向我了,世间万宝皆归我所有。"有时候他会起身在室内走动,大呼"斩妖!斩妖!"

研究洪秀全幻觉的现代心理学家指出,洪秀全梦中的那位金色长须的老者肯定是他前一年在广州碰到的那位传教士的形象,而四十天的昏迷与耶稣在旷野中经受考验的经历相对应,由此可看出,洪秀全回家后认真研读过传教士发给他的《劝世良言》,那本小册子中关于世人崇拜偶像等罪孽的论述在他心理底层留下了影响。有学者指出,考试落第产生的巨大失望、悲苦、怨恨、羞耻等情绪的强烈刺激，使得洪秀全患了一场"急性精神病"。但是通过这种幻觉，洪秀全从心理上洗刷了屡次不第的耻辱，并从"天上至尊的老人"那里取得了对"全世之人"的统治权，这对于一个追求功名的士子来说，不啻一种心理安慰。

洪秀全从这场大病中康复后，性格和体貌都发生了很大变化。他性情变得温和、友善和宽容，步伐似乎也更稳健，而身材变得比原来高大。梦中的异象和经历，被人当作"疯人的行为"逐渐淡忘。洪秀全继续在乡村中做私塾的老师，直到六年后，他第四次、也是最后一次赴广州参加府试。遗憾的是，洪秀全再次落第。经历过前一次的大病，这一次洪秀全平静了许多，只是愤然发誓，不再参加清朝科举，而是发出了"等我自己来开科取天下士罢"的惊人豪言。回家后，洪秀全继续其教书的生涯。有一天，他的表兄偶然看到七年前得到的小册子《劝世良言》，读后对此书大加赞赏，认为"内容奇极，大异于寻常中国经书"。洪秀全再次认真研读《劝世良言》，并将书中所说内容与自己六年前的梦幻联系起来，才恍然大悟赐给他宝剑的至尊老人，就是要他斩妖除魔、除去世间不平痛苦的天父上帝，而教他如何斩妖的中年人就是救世主耶稣，他自己便是上帝的次子、耶稣的弟弟。这样，一种新的"三位一体"就诞生了。洪秀全无疑成了上帝在人世的代言人，上帝还明确授权其统治世间的众生——兄弟姐妹。洪秀全认为庙宇中的各种偶像无疑就是妖魔。洪秀全将几年前梦中的幻觉与《劝世良言》中的宗教故事一一联系起来,为自己几年前的幻觉找到了合理的意义,同时也为自己多年不能得志的人生理想找到了奋斗的方向。他为这一启示欣喜若狂,于是和表兄李敬芳一起,按照《劝世良言》中描写的方法为自己做了洗礼,并向上帝宣誓不拜偶像和邪神。

对于一个在现有体制中走投无路的人来说,宗教性的顿悟和空想具有重要的调适作用。多年来的精神压抑与现实生活中的不断挫败感,开始扭转洪秀全的人生目标与自我实现的方向。道光二十三年(1843年),洪秀全在广州应考之际,正是广州人民轰轰烈烈的"反入城"斗争的时期。按照一年前签订的《南京条约》,五个口岸都应向外国人开放。外国人可以合法地进入这些开放口岸居住。但是广州居民坚决反对洋人入城居住,官府对民众的压制,加深了民众对清朝官僚体制的仇恨。这种仇恨扩散到民间各个阶层,也成为洪秀全思想转变为反叛的重要动力。

成立"拜上帝会",大力发展会众。洪秀全自行洗礼后,就一心投入研习《劝世良言》和自我修行的宗教事业。随后,他劝说他的好友、也是广东客家人的冯云山信奉了基督教,他的亲戚和家人也相继成为信徒。其中有比他小九岁的族弟洪仁玕,在太平天国后期的政治中枢扮演了重要的角色。19世纪40年代的广东，这几个形单影只的、自行施洗的基督教徒，开始了其虔诚的传教事业。他们首先将乡里附近寺庙中的塑像捣毁，将孔子的牌位扫地出门。这使得洪秀全很快失去了私塾教师的职位，被乡绅势力目为大逆不道。他们遵照《圣经》中所说的"从未有先知受人尊敬于本乡及家中"的指导，开始外出，前往邻近地区和广西传教。几个月后，洪秀全回到家乡，在重修教业的同时，开始自己编写传教著作，他从《圣经》和儒家四书五经的代表作《礼记·礼运》等经典中汲取思想素材，写出《百正歌》《原道救世歌》《原道醒世训》等作品，成为拜上帝教最初的文献。与此同时，冯云山则继续在广西传教并取得了良好的效果，组织起了拜上帝会。

道光二十七年（1847年），洪秀全前往广州，向美国南方浸礼会传教士罗孝全牧师学习《圣经》，并借此了解基督教礼仪与教会组织的知识。这是洪秀全首次有机会全面阅读《圣经》并直接向西方传教士学习，这对他在宗教思想上的发展有深刻的影响。三个月后，洪秀全离开广州，前往广西寻找冯云山。而这个时候，由于冯云山卓有成效的工作，广西拜上帝会的信徒已经达到三千多人，在以矿工、烧炭工和客家贫民为主体的信徒中，也加入了一些受过良好教育的富户。这些早期成员中，有烧炭工杨秀清、贫苦农民萧朝贵、读过私塾的韦昌辉，以及家境富裕的石达开。拜上帝会的领导核心形成了。从宗教的组织体系来看，洪秀全作为上帝的次子、耶稣的弟弟，被公认为首领。而冯云山被称为上帝的第三子,杨秀清为第四子,韦昌辉为第五子,杨宣娇为第六女、其夫萧朝贵为妹夫,石达开为第七子。这一依附于上帝的"神圣家族"形成了。组织核心的形成为拜上帝会的迅速发展提供了有利条件,同时洪秀全也开始进行一些规章制度的制定。他模仿《摩西十诫》编写了拜上帝会的"十款天条",作为会众的戒律。

拜上帝会建立了自己的组织以后,开始大力发展会众。组织初期的活动还局限于正常社会秩序的范围,但其拆毁庙宇、砸倒偶像的行为,触动了地方乡绅的利益。道光二十七年(1847年)年底,广西紫荆山乡绅王作新带人抓捕四处传教的冯云山,并到官府控告其"迷惑乡民,结盟聚会,不从清朝法律"。桂平知县为免事端,将双方斥责了一通了事,但决定以"无籍游荡"之名将冯云山押解回广东花县原籍管束。冯云山在递解途中充分发挥了自己雄辩的口才,他与押解他的两个差役谈论敬拜上帝,走了没有几里地,两个差役即决定皈依上帝,并护送冯云山一起返回紫荆山,接受洗礼,成为信徒。地方乡绅与团练的逼迫,使得拜上帝会开始转向密谋起义,建立天国。洪秀全也通过撰写《原道觉世训》等文献,在理论上提出"上帝"的对立面、一切妖魔邪神的代表"阎罗妖",并严厉谴责历代帝王僭称为"帝"的罪行,将斗争的矛头指向统治政府。此后,"阎罗妖"即成为太平天国对清政府的称谓。

正是在这个远离清朝政治中心、人民遭受疾苦最为惨重的地区，洪秀全及其同伴的宗教事业获得了空前的成功。道光二十九年到三十年（1849—1850年），广西发生大饥荒，更多的百姓加入拜上帝会。人民真诚地皈依这个外来上帝，统一而有组织的生活为他们穷苦绝望的人生提供了光明的希望，他们甚至认为，信奉洋教便可不受官府的干预。到道光三十年，拜上帝会会众已经达到上万人，并且开始向广西桂平金田村聚集。六月，所有会众被要求变卖财产，将所得交到设在金田的圣库，人民将从圣库领取生活用品。这种原始共产主义的理想模式，对穷人有着巨大的吸引力。

中国社会科学院历史研究所研究员 鱼宏亮

太平天国的意识形态，来自《礼记·礼运》这一篇，以整个儒家学说中的完美社会为原本，并结合了近代传来的基督教的社会理想。他把这两种资源认知结合在一起，构建了一个社会蓝图。它忽视人类社会在长期发展过程中客观存在的种种限制，包括人性的种种局限，直接取消各种差别，要求一步进入完美社会。这样的一个空想社会，在理论上是虚幻的，在实践中往往带来更加有破坏性的结果。这是我们总结人类社会上历次以空想为思想指导的社会运动得出来的一个经验。

建立太平天国，爆发革命。通过聚集会众、建立圣库等一系列措施，从理论上和制度上，拜上帝会已经做好了发动革命的准备。从道光三十年（1850年）夏天起，各地拜上帝会的首领根据天父、天兄的旨意，开始发动群众集结。到十一月，各路人马在杨秀清的统一指挥调度下，集结到金田地区。在集结的过程中，与清朝堵截的军队发生战斗，天地会的许多成员也加入进来，原天地会水上武装的首领罗大纲也于此时投奔义军，最后成为太平天国的重要将领。十二月底，洪秀全和冯云山结束几个月的秘藏"避吉"，在大队"扶主"人马的拥护下返回金田村。此时聚集起来的会众已经达到两万多人。对于如此庞大的军民，洪秀全发布了严格约束纪律和分别男女的五条军纪。咸丰元年（1851年）一月十一日，洪秀全三十七岁（虚岁三十八岁）生日这天，拜上帝会决定以正式宣布革命、建立新政权的方式为其祝寿。洪秀全宣布建立太平天国，自己为太平天国"天王"，以次年为太平天国辛开元年。"太平"反映了自古以来中国老百姓对安定的理想社会的追求，"天国"则来自于《圣经》。会众全部组织为"太平军"，实行军民合一的社会制度。太平军宣布清朝统治者为妖魔，命令太平军不再剃发，按照中原地区本来的习俗留起长发，因此被清朝称为"长毛"。太平军向北进发，于九月攻克重镇永安，在此停留了半年，积聚粮草，进行制度建设。原来封王的神圣家族的领导核心成员分别被封为东王杨秀清、南王冯云山、西王萧朝贵、北王韦昌辉、翼王石达开。天国按照《周礼》设置了王朝的各级官职，颁布新的历法——太平历。太平天国正式向全国发布檄文，指出清朝以满人压迫汉人以及严重的腐朽统治，号召全

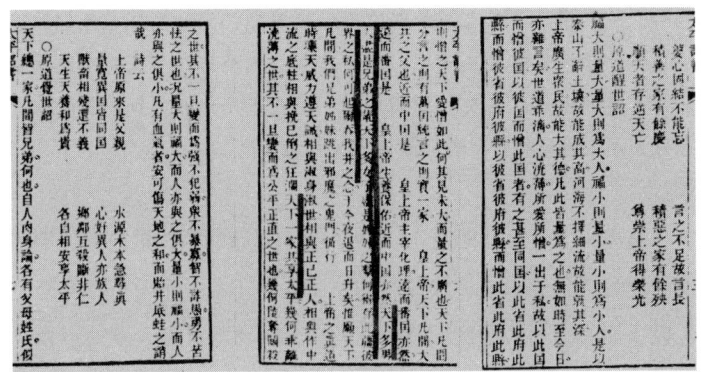

太平天国政权颁布的太平诏书

国人民推翻清朝。这样,历时多年的艰苦准备,太平天国运动正式轰轰烈烈地爆发了。

洪秀全和冯云山建立了拜上帝会后,为组织会众做了许多准备。所谓"避吉"是道光三十年(1850年)四月,洪秀全在领导层的劝说下,在平在山称王登基。但由于公开的时机还不成熟,加以洪秀全是外地人,所以秘藏在信众胡以晃家以保安全。而此时拜上帝会的第二位领袖冯云山则因为被乡绅控告而被递解回籍,也不宜露面,亦随之秘藏。在这个空位时期,杨秀清和萧朝贵以广西当地"降僮"的习俗,取得了为"天父"上帝、"天兄"耶稣代言的资格。这样,在拜上帝会的领导集团中,几位核心领导人的地位发生了微妙的变化。杨、萧二人正是在这段空位时期,充分发挥了他们的组织领导才干,发布起义号令,将会众集结到金田,并成功击败清朝地方武装的围堵。起义初期的成功,助长了个人权力欲的膨胀,这也为太平天国领导集团的分裂埋下了祸根。

道光三十年(1850年)二月,道光皇帝病逝,这位在位期间生活尽量节俭却依然多灾多难的皇帝,留下了一个千疮百孔的朝廷撒手西去。皇四子奕詝继位,改次年为咸丰元年。此时广西正是天地会四处起事之时,广西方面军政大员眼看无法掩盖真相,赶忙上报朝廷,并调集军队弹压。十月,朝廷想起因为在广东坚决禁烟而被弹劾,正在福建家乡养病的林则徐,林则徐曾在云贵总督任上妥善处理边事,这给朝廷留下了深刻印象。十月十七日,朝廷任命林则徐为钦差大臣,连下谕旨命其"兼程驰赴"广西。林则徐于十一月一日接到谕旨,五日即不顾重病从福州启程,但一路上腹泻不止。当他行至离潮州不远的普宁县城时,身体终于不能支撑了。十一月二十二日,林则徐在广东普宁病逝。这位伟大的爱国者将自己的生命毫无保留地贡献给了这个令他不能瞑目的世界。据说他临殁前高呼"星斗南"三字,到底是什么含义也成为千古之谜。当年十一月,广西地方各级官员才得到了金田等地拜上帝会起事的消息。十二月八日,广西巡抚郑祖琛飞马向朝廷奏报。对于林则徐的病逝,朝野深感惋惜,只好起用前两广总督李星沅为钦差大臣,前往广西剿办。李星沅咸丰元年

（1851年）一月抵达广西柳州后，才真正搞清楚拜上帝会起义才是大清王朝的主要威胁。

从乾隆晚期的白莲教起义起，最高统治者就发现国家的主要武装力量八旗和绿营已经涣散腐败，不堪一击。清朝的军队总数量表面上还很庞大，但各级武官都有虚报名额、顶吃空饷的陋规。加上驻防分散、机动困难，实际上很难应付突发事变。这在鸦片战争与英国人的多次交战中已经暴露无遗了。同时，清朝的国家制度已经行将就木，运转艰难，不能灵活而有效地应对时局的变化了，所以朝廷逐渐开始依靠地方团练的力量来维持安全。地方团练依靠的是主持之人的能力与决心，效果完全取决于地方乡绅对于地方的凝聚力。这就为备受满族压迫的汉族大臣的崛起提供了契机。

清朝调集军队将太平军围困在永安大约半年之久，而太平天国在此期间继续对军事、军纪和官制进行完善，以东、西、南、北、翼五王为"五军主将"的军事制度确立。咸丰二年（1852年）四月三日，洪秀全发布动员令，令太平军抛弃辎重，轻装全军突围。负责围困的清军主帅赛尚阿直到次日凌晨才获得消息，此时太平军主力早已突出重围。从此，太平军经过围困桂林、攻占全州，力量迅速壮大，并于六月突入湖南，但在攻占长沙的过程中，遭到挫折，导致不得不放弃长沙，北上攻占岳州。在这个过程中，南王冯云山在全州牺牲，西王萧朝贵在长沙牺牲，太平军损失了两位杰出的军事统帅。十二月十三日,太平军攻占湘北重镇岳州。岳州是洞庭湖通往长江的门户,是大米、木材、油盐等物资的重要集散地,也是清军军饷的转运所。但是,岳州的防卫十分薄弱,兵额只有几百名。湖北提督、岳州知府等守将闻讯即逃回武昌。太平军在岳州征集到五千多艘民船,任命在长江沿岸有着很高威望的水手唐正才为典水匠,职同将军,筹建了太平军的水营。这样,清军长江沿线的防务就危在旦夕了。十七日,在一个当地老人的指引下,翼王石达开发掘出了一百五十多年前三藩之乱时吴三桂暗藏的一个巨大军火库。太平军经此军器火炮装备,加上五千水军,从岳州启程,"千船健将,两岸雄兵",直取武汉。二十二日,太平军占领汉阳。二十九日,占领汉口。在汉口,由水军统帅唐正才率军建造了两座跨越长江的浮桥,史称"桥宽丈余",桥下由铁锚沉在江中固定桥身,人马往来,如履平地。浮桥的建成,使得太平军得以运用火炮等重型武器围攻武昌。咸丰三年(1853年)一月十二日,太平军将领陈玉成率领几十名童子军敢死队登上城墙,太平军攻取武昌。清朝湖北巡抚常大淳等一百多位文武官员死难。

占领武汉三镇,太平军获得了一万条船只和上百万银两以及大批粮草弹药,此时的太平军已经达到五十万人。太平军在武昌度过癸丑年元旦之后,从二月起陆续起兵顺江而下,直逼江宁(今江苏南京)。经过外围的扫清战斗,三月十九日,太平军采用穴地攻城法轰塌江宁北城仪凤门城墙,太平军蜂拥而入。此时清军江南提督福珠洪阿、邹鸣鹤等人都已战死。只有上元县令刘同缨"公服坐大堂",将官库和自家银两堆在桌上,恳求攻入的太平军收此银两,为城中的百姓留一条生路。太平军感念此人尚有良心,不忍杀害。但刘同缨随即自杀身亡。大清王朝的江南重镇,就这样沦陷了。随后,太平军占领了镇江、扬州,形成了对江宁三足鼎立的护卫。

洪秀全早前其实设想定都河南,因为河南为中原核心地区。但他本人对河南的实际情况并不了解,所以提出这个意见后,遭到东王杨秀清的反对。根据后来的《忠王李秀成自述》,在攻打江宁以前,为杨秀清驾船的一个湖南水手就对杨秀清提出了不应去河南建都的建议。由于都不了解情况,所以杨秀清听取了这个意见。此后,由于新修的天王宫殿不慎失火被毁,洪秀全又有了建都河南的想法,但是杨秀清以"天父"代言的形式否决了这个动议,并威胁给予责罚,洪秀全才打消了这个念头。

定都江宁,颁布《天朝田亩制度》。咸丰三年(1853年)三月二十九日,洪秀全乘坐由三十六人扛抬的大轿,像皇帝那样进入江宁城,前一天入城为迎接天王做准备的东王杨秀清的大轿由十六人扛抬,太平天国正式定都江宁,改称天京。洪秀全以原清朝两江总督衙门为宫殿,五月开始大兴土木改建新宫。宫殿不慎失火被毁后,次年二月,又在原址进行重修。天国皇宫分内外城、苑囿,外城叫太阳城,内城叫金龙殿,苑囿叫后林苑。皇宫南边修建了一座大型广场,广场中建一高台叫作"天父台",供人登高敬天。天国的其他王侯都各有王府,穷极奢华。从道光二十三年(1843年)洪秀全最后一次参加科举,到如今,经过十年的奋斗,洪秀全终于实现了"等我自己开科取天下士"的誓言。当初拜上帝会的伙伴们,除了冯云山与萧朝贵已经捐躯外,所有人都实现了当初朴素的愿望。然而,天国的版图仅有长江沿岸的几个重点城市辐射的湖北、江苏、江西、安徽的小片地区。清朝调集大军在江宁东郊设立江南大营,在扬州城外设立江北大营,虎视眈眈,试图将太平天国扼杀在摇篮之中。太平天国几十万的军队从广西一路打到江宁,拥有了一片宝贵的立足之地。但如何管理这些地区,成了摆在天国核心决策层面前的首要问题。

《天朝田亩制度》

既出于洪秀全等人对未来社会的设想,又由于战争形势的逼迫,太平天国对占有地区——主要是江宁城,采取了完全军事化管理的措施。首先拆散家庭,将男女人口编入男行、女行,严禁男女私会、家庭生活;其次是实行共产的圣库制度,所有个人和家庭的财产都须上缴天国圣库,社会生活实行供给制,名为"各储其材,各利其器,凡有所需，无不如意"；第三，下令居民蓄发变服，每日诵经敬拜上帝。除此而外，捣毁一切庙宇、邪神、偶像，焚毁孔孟诸子百家的"妖书邪说"，并以天国官方刊印的读物宣扬拜上帝教教义，进行开科取士。社会生活方面实行道德净化主义，严厉禁止吸食鸦片、饮酒、嫖娼，禁止缠足，颁布新的历法等。这些政策的实施，虽然在新占领区的居民中引起很大骚动，但是由于处于战时环境，所以人们不得不暂时遵从。咸丰三年（1853年）十二月，天国领导层制定出了更为系统的社会制度的指导方针，这就是《天朝田亩制度》。《天朝田亩制度》建立在这样一种社会理想之上："务使天下共享天父上主皇上帝大福，有田同耕，有饭同食，有衣同穿，有钱同使，无处不均匀，无人不保暖。"对于传统中国社会的农民来说，最大的财富无疑就是土地，所以，《天朝田亩制度》的核心内容为"田产均耕"，按人口平分土地是这个制度的精华。另外一个重要方面，就是贯彻天国的宗教意识形态，实行文化与宗教合一。洪秀全根据自己对《圣经》的理解，编制了新版《三字经》，开篇为"皇上帝，造天地，造山海，万物备，六日间，尽造成……"，以浅显的宗教内容作为儿童启蒙教育的读物。在天国的科举考试中，以白话文取代清朝科举的八股古文，内容为拜上帝会宗教文献，考生则来自三教九流，包括算命者和巫师，实现了天下除妖魔外都是兄弟姐妹的宗教理想。太平天国解放了妇女，这不仅是因为基督教要求男女平等，也因为在太平天国的战斗中，妇女也发挥着重要作用，所以天国的政治机构中也有女官。女馆则用来收留那些家人阵亡和孤身在家的妇女。

太平天国实行的社会制度,部分来自洪秀全喜欢的《礼记》中的《礼运》篇,部分来自《圣经》和其他宗教宣扬教义的文本。理想的社会模式在理论上是空想的,在实践中往往会产生种种问题。在初入南京时,太平军的元老蒙得恩曾经提出建议:当安民,毋用男行女行法,但抽丁为兵,先定江南,再图进取,如明初故事。这一建议本来是非常理性的策略,但由于与天朝的理想不合,被弃之不用。由此我们可以看出,太平天国从走出金田到占领南京,狂热的宗教情绪起着重要的作用。但是对于新朝的建设,这种狂热往往导致相反的结果。

内部分裂导致覆灭。太平天国初期的军事胜利,迫使清廷放开对汉族官员的限制,命令他们在家乡举办团练来抵御进攻。咸丰三年(1853年),因母亲去世正离职在家守孝的曾国藩接到朝廷谕旨,命其帮办团练。曾国藩是湖南湘乡出身的一位信念坚定、勤奋读书的官员,他在礼部担任侍郎期间,一边勤勉读书,一边按照宋明理学的义理进行严格的修身。他对传统儒学中"静""耐""约"几种品质有着深刻的理解和坚持,在行政事务中,形成了处变不惊、临危不惧和务实克己的原则。曾国藩以捍卫孔孟之道为号召,以地方性家族背景为基础,建立起一支精悍的"湘军"。咸丰四年(1854年),湘军在湘潭取得一场大捷;

十月，收复了被太平军占据将近半年的武汉三镇。曾国藩由此崛起于晚清的政治舞台之上。但太平军在咸丰五年（1855年）和咸丰六年（1856年），分别夺回了武昌，并摧毁清军江南、江北两个围困太平天国的军事大本营，整个长江流域都变成太平天国的统治区。就在军事形势如日中天的时候，太平天国内部出现了分裂。

东王杨秀清是天国的第二号人物，但在宗教上，他却是"天父"的代言人，在天父附体传言的时刻，

曾国藩像

洪秀全作为天父的第二子，往往要屈从于天父的旨意。杨秀清在军事上有着卓越的指挥才能，在摧毁两个大营以后，他深信自己的才能远在天王之上，因此开始策动政变，想把自己变成太平天国的"万岁主"。洪秀全感觉到了这种危险，密诏韦昌辉和石达开赶回天京勤王。韦昌辉连夜赶回天京，将毫无准备的东王及其属下两万多将士杀戮殆尽，甚至将赶回后对其杀戮表示不满的石达开全家也全数诛杀，石达开只身逃出天京。洪秀全也无法容忍北王的滥杀，于三个月后将其诛杀。洪秀全从此沉湎于后宫，纵情享乐，以忘却心头的烦恼。翼王石达开短暂的辅佐，以及堂

弟洪仁玕从香港抵达天京后出任总理,都无法弥补这场内讧对太平天国造成的根本性损害。太平天国后期的主要将领李秀成等人天才的军事指挥,也只是延迟了太平天国覆亡的时间。咸丰十年(1860年),曾国藩被任命为钦差大臣兼两江总督,他的两大幕僚——李鸿章和左宗棠两人的军事地位也在迅速上升,前者创办

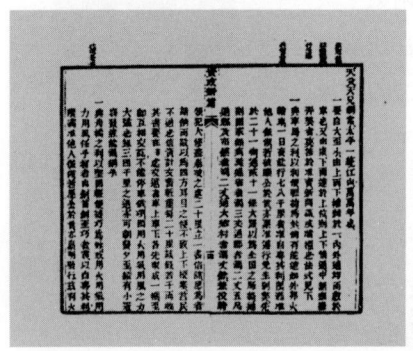
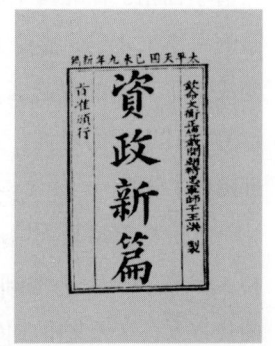
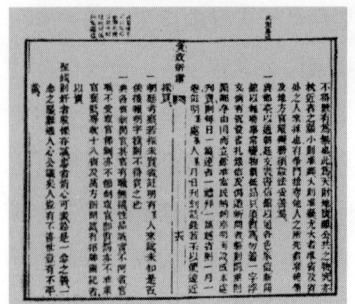
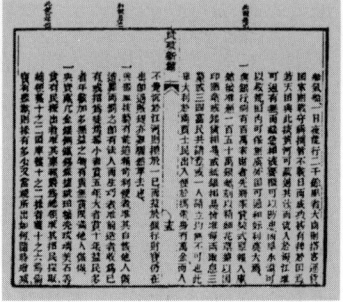

《资政新篇》是由洪秀全的堂弟洪仁玕撰写的,是中国近代第一个比较完整的向西方资本主义学习的方案。但由于受太平天国本身历史条件的限制,未能实施。

了淮军，后者则在浙江肃清了太平军的后援。天京被围得铁桶一般严密，城内已经无粮可食。洪秀全却勉励人民吃"甘露"（野草）活命。李秀成恳求天王突围去江西和湖北开辟新的根据地，但天王拒绝离开皇宫。同治三年（1864年）六月一日，精神崩溃的洪秀全自尽身亡。李秀成辅佐洪秀全幼子洪天贵福登基。七月十九日，曾国荃率领湘军炸开天京城太平门，对全城进行杀戮，太平天国覆亡。

《克复金陵图》，反映湘军攻破太平天国天京城的情景。

李秀成被俘后，写下了数万字的所谓"供词"，对太平天国事业的兴亡进行了血泪反思，也为我们留下了一份了解太平天国历史的珍贵文献。太平军的余部，包括石达开所部的将士，虽然坚持战斗了几年，最后仍难免失败的命运。

太平天国虽然失败了，但这场运动给中国社会带来了深远的影响。清王朝由于太平天国的打击，统治力量大为削弱，不得不起用汉族士大夫的力量来维持其最后的几十年的统治。而通过镇压太平军而崛起的湘军等地方大臣——曾国藩、李鸿章、左宗棠等人成了晚清政治舞台上最为重要的人物；湘军、淮军等地方团练则成为几十年后影响中国历史进程的北洋军阀的前身。更为重要的是，太平天国起义所揭示的革命精神，成为激励中国革命的重要源泉，孙中山在十二岁便立志做洪秀全第二，他的民主革命理论也受到太平天国社会理想的影响。太平天国的革命实践代表了中国人民对传统腐朽的专制制度的反抗和控诉，但并没有创造出新的社会形态来使中国走出中世纪式的黑暗政治。因此，它没有摆脱"其兴也勃焉，其亡也忽焉"的改朝换代的历史周期律。对于中国革命道路的探索，依然是摆在仁人志士面前的艰难课题。

自强运动

《避暑山庄万壑松风》。万壑松风，避暑山庄一景。第二次鸦片战争中，咸丰皇帝为避英法联军兵锋，曾到山庄"避暑"。

第二次鸦片战争以及英法联军攻破北京、火烧圆明园，同时也烧掉了清朝上层中保守派的堡垒。改革与积极进取的呼声开始占据高层决策的主导意见。总理各国事务衙门的成立，是标志着官方主动应对外部侵略与自我救亡的重大举措。太平军的平定，借重了西方的武力，亦使清朝的封疆大吏们切身体会到了西方工业的先进。东南各省的大员纷纷采取学习、引进的措施，建立机构、翻译西书、开办厂矿，试图在工业领域做出成绩，赶上西方。"富国""强兵"成为这一时代的两大主题。中国也就此开始了现代化的艰难历程。

从第一次鸦片战争的节节败退、签订丧权辱国的《南京条约》等一系列合约到十几年后条约规定的换约时间，中间发生了许多事情。但是，没有任何迹象表明清朝统治者做好了从耻辱中改变与奋起的准备。

以条约羁縻各国，赢取时间"自图振兴"。《南京条约》等一系列条约的签订，对于大多数中国人来说，无疑是一记棒喝。然而对于道光皇帝和办理交涉事务的官僚来讲，却是一种解脱。他们庆幸终于摆脱了洋人要直接到北京谈判的麻烦，以把洋人的活动限制在五个开放口岸而沾沾自喜。战后，耆英以《南京条约》签订人的身份获得了空前的权力，就足以说明这一点。除了广州人坚决反对洋人进入城内而发起了声势浩大的抵抗运动、几个士大夫痛心疾首地编著了几本了解外国的著作外，没有任何迹象表明这一事件对这个体制产生了多大的震动。

中国社会科学院近代史研究所研究员 马勇

中国在第一次鸦片战争中被打败了之后，开放了五口，在这个过程当中，中国如果能再接再厉，像林则徐、魏源讲的那样"师夷长技以制夷""睁眼看世界"就好了，但是朝廷不这么想，他们觉得现在很好，因此，从1842年到1860年第二次鸦片战争，中国错过了十八年的发展机遇，没能主动向西方学习。

按照道光二十四年（1844年）签订的中美和中法条约，在十二年后应该重新修订合约。这是列强预留的进一步侵略的伏笔，但大清政府完全没有应对。十二年后，当英、法、美三国公使共同要求修订条约的时候，道光皇帝的指令是一定要维护《南京条约》等"万年合约"的完善安排，禁止提出其他要求。仅仅过了十几年，鸦片战争失败的屈辱感已经一扫而光，甚至成了朝廷坚守的底线。

咸丰八年（1858年）四月，英、法两国代表额尔金和葛罗率军抵达大沽口，并攻占了天津，以武力要求与清朝谈判修约。咸丰皇帝派出了七十三岁的大学士桂良参与会谈，最后达成了《天津条约》，规定清政府新开放十个口岸，外国人持护照可以在内地游历，限定外国进口商品的厘金不得超过2.5%，赔偿英法两国战争费，外国传教士可以在内地自由行动等条款。两国政府批准条约后，在交换条约的地点与进京路线问题上发生了争执，这导致了英法联军于咸丰十年（1860年）八月发动向北京的进攻。咸丰匆匆逃出首都，到位于京城东北部近三百公里的热河行宫去避难，而英国外交公使额尔金与法国公使葛罗则率联军攻进北京大肆烧杀抢掠，直至劫掠圆明园的所有珍宝并一把火将其烧为灰烬，犯下了人类文明史上罕有的滔天罪行。十月，《北京条约》签订，规定外国公使可以常驻北京，增加英法两国的赔款到白银八百万两，天津外国商务区对外开放并允许外国人居住，英国割去了九龙半岛。而俄国公使伊格那提耶夫以居间调停的角色诱使清政府签订中俄《北京条约》，不费一兵一弹，将中国黑龙江以北、乌苏里江以东四十万平方公里的领土变成了俄国的两个省。

咸丰十年（1860年）八月，清军与英法联军在北京通州八里桥一带展开激战。

第二次鸦片战争的一系列条约，构成了一个坚固的条约体系，将中国牢牢地禁锢在外国的特权之下，直到1945年雅尔塔会议前，中国一直未能摆脱这个体系的掠夺。英法联军攻占首都、迫使皇帝外逃、焚毁号称"万园之园"的皇家园林，标志着这个自称世界中心的文明古国被彻底打败并遭到无情的羞辱。1840年以来清朝仅存的一点尊严丧失殆尽。四年后，完全是由于太平天国内部的原因而使得清朝得以将其彻底镇压。签订条约后，暂时的平静与内部危机的暂时消失，使得一部分汉族士大夫开始从更深层次来思考二十多年来的内忧外患，其结果就是中国第一次现代化的努力。

咸丰十年（1860年），在英法联军攻入北京后，负责留京谈判的恭亲王奕䜣会同大学士桂良、文祥上了一个奏章——《通筹夷务全局酌拟章程六条折》。这个奏章是受到严重挫折的清政府统治阶层对两次鸦片战争失败的一个全面反思和总结的文件，它在认识上的一个重大突破是终于承认俄、英、法、美等国在实力上强于清朝，无论"剿"还是"抚"都将面临国家利益的丧失。其次是建议成立专门的机构来处理夷务，以同等国家的身份来对待这

恭亲王奕䜣像

些远道而来的国家，不再以进贡、藩邦等形式来处理。这就促成了近代中国外交体系的形成。但是，对于林则徐、魏源、梁廷枏、徐继畬等汉族士大夫对西洋各国的研究与知识，最高统治层显然完全没有了解。他们对自己的对手的认识，还建立在中国历代夷患的经验之上。因此，奏章将局势比喻为三国时期魏、蜀、吴鼎立，认为应当借鉴诸葛亮的方法，暂时放弃敌视西方的政策，以条约羁縻各国，赢得时间"自图振兴"，最终战胜西方。它对主要敌人做的排序是：太平天国与捻军是占首位的心腹之患，俄国是占第二位的肘腋之患，英、法等国为肢体之患。六条建议主要是设立一个专门的衙门办理外交事务，在天津设立一个办理通商大臣，以管理三个北方口岸；令广东、上海各派两名通晓外语的翻译来京当差；于八旗子弟中挑选天资聪颖、年龄在十三四岁以下者学习外国语言；各海口内外商情与各国新闻纸，按月呈报总理衙门。尽管这个奏章显示了清朝统治者对外界的茫

昧无知，但他们却愿意面对现实，并且以积极的态度来应对这场危机。接到奏章，咸丰皇帝随即下发各亲王、王大臣、总理行营大臣、军机大臣讨论后，批准了各项措施。随后，奕䜣等人又上《总理衙门未尽事宜拟章程十条》，具体确定了总理衙门的设置事宜。三月十一日，总理各国事务衙门正式设立。在未来的二十多年中，总理衙门的权力超越了外交事务的范围，而成为国家政务的中心。总理衙门下设的两个附属机构，一为同文馆，最初只教授外语，为培养外交人才服务；后来陆续增加天文、算学、化学、格致（物理）、医学等课程，成为中国现代大学教育的雏形。同文馆翻译的各种西方书籍，对近代中国社会产生了重要影响。另一个为总税务司，由于一直为洋人所把持，所以具有很强的独立性，既帮清廷建立起一个现代海关与涉外税务机构，又成为西方各国对中国实行经济侵略的代理和工具。

19世纪起，西方各国已经建立起以民族国家为基本单位的国际法体系，但是中国对这套游戏规则并不了解。清朝对外国的管理按照亲疏尊卑关系分属于三个不同的部门——礼部、理藩院与鸿胪寺，主要职责是每年元旦安排各国来北京朝贺的班次与接待礼仪。由礼部接待的国家显示的是朝廷"优礼"，属于友邦。从开放口岸广州而来的西洋各国，则归广州将军管辖，这与西方的外交体制差别很大。两次鸦片战争中，西方国家都有一个主要诉求，就是要求清朝建立专门管理外交事务的机构，以便各国的文书可以直接抵达皇帝。两次战争的直接原因都在这个问题上。直到《北京条约》签订以后，各国可以在北京设立公使，才解决了这个问题。但对于清朝来讲，它面对的是一套全新的秩序和规则，也正是在熟悉与了解这套新规则的过程中，清朝开始融入近代国际社会。同治五年（1866年），由海关总税务司英国人赫德带领中国使臣访英；次年，美国公使带领中国使节团访问美、英、法、意大利、西班牙等十一国；直到光绪元年（1875年），中国正式派出郭嵩焘为英国公使，随后几年相继在各国设立驻外公使，中国的现代外交体系才基本建立。与此同时，借助外国传教士的翻译，中国开始了解当时的"国际法"。同治三年（1864年），美国传教士丁韪良翻译的《万国公法》完成，递交总理衙门。不久，新任普鲁士公使李福斯乘一艘战舰抵达天津附近，准备进京上任，发现大沽口有三艘丹麦商船，由于当时正值普鲁士与丹麦在欧洲交战，李福斯便下令俘获丹麦商船为战利品。总理衙门根据《万国公法》中有关国际法的知识，认为这种将欧洲战争扩大到中国"内水"的行为为非法，所以时任总理大臣的恭亲王奕䜣拒绝接纳李福斯作为公使进驻北京。最终李福斯不得不释放丹麦商船，并支付了一千五百美元的赔偿金。经过这些事件，中国也开始学会用这套规则维护国家权益。总理衙门当即印发三百部《万国公法》给各省当局。

编练新军，发展军工企业。在对外和对内的战争过程中，清朝原有的以八旗和绿营为主的军事体制遭到彻底失败。新式团练湘军、淮军具有较强的战斗力,但装备和管理与外国比还是非常落后。第二次鸦片战争后,西方国家的在华利益已经与清朝政府紧紧维系在一起,所以他们不断建议清朝训练和建立新式军队。同治元年(1862年),由十七名英国军官训练,使用英、俄枪炮组成的两个营和一个炮兵队,开始在直隶练兵,这是中国第一支新式军队。就在奕䜣等人努力在外交上获得进展的时候,在镇压太平天国的过程中获得空前实权的地方实力大员,也开始主动寻求在军事装备上学习与追赶外国。李鸿章的淮军也开始采用新式方法进行训练,他在淮军中逐步推广洋枪洋炮,然后聘请外国军官培训军队枪炮阵法,包括口令都用外国口令。这样,在晚清的历史舞台上,最早出现了"练军"这一新式的军队形式。在此后的若干年中,"编练新军"成为清朝政治舞台上经常出现的现象,而这些新军则对以后的历史产生了重要的影响。

李鸿章像

左宗棠像

天津制造局　　　　　　金陵机器局制造的大炮

由于新式军队对枪炮、轮船的需求量大增，从外国购买价格昂贵而且周转时间太长，所以各省大员们纷纷开始兴办制造枪炮的军事工业。同治二年（1863年）开始，李鸿章先后在上海设立三所洋炮局，同治四年（1865年）合并为金陵机器局。左宗棠也在福建仿造开花炮、无壳抬枪等装备。同治四年，中国第一个规模较大、设备较精的军工企业——江南机器制造总局创办，制造总局内先后增建翻译馆、汽锤厂、枪厂、黑色火药厂和枪子厂，总建设资金超过白银一百万两。在随后的十几年中，江南制造局又增设了炮弹厂、水雷厂、炼钢厂等企业，到19世纪90年代，总投资已经达到了近九百万两白银。虽然所造枪炮在技术上与国外还有近十年的差距，但在中国军事工业近代化的过程中起了非常重要的作用。另外一个大型军工企业是同治五年（1866年）左宗棠在福建期间奏请设立的福州船政局，以建造军舰和火炮为主要任务，先后建造了"万年青号""镇海号""扬武号"军舰。更重要的是，左宗棠培养了一批能够自主仿造轮船及轮机、能够按照图纸完成各种工艺的技术工匠。基于此,同治十三年(1874年)他遣散了聘用的所有洋人技师和工匠。到光绪二十年(1894年),福州船政局共造成三十四艘各式轮船,其中有巡洋舰、鱼雷艇等铁甲舰。从全国来看,到甲午战争前,全国各省设立的军工企业已经遍布十八省,达到三十四家。

清朝从入关以来,在政治上采取歧视政策,官职的设置采取满汉双职,满官在汉官之前。而重要的总督、巡抚,则基本上全部是满人担任。但是太平天国起义迫使清朝不得不起用更多的汉族官员来担任要职。同治三年(1864年),在全部十名总督中,有九名是汉人,十五名巡抚则全部是汉人。从咸丰十年到光绪十六年(1860—1890年)的三十年中,清朝总共任命四十四位总督,其中汉人占三十四位;一百一十七名巡抚中,汉人占一百零四位。在奕䜣等人的主持下,朝廷建立了比较顺畅的外交体系,各省的大员也积极主动地更新旧式军制和装备,清朝在甲午战争前的三十多年中,军工业的发展道路开始纳入现代化的轨道。与西方列强相比,中国的军事工业虽然还显得非常幼稚、落后,但毕竟走出了传统的冷兵器时代,进入了大规模工业生产的时代。

中国社会科学院近代史研究所研究员 马勇

1860年底,恭亲王给朝廷写了《善后六条》(即《通筹夷务全局酌拟章程六条》),这是决定后来几十年的自强运动的一个纲领性文件。它的逻辑关联是什么呢，中国必须建立一支强大的军队，而且还必须从海军开始，因为原来中国是农业文明，没有海军。现在要有海军，要有能掌握海军的人，那么教育就起来了，留学、办新教育、办新学堂，自然而然就发生了；要建立现代化军队，就必须有制造枪炮、船舰的工厂，因此军事工业也自然而然地产生了。

官督商办，大规模兴办民用工业。洋务派官僚在创办军事工业的时候，已经面临经费浩大，交通、通讯落后等一系列问题的制约，他们访问西方各国后所提交的各种报告也都对列强的富裕与文明给予重要篇幅，说明发展国家经济以支持政府和军事的重要性已被广泛认识。李鸿章在光绪二年（1876年）九月奏称："中国之积弱不振，皆因贫穷之故。"他指出国家"必先富而后能强，尤必富在民生，而国本乃可益固"。因此，从同治末年开始，各种以"富国"为目标的民用工业开始大规模兴办。我国传统的轮船航运由于受到洋轮的冲击，到19世纪70年代，已经萎缩凋零到危及漕运的地步。而清朝中央囿于旧的思维，排斥华人民间办理航运，在航线、停靠等方面设有种种禁令，严重阻碍了沿海航运的发展。以李鸿章为首的洋务官僚呼吁允许华商自设轮船公司："我既不能禁华商之勿搭洋船，又何必禁止华商之自购轮船？""以中国内洋任人横行，独不令华商展足耶？"同治十二年（1873年）一月，轮船招商局正式在上海成立，机构采用由政府设立商局，招徕民间"各商所有轮船股本"，实际上是政府设立公司，民间资本以入股的形式参与，而具体经营又由官方委任或者指派，这种体制被称为"官督商办"。轮船招商局先后由英国怡和洋行的买办唐廷枢与盛宣怀等人管理经营，并于光绪十三年（1887年）收买美国商人的旗昌轮船公司，到光绪十九年（1893年），有轮船二十六艘，股本白银二百万两。此外，于光绪元年（1875年）设立招商保险局，次年又设立仁和保险公司，从而形成航运与水上保险为一体的现代运输企业。

19世纪70年代后，正是西方第二次工业革命展开的时期。电报等通信技术在军事、商业领域发挥了越来越重要的作用。光绪五年（1879年），直隶总督李鸿章奏请架设从大沽口炮台到天津之间四十公里长的电线，由于距离较短，顺利架成，使用后效果良好，促使朝廷认识到电报的重要性。光绪六年（1880年），李鸿章在天津设立电报总局，开始架设天津到上海的电线。次年十二月，全长两千七百二十四公里的津沪线接通。随着电报的广泛应用，李鸿章将电报总局改为官督商办，招募民间资金进行发展。到甲午战争前，全国官、商电线总计达到四万六千四百九十二里，基本形成了一个东北到达黑龙江俄国边界，西北到达甘肃、新疆，东南到达福建、台湾，西南到达广西、云南的"殊方万里、呼吸可通"的全国性电报网。

由于各地军工企业的兴起，煤炭等能源日趋紧缺。因此李鸿章等人开始建议开设煤矿，以广利用。光绪四年（1878年），位于直隶的开平矿务局成立，开办开平煤矿。到光绪十年（1884年），全国总共开办十二个煤矿，其中大多数是官督商办。

"官督商办"是晚清民用工业普遍采取的一种管理形式,这是在特殊的历史背景下出现的一种企业管理模式。现代工矿业、铁路、航运等行业对于民间商人来说都是新生事物,完全采用民营需要民间有一个认识的过程。而政府在这个过程中也在逐步增加认识,从开始的限制到主动设局招商,促进了工业的发展。但是这些企业的经营管理却掌握在官方手中,这就为官僚作风和贪污腐败提供了机会。所以,官督商办的企业在近代中国社会虽然起了重大作用,但其发展一直处于艰难曲折之中。

在第二次鸦片战争后的短短三十多年中,中国社会从完全闭塞、对外界没有认知,到轮船、电报、铁路四通八达,发生了翻天覆地的变化,这对于中国以后的发展来说,影响不仅仅在于经济方面。总理衙门设立同文馆以培养外交人才以后,上海于同治三年(1864年)设立了广方言馆,其后湖北、新疆、台湾、广州都设立了各种新式学校。福州船政学堂、天津水师学堂与天津武备学堂,则成为中国最早培养军事人才的军事院校的前身。同治十一年(1872年),经过十年的酝酿,清政府决定分四年每年向美国派遣三十名留学生,由中国第一位留学生——美国耶鲁大学毕业的容闳带领。这些学生分别在法政、工科、矿学、化学等专业就读,其中詹天佑等人学成。地方大员中则有船政大臣沈葆桢选派学生赴英、法学习的举动。沈葆桢调任两江总督后,丁日昌等继任大臣继续了这项事业。这批留学生取得了良好效果,其中刘步蟾、方伯谦、萨镇冰、严宗光等人都成了海军的中坚人物。与此同时,同文馆、上海机器制造局翻译馆、江南制造局等机构开始大量翻译西方著作,从此,大量西方政法、军事、工程、科学、历史等著作进入中国,中国人对于世界的认识比早期林则徐、魏源时代有了更直接、准确的新媒介,对于中国人来说,这是真正睁开眼睛看世界的开始。

筹建海军,掌握制海权。两次鸦片战争,列强的战舰在中国沿海来去自由,使得清朝的陆军在沿海各省疲于奔命。从16世纪开始,西方各国已经进入了海洋时代,海上贸易、殖民拓展、海军争霸成为世界的主题。掌握制海权成为西方各国的主要军事战略。第二次鸦片战争后洋务派兴办军工企业,制造了大量舰船,但中国还没有正式的海军。同治十三年(1874年),刚通过明治维新结束地方割据的日本制定了《台湾番地处分要略》,在美国驻厦门领事、号称"台湾通"的李仙得(Charles William Le Gendre)的参谋下,借口琉球人在台湾被土著居民杀害事件,组成三千人的"台湾生番探险团",由号称"明治三杰"的陆军元帅西乡隆盛之弟陆军中将西乡从道率领,公然出兵台湾。清朝得知消息,一边通过外交途径质问日本政府,一边命令船政大臣沈葆桢率军进驻台湾。由于日本士兵因水土不服死伤较多,最后通过外交手段,日本才从台湾撤退。原来中国身边的蕞尔小国开始意图吞并中国领土，这一事件给了清廷上下很大震动。朝廷上下展开了一场关于海防的讨论。最后朝廷决定创建北洋、东洋、南洋三支外洋海军，任命李鸿章和沈葆桢分别督办北洋、南洋防务。但是由于政治斗争和外国势力的阻挠，海军建设并没有取得理想的结果。到光绪十年（1884年）中法战争时，只初步建成了五支各自为战、残缺不全的舰队。其中最大的是北洋水师，总共花费白银一千二百万两，最后建成一支拥有大小舰船十五艘、总吨位一万二千二百九十六吨的海军。它与其他如南洋海军、福建海军、广东海军、浙江海军等几支小型舰队，构成了中国海军的雏形。清朝后期，由于朝廷的政治斗争，北洋海军连续多年无法添置新的舰船，最后甚至出现了李鸿章挪用海军军费为慈禧太后修建颐和园的荒唐行径。

晚清海军的建设步履艰难，一方面是内部因素，朝廷有以左宗棠为代表的主张应该优先防御西北俄国边疆的"塞防论"与以李鸿章为代表的"海防论"的争论，导致筹办海军在政策、经费方面面临巨大压力。另一方面，清朝于同治元年（1862年）委托英国人购买舰队，英国人李泰国与后来雇用的舰队指挥阿斯本所表现出的专横跋扈与野蛮无理，导致舰队最后解散。除了花费五十五万英镑购买舰队，最后遭到解散的命运外，清朝一无所获。第一次建立水师的挫折导致朝廷对建立海军异常谨慎。而已经建成的几支水师，却分属不同的政治势力，这就导致了清朝还没有在国家层面上统一的海军。在光绪十年（1884年）的中法战争中,福建水师在与法国海军交战时,北洋水师与南洋水师竟拒绝援助。同样,在随后的中日甲午战争中,当北洋水师在抗击日本海军的攻击之时,南洋水师却宣布保持"中立"。这就涉及政治体制的问题。在落后的政治体制下,清朝海军的失败是不可避免的。

新政夭折。也就是在这个时期,占据着清朝统治金字塔最顶端的人既不是皇帝,也不是权臣,而是咸丰皇帝的遗孀——太后慈禧。咸丰皇帝在英法联军攻入北京的时刻仓皇逃出北京城,前往热河避暑。然而,身体虚弱却过度沉湎于酒色的他再也没能回来,他死在了热河。在弥留之际,他立六岁的儿子载淳为太子。他的这个决定也决定了大清王朝的最终归宿,因为新皇帝的生母正是叶赫那拉氏慈禧。在以后的近五十年中,慈禧将是这个国家真正的主人。咸丰十一年(1861年),她联手先皇帝的弟弟、恭亲王奕䜣发动政变,将咸丰皇帝去世时安排的顾命大臣一网打尽,以垂帘听政的形式开始对整个朝廷发号施令。在朝廷与后宫之间充当纽带的,都是地位卑下但权倾一时的太监。恭亲王奕䜣也正是在慈禧的帮助下,在实行一系列外交与军事现代化措施的同时,使得总理衙门成为凌驾于军机处之上的新的政治中枢。恭亲王奕䜣是道光皇帝的第六子,为人机敏,勇武有力,作风果断,但缺乏深厚的修养与气度。慈禧太后虽然需要与其合作对付外廷臣僚,但时时警惕着其势力的发展。由于成功解决了与英、法两国的谈判,以及顺利设立总理衙门,奕䜣集议政王大臣、首席军机大臣、总理衙门大臣、内务府总管大臣于一身，成为大清王朝最炙手可热的政治人物，每天在其官邸外排队等待召见和拜访的官员多达几百位……这不能不引起慈禧太后的警觉，然而奕䜣却没有觉察到这种危险。同治四年（1865年），慈禧借着一位翰林编修的弹劾，亲自起草了一道错字连篇的谕旨，将恭亲王奕䜣的所有职位一概解除。

慈禧太后像

后来看在众位亲王求情的分上，慈禧又恢复了奕䜣军机大臣的职位，以显示自己宽宏大量，但奕䜣经此打击，对新政的热情大大冷却。光绪七年（1881年），两位垂帘听政的太后中的慈安太后去世，奕䜣失去了一位重要的支持者。光绪十年（1884年）中法战争期间，保守派官僚对他发起猛烈的抨击，慈禧一口气摘掉了四位军机大臣的顶戴。这使得奕䜣逐渐失去势力，淡出政坛。此后的中枢领导为身为海军衙门主管的醇亲王，以及领班军机大臣礼亲王。这两人都是庸碌无能之人，从此，清朝中央再也没有出现过有能力的领导人。

洋务运动很大程度上依赖于地方大员的经营，而每个决策都会面临来自所谓"保守派"的攻击。保守派大臣大多是那些饱读诗书的清流人士，他们痛恨列强的侵略，但认为任何妥协、谈判的行为都是丧权辱国，任何学习西方的行为都会导致以夷变夏，使得华夏文明遭到玷污。这种道德上的纯净主义在价值上是可贵的，但在社会实际的层面，却往往无所作为。首席大学士倭仁对奕䜣设立同文馆教授外国语言等课程上奏抨击后，奕䜣的回应很简单，就是请倭仁拿出自己的解决方案。这立即就难住了喜欢指手画脚的保守派们。

从另外一个角度来看，保守派对洋人的指责和担心在若干年后都变为了现实。从来没有哪个条约能够约束这些贪婪的外国政府对中国提出更多的索取。到了19世纪末，列强们甚至开始公然动武，划定势力范围，试图瓜分中国。保守派对现实与未来的忧虑无可指责。关键在于解决问题的方法与方向上，保守派总是倾向于关起门来、闭目不见，以获取内心的安定；而洋务派则要面对现实与未来的种种灾难性可能，鼓起勇气提出一个与时俱进的解决方案。这是一个痛苦而艰难的过程，需要对时局有清醒而深刻的洞察，还需要有坚强的意志和百折不挠的决心，更需要有乐观而进取的性格。当胡林翼看到洋火轮在长江中逆流飞速前进时，他百思不解，心中充满对洋人莫可名状的恐惧，不久他就在忧惧中病逝了。而曾国藩却截然不同，他于同治元年（1862年）在安庆制造了一艘新式轮船，但试航的时候却遭到失败。但这并没有让他气馁，他更加坚定地要求解开制造舰船和枪炮的秘诀，以求打破洋人对先进火器技术的垄断。显然，现代人在研究中过滤了太多当时错综复杂的影响因素，以致经常会做出简单而轻率的评价和判断。实际上，一个活在当时社会中的人，无论是哪一派，他面临的问题都要复杂得多。

甲午战争

"致远"舰部分官兵。黄海大战中,"致远"舰火力不敌,全舰官兵在管带邓世昌带领下撞向敌舰,全舰二百五十余人壮烈殉国。

直到19世纪中期,由于地缘与文化辐射的原因,活动在东亚地区的众多政治实体,都与中国保持着一种被称为宗藩体制的国家关系。蒙古、朝鲜、琉球、安南、缅甸、廓尔喀……这些国家将中国看作自己的宗主国,作为藩属国,其国王的继位必须经过中国皇帝的册封,以表示其合法性。这些藩属国每年定期向中国皇帝进贡礼品,而中国则赏赐更为优厚的礼物以示礼遇。在这个同属于儒家文化圈的政治秩序中,日本也成为中国明朝的朝贡国,并在1433年至1549年,共派出十一个朝贡使团前往中国。直到19世纪中期,日本还是一个封建国家,各地的幕府占据着统治地位,他们像清朝一样,实行锁国政策,禁止外洋与日本贸易。但是日本一直与荷兰有着贸易关系，在长崎设有荷兰商馆。就在清朝实行闭关政策的康乾盛世时期，日本却由于现实的需要，通过荷兰人引进了许多西方科学与宗教知识，形成一种新的学问，叫作"兰学"。到了中国鸦片战争以后，日本逐渐走出兰学，开始向西方列强学习。

日本走上殖民主义道路，积极对外扩张。1853年7月，美国海军准将佩里率领一支舰队停泊在日本的江户湾，将美国总统米勒德·菲尔莫尔写给日本天皇的信转交给幕府，信中提出开放双方贸易等要求。8月，幕府将这封来自美国总统的书信的译文转发给所有大名和重要的政府官员、学者，要求他们讨论并提出处置意见。得益于中国商船此前向日本国内传达中国遭受列强凌辱、被迫签订屈辱条约等信息，五十九位大名中，有二十二位的意见是同意与美建立贸易关系，十八位希望避免战争……而学者们大多数希望日本能汲取中国鸦片战争的教训，不要与美为敌。一年后，美日《神奈川条约》签订，英国、俄国闻讯而来……日本被迫向西方开放。

兰学为日本的近代化准备了基础。被打开国门的日本，开始应对西方的入侵。日本开始废除各地的分藩，设立中央政府的统治机构"县"，建立起以天皇为核心的中央集权的政治体制。1868年3月，明治政府颁布了"五条誓文"：一、广兴会议，决万机于公论；二、上下一心，盛行经纶；三、官武一途，庶民各遂其志；四、打破旧来

之陋习，基于天地之公道；五、求知识于世界，大振皇基。以明治天皇为领导、集合了一批主张改革自强的维新人士主持的"明治维新"开始了。在短短的几年中，日本建立了一套近代化的国家制度，从而使日本在东亚地区第一个走出了传统王朝的模式，走上了近代社会的道路。明治维新时期，正值西方列强殖民主义的高峰时期，弱肉强食的殖民思潮甚嚣尘上。走上了现代民族国家道路的日本也立即加入了侵略者的行列。

琉球国是位于台湾岛以北的一个有着古老历史的岛屿国家，它深受中国的影响，明清两朝起就开始向中国朝贡，成为中国的藩属。明清两朝中国派往琉球的册封使节共达二十四次，直到同治四年（1865年），清朝还派出以翰林院检讨赵新为正使的使节团出使琉球。但德川幕府时期，位于日本南部的萨摩藩屡次入侵琉球，迫使琉球也向萨摩藩主进贡。同治十二年（1873年），日本借口两年前琉球船民在台湾被土著高山族杀害的事件向中国提出交涉。按照当时的国际法，总理衙门指出台湾是中国的一部分，台湾居民与琉球人民发生的纠纷，与日本毫无关系。但是为了避免事端，总理衙门又声称台湾虽然是中国的藩属，但中国概不干涉其内部事务，所以中国不能为台湾原住民的行为负责。日本以此为借口，于同治十三年（1874年）成立了远征军，入侵台湾。清朝得知后任命福建船政大臣沈葆桢率兵一万一千名赴台防守，并向日本政府提出抗议，指出中国对整个台湾拥有统治权。由于日本军队中疫病流行和战斗不利，日本政府不得不接受谈判。在英国驻华公使威妥玛的调停下，中日于同治十三年（1874年）十月签订条约。由于清朝的软弱，中国不但没有再谴责日本入侵，并使其付出相应的代价，反倒为日本的侵略赔偿了五十万两白银，以换取双方的"相安无事"。更为严重的是，对于藩属国琉球，清朝并未进行保护。因此，尽管琉球国王于次年再次向清朝派出朝贡使团，以示对清朝宗主国地位的承认，但在四年后，也就是光绪五年（1879年）四月，日本宣布琉球群岛成为日本的冲绳县，从而吞并了琉球国，琉球最后一个国王尚泰被送往日本软禁。对于清朝这一没有远见的失败外交，当时的英国驻日公使巴夏礼爵士不无讽刺地评论道：中国心甘情愿地对所受的侵犯花钱付账，这不啻是邀请外国做进一步侵略。

明治维新后的日本，对内积极实行代议制等西方政治制度，对外也效仿西方帝国主义的殖民主义，开始在周边积极推行扩张政策。而以总理衙门大臣奕䜣和直隶总督李鸿章为首的清朝官僚集团，对于维护国家主权的动力要远远低于对于维护他们个人政治权力的动力。他们目光短浅、苟且偷安，经常幻想着以金钱换取暂时的和平。在近代的各种对外战争与交涉场合，外界的强大军事压力固然存在，但誓死争取与苟且偷安的态度，也对最终的局面有着重要的影响。遗憾的是，清朝的官僚体系中，为个人利益而斤斤计较的奴才占了大多数，为整个王朝和人民的长远利益进行规划的人物实在是少之又少。这样的现象从左宗棠、曾纪泽等人对西北领土的捍卫上就可以清楚地看出。

寸土不让,捍卫伊犁。在各海洋列强从东南沿海打开中国的国门后,俄国这个老牌帝国主义国家亦不甘落后,虎视眈眈地从西北、东北两个方向觊觎着中国的领土。恭亲王奕䜣在咸丰十年(1860年)所上的《通筹夷务全局酌拟章程六条折》中,曾经将俄国列为外部的第一大威胁,他称俄国为"肘腋之患",而英、法等国为"肢体之患"。

俄罗斯是地跨欧亚大陆的一个国家,在清朝的康熙朝以前,社会发展一直落后于中国。但是与康熙皇帝同一时期统治俄国的彼得大帝开始大力实行政治改革,进行一系列向西方学习、建立近代社会制度的改革,建立正规陆军、海军,实现农业工业化,鼓励工商业,开办工厂,办报纸,开办军事学校和技术学校,创办俄罗斯第一个博物馆和公共图书馆,设立国家科学院,使得俄罗斯"从愚昧无知的深渊登上了世界光荣的舞台"。在清朝还沉溺于"盛世"的氛围中时,彼得大帝化装为平民亲自前往欧洲各国游历,感受到了巨大的危机。他甚至下令俄罗斯人剪掉浓密的胡子,以显得"文明"一些。而在同时,中国的清朝却在下令所有的人民必须将头发剃成满族人的样子,脑后留一条长长的辫子。一位历史学家准确地指出:"在1700年欧洲以外的大多数人对实现西方化的好处还认识不清。彼得的意义就在于他能够先于时代二百年认识到现代化的重要性。由于在18世纪和19世纪西欧取得了非常迅速的发展，俄国否则无法同西欧并驾齐驱。"通过彼得大帝时代的征战，俄罗斯获得了波罗的海的一个出海口，也取得了一个"了解欧洲的窗口"。在东方，俄罗斯则一直致力于从中国夺取更多的领土并在远东地区获取一个不冻港。

伊犁是清朝新疆的一个府，驻扎着伊犁将军作为最高领导。伊犁河谷不仅农业发达、矿藏丰富，而且战略地位重要，是通往南疆的要津，控制了伊犁就等于控制了整个新疆。驻扎在新疆的高级官员几乎全是满族旗人，他们横征暴敛、骄奢淫逸，不断引起当地人民的反抗。在清朝忙于镇压太平天国起义的时候，中亚地区的一个冒险家阿古柏率军入侵新疆，并于同治九年（1870年）自立为北疆的统治者。俄国总督考夫曼借这个机会，于同治十年（1871年）七月占领伊犁。同治十二年（1873年），陕甘总督左宗棠受命平定陕甘回民起义。然而在这个时候，朝廷因为日本入侵台湾的事件，认识到了建立海军的重要性。但是清朝在财政上无法支持既在西北展开一场收复疆土的战争，又在东南沿海发展海军的计划，这形成了朝廷中关于"海防"与"塞防"的争议。由于伊犁已经被俄国占领，朝廷决定任命左宗棠为钦差大臣，督办新疆军务。左宗棠在经费、后勤极其困难的情况下，殚精竭虑、全盘筹划，以难以想象的速度在九个月内将阿古柏伪政权彻底击败，在西方列强尚未谋划好如何从中干涉获利的情况下解决了新疆问题。到光绪三年（1877年）年底，除了俄国占据的伊犁以外，新疆全部收复。这样，俄国面临着不得不将伊犁归还中国的局面。但是，清朝派出的钦差大臣崇厚由于愚蠢无知，在俄国的欺骗下擅自签订合约，几乎将伊犁权益拱手送予俄国。大惊失色的总理衙门在将崇厚问罪后派出曾纪泽出使俄国重新谈判。在这样重要的时刻，以李鸿章等人为首的一批惯于采取牺牲国家利益获取局部安全的官僚极力主张与俄国妥协，意图通过出卖新疆给俄国换取暂时的安全。但左宗棠等人以及朝廷舆论猛烈抨击这种卖国论调，主张朝廷尽管困难重重，但应该做好战争准备，与俄国力争。曾纪泽为这次出使进行了详尽的研究和周密的准备，他决定在边界的争端上寸土不让。光绪七年（1881年）二月，经过两年艰苦谈判，清朝与俄国签订《圣彼得堡条约》，废除了崇厚此前签订的条约，几乎将伊犁权益全部收回。这一结果是在中国处于极度困难的情况下，由刚直勇毅的左宗棠、曾纪泽等人通过坚强的意志和决心与敌手展开较量所取得的一个伟大成就。对于此条约，英国驻圣彼得堡公使达弗林爵士惊呼：中国迫使俄罗斯做了他前所未做的事情，即交还了已占有的领土。这在各殖民列强中，是不可思议的。

从近代史的总体来看，中国显然一直处于非常不利和被动的局面。但这并不意味着个人的努力和决心就不起作用。从林则徐在广州禁烟，到左宗棠、曾纪泽经营新疆，这些志士仁人通过自己的努力在极端不利的情况下捍卫国家权益，这是中国人民不应忘记的。另一方面，李鸿章等人虽然也在困难的情况下与列强周旋，但他们短视，更注重眼前利益，甚至缺乏原则。他们习惯于以利益交换的手段来解决争端，更多的考虑是保住自己的官位和保存实力。这些短视也表现在更广泛的清朝统治者高层中，他们不愿面对体制方面的改变，试图只在器物的层面学习西方。结局就是，短期的利益输送并不能为清朝赢得安全。

日本占领朝鲜，进而入侵中国。太平天国被镇压后，清朝的心腹之患暂时消失，来自俄国的危险上升到首要的地位。但是，在中国的近邻中，东亚第一个开始近代化的日本，正日益成为新的心腹之患。对琉球和台湾的侵略，只是日本对外扩张的一个试探性行动，通过占领朝鲜进而入侵中国，是明治维新后日本实施大陆政策的主要目标。朝鲜是中国传统王朝最重要的藩属，每年三次、四次派往中国的贡使从未中断。明朝政府在万历年间曾经不顾国库空虚，两次派出重兵支援朝鲜抵抗日本的侵略。因此朝鲜对中国也怀有深厚的感情，主动承认中国的"上国"地位，主动维系着中国的宗主地位。光绪元年（1875年），日本派出舰队侵略朝鲜，同时派遣使者森有礼前往中国试探总理衙门的反应。但中国却声称朝鲜虽为中国藩属，但内政外交悉听自为，中国概不干预。这一软弱无知的态度，无异于同意日本的侵略。光绪二年（1876年）二月，日本逼迫朝鲜签订《江华条约》，规定朝鲜脱离中国独立并且向日本开放口岸、享有领事裁判权等。清朝对这一条约没有采取任何行动，这使得中国失去了朝鲜的唯一宗主国的身份。光绪八年（1882年），在李鸿章的推动下，朝鲜与美国签订《美朝条约》，使朝鲜向美国开放。但朝鲜依然单独发表声明，自称为中国的属国。李鸿章的意图是引入西方列强势力进入朝鲜来对抗日本的影响。随后，英、法、德等国陆续与朝鲜签约，朝鲜被迫向西方开放。光绪十年（1884年），朝鲜发生亲日派策划的"甲申政变"，朝鲜国王在清军帮助下平定了政变。日本政府为此派出伊藤博文前往中国，要求赔偿日方损失。正忙于中法战争的李鸿章迅速妥协，于光绪十一年（1885年）签订《中日天津会议专条》，规定朝鲜日后发生重大事变，中日两国如需出兵，必须通知对方。这个协议实际上为日本出兵朝鲜提供了依据。光绪十二年（1886年），日本参谋本部派出第二局局长小川又次，进入中国搜集情报。次年制定《清国征讨方略》，开始计划全面入侵中国的战略规划。

朝鲜向列强开放后，日本意识到难以独自对抗西方各国，因此转而实行了一个新的策略，就是鼓励中国在朝鲜逐步占有优势地位，意图依靠中国的力量对西方列强的势力加以削弱。引入列强进朝鲜本来是李鸿章用来对抗日本的一步棋子，在日本表面上从朝鲜退缩的情况下，李鸿章抓住机会命令袁世凯为驻朝大臣，全面掌握朝鲜的商业、外交事务，将西方的力量加以削弱。但对未来面对日本的危险，李鸿章却缺乏预见，没有做出相应的准备。日本在这一时期加紧了国内现代化步伐和扩军备战，已经充分做好入侵朝鲜和中国的准备。此时，在朝鲜面对的只是中国一支力量，这正是日本想要达到的目标。

外强中干的北洋水师。光绪十一年（1885年）中法战争的失败，使得中国失去了安南这一藩属国，同时福建水师由于李鸿章以保护京畿的名义拒绝支援而全军覆没。西南门户的危机和东南水师的挫折，使得清朝再次展开海防问题的大讨论。朝廷综合各方意见，将原来同时建立三支海军的目标改为重点建设北洋水师。当年十月，"总理海军事务衙门"成立，统筹全国海军建设和海防事务。同时决定台湾正式建省，改福建巡抚为台湾巡抚，以加强东南海防的战略地位。在中央层面，以恭亲王奕䜣为首的总理衙门逐渐受到慈禧太后打击，淡出政治中枢。此后的十几年中，海军衙门大臣奕譞和北洋水师大臣李鸿章成为新的权力中枢。光绪十四年（1888年），李鸿章草拟的《北洋海军章程》经过海军衙门审核后于九月三十日呈送慈禧太后手中；十月三日，慈禧太后批准该章程。十二月中旬，北洋海军成立，淮系将领丁汝昌为海军提督。此时北洋海军的实力相当雄厚，共有德国造、英国造舰船二十五艘，其中两千吨以上的主力舰，日本海军只有五艘，总吨位不足一万五千吨，北洋海军则有七艘，总吨位为两万七千吨。其中"定远""镇远"两艘七千吨级的铁甲舰，为日本所无。但是，无论是慈禧太后还是李鸿章等朝廷要员，对未来的危机完全没有清醒的认识。北洋海军成立后立即处于停顿状态，直到光绪二十年（1894年），没有添置一艘战舰。而必要的维修和设备，也经常因经费紧张而陷于停滞。而在同一时间，日本持续加大扩建海军的力度，他们将皇室经费缩减用于购买战舰。在光绪十四年到二十年（1888—1894年）的六年中，日本新增军舰十一艘，总排水量和主力战舰均超过北洋海军。而且，北洋海军的战舰大多建于光绪十四年（1888年）以前，设备和技术已经落后老化，日本的战舰则多为新购战舰，航速快、装备好。与日本皇室相反，北洋海军将有限的军费挪作他用，光绪十一年（1885年）为慈禧太后开建中海、南海、北海三海，光绪十四年修建颐和园等游乐工程。光绪二十年，为了庆祝慈禧太后六十岁大寿，奕譞、李鸿章极力巴结讨好，前后将约一千六百万两白银的海军军费和地方海防经费挪用。李鸿章本人由淮系团练起家，派系意识非常严重，北洋海军的主要将领，大多由不懂海军的淮系将领担任。负责海军军火供给的天津军械局总办张士珩是李鸿章的外甥，他贪赃枉法，以次充好、以假当真，使得军舰的战斗力大打折扣。这些都成为日后清朝甲午战败的内在原因。

李鸿章本人是近代史上最早了解西方国家和展开外交斗争的大臣之一，他在促进清朝外交体制近代化和通过外交手段解决列强入侵等事务中发挥了重大作用。但是他本人的素质和局限也非常明显，他私心大于公心，目光短浅，派系意识严重，对现代军制也缺乏了解。北洋海军建成后，不仅在装备上没有进步，在管理和纪律上也非常松懈。每年北洋封冻以后，海军舰船例行南下巡视南洋的过程中，将士在上海、香港赌博、淫逸比比皆是。这些情况都被西方包括日本的观察家获知，对于北洋海军的真实战斗力，清朝的敌人比李鸿章和慈禧太后本人更为清楚。

　　签订《马关条约》。经过长期精心策划和扩军备战，日本完成了侵华战争的准备。日本国内激进组织玄洋社开始在朝鲜策动东学党叛乱，以此为日本出兵朝鲜寻找借口。光绪二十年（1894年），朝鲜秘密社团东学党发动起义，朝鲜国王请求中国驻朝鲜交涉通商大臣袁世凯平息叛乱。李鸿章调遣两千四百六十五名清军和三艘军舰驻扎朝鲜牙山，日本内阁会议也通过决议派兵前往朝鲜，进驻汉城。六月中旬，朝鲜招抚了东学党叛乱，事件平息。袁世凯奉命与日本谈判双方共同撤兵。但日本拒绝撤兵，而且继续派遣四千多人的部队登陆朝鲜，另派八艘战舰停泊在仁川。侵略的态势日益明确，日本外务大臣陆奥宗光训示驻朝公使大鸟圭介："促成中日冲突，实为当前之急务，为实行此事，可以采取任何手段。"面对日本的挑衅,李鸿章企图寻求俄、英两国进行干涉,牵制日本,但遭到拒绝。李鸿章的外交手段不但没有取得任何效果,反而耽误了本该进行的战争准备。直到外交的希望完全破灭时,他才同意紧急派遣援军前往朝鲜。清朝租用三艘英国汽船,在三艘中国战舰护航下向朝鲜运兵。七月二十五日,日本海军在朝鲜湾击沉中国运兵船,九百五十名中国士兵落水而亡。八月一日,中日双方同时宣战,甲午战争爆发。

日本政府为这场战争做了充分的准备,战前日本大本营制定了完整的作战方案:日军总目标是最终在华北平原与清军主力进行决战,迫使清军投降。达到此目标的关键是海军作战的胜负,所以日军部署第一阶段派遣一部分兵力进入朝鲜牵制清军,在海上与北洋海军进行决战,争夺制海权;第二阶段驱逐清军出朝鲜,进入中国决战。与此相应,清军采取的是陆军集结于平壤采取攻势;海军扼守渤海湾门户掩护陆军进驻朝鲜,采取守势的战略。九月十五日,日军大举向平壤进攻,以七千八百名士兵的兵力向只有两千九百名守御的清军发起猛攻。虽经总兵左宝贵率部顽强抵抗,但由于叶志超下令弃城,导致清军全军覆没。十六日,平壤陷落。十七日,北洋舰队与日本舰队在鸭绿江口外的黄海海面相遇,双方展开激战,经过五个小时海战,中国损失四艘军舰,一千余名官兵战死,而日本只损失了一艘军舰。日本取得了黄海、渤海的制海权。随即,日军按照既定方案,从朝鲜侵入中国辽东,十一月二十一日,攻占旅顺。从二十一日至二十四

甲午战争

日，日军对旅顺进行了三天大屠杀，中国无辜群众两万多人被杀害。目睹惨案的英国人艾伦在著作中详细记述了日军刺杀怀孕妇女、枪挑婴儿的残暴罪行。美国报纸强烈谴责日本"披着文明的外衣，实际上是野蛮的怪兽"。光绪二十一年（1895年）二月，日军从陆路攻陷威海卫军港，海军提督丁汝昌自杀，十一艘战舰被日本掠夺。自此，经过三十年自强运动的中国，在陆上、海上均遭到最惨重的失败。日军将李鸿章的淮军赶出朝鲜后，成立了以朝鲜大院君为首的傀儡政权，宣布朝鲜独立，进而全面占领中国辽东地区。海上，经营将近三十年的北洋水师，连同后方军港，全军覆没。当年四月十七日，代表清朝与日本谈判的李鸿章在日本马关签订《马关条约》，规定：清政府承认朝鲜独立，不再向中国朝贡；向日本赔款白银二亿两；割让台湾岛及其附属岛屿、澎湖列岛、辽东半岛给日本；开放重庆、苏州、杭州、沙市为口岸；日本人可以在中国开设工厂，从事各种制造业。

《马关条约》是中国近代史上损失最为惨重的条约，割地、赔款等内容传到中国后，引起了全国上下的愤怒和抗议。各地官员纷纷上书要求弹劾李鸿章，指责李鸿章卖国自保。正在北京参加科举考试的全国士子发起多次上书，要求清朝废除条约、迁都内地，继续战斗。但是，慈禧太后还是批准了条约，五月八日双方交换了批准书。这场战争，实际上是东亚两个最先走上近代化道路的国家之间的一场重大较量。在这个近代化的过程中，清政府只是被逼无奈地在西方列强的一再打击下亦步亦趋地在有限领

甲午谈判

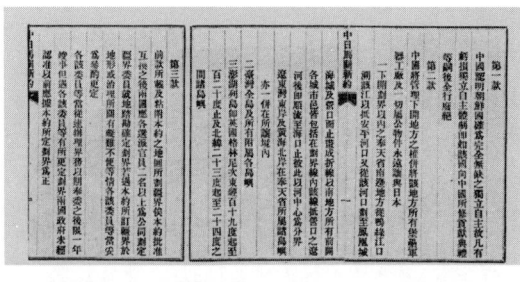

《马关条约》部分内容

域进行着改革与整顿，社会整体与政治体制却顽固地坚守在旧体制之中。相比之下，日本的改革却是根本的。明治维新为日本建立了现代政治制度，在此框架下开始商业、科学领域的改革，这与清朝的洋务运动有着本质区别。此外，人的因素也起了重要作用，以李鸿章为代表的清朝最高统治者缺乏远见，对外部事件的认识流于表面，不能预见未来的重大危机。同时又过度关注个人权力和派系势力，缺乏大局观念，没有坚强的意志和决心，这些都影响着这场较量的结果。

中国社会科学院近代史研究所研究员 马勇

中日两个国家都在1860年前后转身向西方学习，那么这两个国家学习西方最大的差别是什么呢？日本是全心全意地学习西方，脱亚入欧转型向西，彻底地学；中国呢，是经过鸦片战争打击之后，开放一点国门，象征性地学。因为中国是被打败之后学，所以就带有这样一种心态："我学，就是要复仇的，'师夷长技'我是要'制夷'的。"这是中日两国在学习西方时最大的差别，并因此造成了中日之间的矛盾。这一矛盾在1860年之后慢慢凸显：中国是"一定要守住"的状态，日本则是"一定要走出去"的状态。

愈演愈烈的瓜分狂潮。《马关条约》的签订，不但刺痛了中国人民，也让另外一个列强感受到了危机，这就是俄国。俄国在新疆地区的活动受到左宗棠和曾纪泽的有效遏制后，其主要目标一直在于远东地区的不冻港，它一直觊觎着辽东半岛的旅顺和大连。俄国财政大臣维特伯爵公开宣称："当务之急是制止日本渗入中国心脏和在辽东半岛取得立足点。"三月三十日，在沙皇召开的御前会议上，俄国政府决定努力使辽东半岛保持战前原状，并建议日本停止攫取该地。因此，由于俄法同盟的存在，俄国拉上法国一起干涉日本。而德国则意图使俄国卷入亚洲事务，以减少它对欧洲的压力，因此也积极支持这一动议。

光绪二十一年（1895年）四月二十三日，《马关条约》签订六天后，俄国联合法国、德国向日本发出联合照会，声称日本占领辽东半岛将威胁北京的安全，并使朝鲜独立成为空谈，进而威胁整个远东的和平。日本迫于国际形势的不利，不得不交还辽东半岛，但条件是另增五千万两白银的赎回费用，最后在三国协议下减为三千万两。清政府为了巨额的战争赔款和赎辽费用，开始向俄法与英德银行借款，从此在经济上陷入列强高利贷债务的深渊。

光绪二十二年（1896年），俄国沙皇尼古拉二世加冕典礼即将举行，沙皇给慈禧太后发电，称如果清政府能够派出李鸿章作为贺使，他将不胜欣喜。于是，战后备受弹劾而失宠的李鸿章被任命为一等钦差大臣以及贺使团长赴彼得堡参加典礼。这是七十四岁高龄的李鸿章第一次出使西方。但是，俄国对李鸿章此行埋藏着深厚的意图：将西伯利亚大铁路穿过中国东北地区修通到海参崴，从而实现其逐渐向中国和平渗透的远东政策。五月二十二日，俄国财政大

德国在胶州湾的总督府

臣维特与李鸿章谈判达成中俄秘密盟约,其中除了象征性地规定双方有义务在他国入侵时互相支援等条款外,最为重要、也是后果最为严重的条款就是中国允许俄罗斯修建一条穿过黑龙江和吉林通往海参崴的铁路,中国划出土地供铁路建设房屋和管理之用,中东铁路局在该区域具有全权,包括警察权。这一条约使得俄国的势力必然向中国东北地区延伸,东北三省被划入俄国远东的势力范围之中。实际上,两年之后,俄国就开始向清朝提出租借辽东半岛的要求。俄国财政大臣维特通过向李鸿章行贿五十万卢布、向清朝驻彼得堡公使张荫桓行贿二十五万卢布,促使他们说服慈禧太后,于光绪二十四年(1898年)三月二十七日签订《中俄条约》,将辽东半岛租借给俄罗斯。直到1945年第二次世界大战结束前的雅尔塔会议上,斯大林依然提出要这个租借协议重新生效。按照这个协定,旅顺、大连就成了俄罗斯的军港。

向日本割让领土等条款,引起了列强纷纷瓜分中国的狂潮。

1897年，德国占领胶州湾，并取得在山东境内修筑两条铁路的特权；英国则租借了威海卫，并拓展了九龙新界，同时要求清朝的长江流域不得出让他国；法国租借广州湾，并将云南、两广作为势力范围。在这种狂潮面前，美国由于其建国以来一直奉行的孤立主义政策，对卷入美洲以外的事端保持十分谨慎的态度。1899年，美国向英、德、俄、法、意、日诸国递交照会，提出在华商业机会均等的要求。1900年7月，美国宣称保持中国的"门户开放"政策，包括保护中国领土和行政权力完整。这一政策的提出，使列强赤裸裸的瓜分狂潮得以收敛。

甲午战争是中国近代史上的分水岭。在此之前，尽管中国遭遇了一连串的失败和挫折，但中国人内心并未产生如此大的震动。中国士大夫们认为中国的制度与文化还是优秀的，西方只是在物质层面、坚船利炮上优于中国。所以不管是洋务运动还是海军建设，清朝都把主要目标放在发展工商业和武器装备业上。但是，被同属东亚的一个与中国在同一时期被迫开放的小国日本彻底打败，这一事件给予中国士大夫心理上的震动是根本性的。从此以后，中国人心里的"华夏中心主义"开始解体，中国在道德上依然是世界的中心这个观念不复存在。加上此后愈演愈烈的瓜分狂潮，促使中国人民思考对社会制度进行彻底变革，甚至抛弃清朝统治，按照近代民族国家的模式建立新的国家的观念也已经开始出现。从此以后，维新与革命成为中国社会的主题。

维新与革命

康有为像

梁启超像

甲午战争的惨败,使得一大部分高级官僚和士大夫对清朝统治产生了根本性怀疑,也使得他们从"华夏中心主义"的道德自豪感中觉醒。在列强竞争的时代,传统的王朝体制已经完全不能适应外部世界的剧烈变化了。经过第二次工业革命,以电力和通讯为主的现代科学技术,为世界之间的联系与民族国家的拓展,提供了强大的手段。此时的中国,铁路、电报已经将各大具有战略地位的区域紧密地联系在一起,但由于体制的腐败和落后,在与列强的抗争中其劣势地位丝毫没有改变。这就促使一部分以拯救中华民族与中国文化为己任的仁人志士,开始探索新的救亡之路。

光绪皇帝像

救亡图存的两条道路——维新与革命。《马关条约》的具体内容传到国内的时候,割地、赔款等苛刻条件引发了巨大的愤怒。尤其是台湾人民得知清朝将割让台湾给日本后,"奔走相告,聚哭于市中,夜以继日,哭声达于四野"。清朝台湾巡抚唐景崧连续致电总理衙门,申述台湾不可割让,台湾人民宁死不屈,誓死不做日本附属。但腐败的清政府却以所谓的"保护京师优先"为由而下令限期交割:"交割台湾,限两月。百姓愿内渡者,听;两年内,不内渡者,作为日本人,改衣冠。"电文传出,台湾绅商市民罢市抗议,涌入巡抚衙门,哭声震天。巡抚唐景崧、清朝工部主事台湾人丘逢甲等一批爱国官绅决心抗拒总理衙门的命令,自主保台。光绪二十一年(1895年)五月,台湾官绅会商认为,根据当时西方流行的国际法,台湾人民可自主选举总统作为领袖来代表台湾人民的意志,采取"民政自主,遥奉正朔,拒敌人"的策略来保全台湾。也就是说,对外宣称台湾自主,任何人不得随意处置,对内则仍然作为清朝的一个省份,最高领袖仍称为巡抚。在给总理衙门的致电中,唐景崧反复申述这只是为了抗拒日本侵略的权宜之计,一旦局势安定,他将带领各级官员赴总理衙门请罪。就这样，在台湾官绅阶层的组织下，台湾人民对日本侵略者进行了殊死抗拒。日本大举进兵时，台湾人民在台北、彰化、台南进行了殊死战斗，最后由于寡不敌众，台湾才沦陷于日本之手长达半个世纪之久。第二次世界大战后期，根据《开罗宣言》，协约国领袖支持国民政府收回台湾的请求，1945年台湾才回到中国人民手中。在北京，《马关条约》的内容由一部分高级官员有意向外透露后，引起了一场以各地官员为主，绅士、举人副署签名的上书运动，反对光绪皇帝加盖玉玺批准条约，采取拒约、迁都、变法等措施，从根本上进行自强。光绪二十一年（1895年）也正是各地举人赴京参加会试的年份，此前多次上书皇帝，并在广东万木草堂讲学而全国知名的康有为及其学生梁启超等人，作为广东的举人来京会试。他们联络了各省举人聚集在松筠庵起草万言书，与各级官员们的上书一同形成一次影响巨大的"公车上书"运动。通过一系列上书，各级官员和士大夫阶层都开始对国运问题进行严肃思考。政治制度层面的改革，已经成为共识。由日本侵略而引发的思考，促成了一场以变法为主题的政治运动。"公车上书"后，朝廷会试发榜，康有为成功地用传统文辞掩盖其改革主张，骗过了决心将其黜落的主考官徐桐，取得了进士的功名。但他被任命为工部主事，而非进入翰林院，这让他深感失望，决心开始向皇帝上进行改革的建言。

清朝康熙年间设立台湾府,隶属于福建。中法战争后,清朝中央认识到了台湾在海防上战略地位的重要性,于光绪十一年(1885年)将台湾设为一个省,并任命刘铭传为首任巡抚。刘铭传通过六年努力,使得台湾社会在近代化方面取得了长足的进展。前述台湾人民为抗日而援引《万国公法》的规则,提出自主自保等措施,则反映了甲午战争后的士绅阶层全新的近代政治视野。内地各级上书官员和举子们提出的变法等思想,亦表现出了一种从政治体制上进行根本改革的强烈要求。甲午战争后,中国士大夫"华夏中心主义"天下观的解体,才使得政治体制的维新变法成为国内士绅阶层的主要目标。而在同一时期,清朝的海外留学生、海外华人、沿海各省的秘密社会,则开始筹建革命团体,试图通过革命的道路来挽救中国的危亡。从此,变法与革命,成为中国社会的主要目标。

革命救亡——孙中山与兴中会。洋务运动时期,在曾国藩和李鸿章的建议和努力下,清朝总理衙门于同治十一年(1872年)派遣了第一批三十名幼童赴美留学,就读于美国康涅狄格州的哈特佛德学院。其后于同治十一年到光绪七年(1872—1881年),共有一百二十名幼童被分为四批派往美国留学。同时,主政福州船政学堂的左宗棠、丁宝桢等人也开始派遣学生赴法国、英国留学,这形成了中国最早期的公派留学生。公派留学生之外,沿海地区人民由于出洋谋生,也将子弟带到国外求学,形成了民间留学的群体。咸丰四年（1854年）从美国耶鲁大学毕业的中国首位留学生容闳，以及留学美国并在香港学习的孙中山，都是通过这些途径出国留学的。随着各种需求的增加，各省当局以及民间机构都开始向外国派遣留学生，到19世纪末期，光在日本的中国留学生就达到万人以上。光绪十八年（1892年），孙中山从香港的西医书院毕业。他积极活动于广州和海外之间，联络华侨、留学生和当地秘密社团，为改变中国的落后局面奔走努力。在西方社会的生活以及对美国、日本等国的政治观察，使得孙中山产生了强烈的改良祖国的愿望。中法战争的失败，促使孙中山逐步形成推翻清朝统治、建立共和政府的思想。但是，国内的民众尚未觉醒，具有远见的士绅阶层还寄希望于通过改革来实现自强的目标。光绪二十年（1894年）夏天，孙中山偕同陆皓东北上北京观察政治局势，向当时的直隶总督、北洋大臣李鸿章上了一封书，从"人能尽其才，地能尽其利，物能尽其用，货能畅其流"四个方面阐述自己的强国方案。这封上书没有受到李鸿章的重视，孙中山也未能获得接见。这使得他断绝

1896年，在美国华侨中进行革命活动的孙中山。

维新与革命

了对清政府的幻想，开始筹划通过革命的方式推翻清政府，拯救危亡中的中国。这年秋天，孙中山前往檀香山，寻求海外华人的支持。十一月，他组织了兴中会，会员誓言"驱除鞑虏，恢复中华，创立合众政府"。孙中山积极开展募集资金和操练士兵的活动。光绪二十一年（1895年）甲午战争期间，孙中山返回香港创立兴中会总部。甲午战争暴露出的清朝的腐败无能，使得人心激愤，兴中会遂计划在广州起义，作为革命的初次实践，但由于准备不周而中断。因这次起义而牺牲的陆皓东等人，成为中国近代革命史上最早的一批先烈。

近代民族国家的扩张过程，伴随着现代科学技术以及西方宗教与近代化文明体系的支撑。中国人对这种挑战的认识经历了漫长而艰苦的过程。尽管清朝政府屡次丧权辱国，但以高级官僚和士大夫组成的社会精英阶层很少对失败背后的真正原因进行深刻的反思。甚至洋务运动的主要推动者李鸿章等人，对西方社会的认识也很肤浅，所以他只是对军事和外交进行改革。在近代的士大夫中，咸丰十一年（1861年）身居上海的冯桂芬写出《校邠庐抗议》一书，系统地对列强各国与中国的差异做了阐述，指出西方并不仅仅胜在武器和技术之上。但这种认识在当时只是空谷足音。曾国藩看到此书后，认为"多难见之施行"。这反映了大多数高层官僚的认识水平。出身淮军将领，曾经出任两广总督以及署理直隶总督的张树声，于1884年中法战争中去世。他在《遗折》中提到："西人立国，自有本末。……育才于学堂，议政于议院……此其体也。轮船大炮，洋枪水雷，铁路电线，此其用也。中国遗其体而求其用，……果足恃欤？统筹全局……采西人之体，以行其用。"这位在与西方列强对垒中成长起来的官员对他的对手的认识远比李鸿章、张之洞等人深刻而真切。但是社会上层的总体认识水平还局限在较低的技术模仿层面，只是到了中法战争与甲午战争以后，政治上的改革才被广大士绅阶层提到日程上来。但是，几十年的开放，影响王朝的因素不再局限于国内了，海外华人和留学生有了更广阔的视野和社会变革思想。此后清朝的国运，就取决于是否能抓住这最后的机会，切实地实行改革，登上现代政治体制这班列车，在维新与革命浪潮的激荡中挽救中国的命运，也挽救清朝自己的统治。

戛然而止的戊戌变法。光绪二十一年（1895年），就在兴中会策划在广州起义、正式开展革命斗争的同一年，作为广东举人的康有为和梁启超从广州出发奔赴北京，参加三年一届的会试。康有为出生于广东南海县，早年一直从事儒家经典的学习和研究。成年后到香港与上海的游历，使他对传统社会的见识有了新的认识，他的兴趣从传统经学的研究转向了解新传进来的各种西方学术，他对中国现实问题的关注也开始超过纯学术研究，走上了一条利用传统学术和西方知识来探索改变中国落后局面的道路。"公车上书"运动后，康有为、梁启超转向创办学会与办报，先后在北京与上海创办强学会，支持改革的朝廷大臣孙家鼐、翁

严复翻译的《天演论》

同龢、张之洞以及一些英美人士都参与了活动，善于政治投机的袁世凯也列名其中。强学会每十天都会举办一次关于改革的演讲，同时翻译西方书籍，发行《强学报》等报纸，并进行设立图书馆、博物馆、政治学会等活动。与此同时，福州船政局毕业的留学生严复在天津创办《国闻报》，并将英国人赫胥黎的《进化论与伦理学》翻译成《天演论》发表，这本书介绍了达尔文"物竞天择、适者生存"的思想，康有为看到后大为赞叹，称严复为"中国西学第一"。光绪二十三年（1897年），开明进步的湖南巡抚陈宝箴支持在长沙创办时务学堂，聘请梁启超担任中学总教习，招收学生，讲授传统经学、变革和民权思想，随后创立南学会，出版《湘报》《湘学报》。可以看出，《马关条约》给士大夫所带来的震动，在几年内逐渐演化成实际而有成效的行动。而康有为在这段时间内，连续八次上书光绪皇帝，恳求朝廷立即采取措施进行变法。

光绪二十四年（1898年）六月十一日，光绪皇帝发布《明定国是诏》，申明朝廷支持变法，鼓励上下臣工努力讲求西学。六月十六日，突破重重阻力，年轻的光绪皇帝终于得以亲自召见著名的变法学者康有为。经过四个小时的长谈，皇帝依依不舍地目送康有为离开。同一天，康有为被任命为总理衙门章京，得以专折奏事。从六月十一日到九月二十日的一百零三天中，光绪皇帝陆续颁布将近五十项法令，涉及教育、行政、工商业等广泛领域。主要内容为：废除八股改试策论；设立京师大学堂和各省新式学堂；裁汰冗员和机构；发展农、工、商业，建设铁路。九月五日任命杨锐、刘光第、林旭、谭嗣同等四名改革派官员为军机处章京，为四品办事官员。除了皇帝在最高层不断发出各种谕旨以外，整个政府系统中，只有这几个低级官员是专门为变法而任命的。在其他中央和地方各级大员中，除了湖南巡抚陈宝箴外，都在或明或暗地抵制变法。直隶总督荣禄则不断向慈禧太后进言，要求西太后采取行动，制止皇帝变法。九月十八日，荣禄调集军队到北京和天津，京城四处传言太后将废黜光绪皇帝而亲政。维新派官员岌岌可危，谭嗣同决定孤注一掷，前往编练新军的袁世凯处，劝说袁世凯支持皇帝。而袁世凯则将维新派的行动一并告知荣禄。十九日，康有为前往前日本首相伊藤博文处求见，希望来华观光的伊藤博文能够劝说慈禧太后，不要敌视光绪皇帝和维新派的行动。二十日，光绪皇帝召见伊藤博文，盛赞日本明治维新，并且希望伊藤博文能够将变法的经验向他陈述。然而，慈禧太后方面并没有给维新派机会。二十一日，慈禧太后宣布再次垂帘听政，截取一切变法文件，光绪皇帝只能陪坐在太后身旁。慈禧太后下令拘捕变法领袖，光绪皇帝痛苦地签发谕旨逮捕自己变法的左膀右臂。康有为提前在英国领事馆的保护下从上海前往香港避难，而梁启超则在日本领事馆的保护下前往日本避难。谭嗣同决心为变法而献身，与林旭、刘光第等五人被处决，史称"戊戌六君子"。二十三日，慈禧在勤政殿重新举行训政典礼，接受各级官员的庆贺。变法运动戛然而止。

中国社会科学院历史研究所研究员 鱼宏亮

光绪年间，清朝朝廷的高层发生过两次垂帘听政。第一次是在光绪继位的时候，那时候以正宫慈安太后和西宫慈禧太后两人共同垂帘，当时的客观情况是光绪年幼，当了皇帝之后，暂时还不能行使行政处理的权利，那么从清朝的祖制来讲，垂帘听政是有一定依据的；第二次垂帘听政就是戊戌变法失败之后，这时光绪皇帝已经成年，变法失败后，光绪皇帝被排除出权力中心，慈禧集团走到了帝国真正的前台，这在当时的士大夫中，引起了很大的反响。

光绪十一年（1885年）中法战争失败后，康有为写出《人类公理》一书，以西方自由、平等、博爱的理念猛烈抨击了中国传统社会制度和儒家思想。光绪十三年（1887年）左右，康有为写成《大同书》,以儒家经典《礼记·礼运》中的大同思想为主,结合西方的各种公共制度的思考,设想了一个乌托邦式的未来世界,这个世界:没有国家,只有一个单一政府,被划分为若干区域;中央和地方政府由人民选举产生;没有家庭,男女同居一年后可以交换伙伴……成人由政府分配生产工作;病有医院,老有养老院;人死后实行火葬,化肥厂建在火葬场附近。这套思想在当时太超前了,只是在他的学生中间引起热烈的讨论,并未敢对外刊布。直到十几年后才先后发表刊布。这套思想虽然在晚清的维新运动中没有影响,却对未来的中国革命有着深远的影响。而陈宝箴等进步士大夫在湖南的维新活动也产生了积极的效果。时务学堂首批招收的四十名学生中,出了蔡锷、杨树达、方鼎英等著名人物,使得湖南一跃从封闭落后的内陆省份成为风气最为开放的省份之一,湖南在中国革命史上具有的重要地位,都缘起于陈宝箴、谭嗣同、唐才常这些知名士大夫的活动。这些事实说明,从国家利益和现实情况来看,政治改革已经成为中国的必需。但是,以慈禧太后为代表的官僚集团,为了自身的利益而置国家大义于不顾,最终绞杀了这一精英阶层对民族危亡进行自救的最后机会。戊戌变法的失败,标志着维新道路的阻塞,革命成为先进人士的主要道路。

被"利用"的义和团运动。接受匍匐在地的奴才们庆贺的慈禧再次公开成为清王朝的权力象征,虽然她实际主政已经接近四十年。体弱多病的咸丰皇帝在热河逃亡期间驾崩后,慈禧通过与恭亲王奕䜣联手顺利地战胜朝廷的顾命大臣,成为这个没落王朝的主宰。中历戊戌年,她再次与外廷权臣荣禄等人联手,绞杀了清朝最后一次自我救赎的机会。朝廷任命更多的满族人为重要官员,这些人无知、保守而贪婪,围绕在权力核心周围,充当最高决策顾问。变法的失败,使得大多数上层社会的精英都转向了革命,而处于中国社会最底层、数量最为庞大的沉默的人民,却以另外一种方式表达了对列强侵略的愤怒与不满。

义和拳是活动在直隶、山东、河南与江南地区的一个秘密社会组织,早期与反清的白莲教有关。他们平时练习武术,秘密结社,为官方所禁止,只能在地下活动。随着列强对中国侵略的加深,中国社会的手工业逐渐破产,大量百姓失业而流离失所。洋务运动期间朝廷不断增加赋税,负担最终都落到了底层百姓头上。而随着西方传教活动深入各地,教徒与当地人民的冲突也日益频繁,这使得底层人民对西方列强产生了强烈的憎恨。在这样的背景下,义和拳的矛头开始指向洋人和外来事物。

光绪二十五年(1899年),山东巡抚毓贤将活跃的拳民组织改称为义和团,对他们的行动给了半官方的肯定。就这样,在官方的支持下,到光绪二十六年(1900年),大量的拳坛出现。慈禧太后此时对各国政府倾向支持光绪皇帝的变法活动心怀愤怒,她认为可以利用这些拳民来对付洋人,因此下诏各级官员不得弹压义和团。义和团受到鼓励,开始截断铁路与电线,攻击洋

八国联军侵入北京,义和团在东直门抗击。

人以及教徒。

光绪二十六年(1900年)六月十三日,大量拳民涌入北京,他们焚烧教堂和外国寓所,杀死教徒,掘开传教士的坟墓。六月二十日,义和团杀死了德国公使克林德。六月二十一日,清政府向列强宣战,发动义和团对北京的使馆区进行围攻。八月,由英、法、俄、日、德、美、意、奥八国组成的联军一路攻击,从天津港杀到北京。八月十四日攻入北京城,慈禧太后裹挟着光绪帝仓皇逃往西安,并在逃离之际下令官兵镇压义和团。十二月二十四日,因为义和团运动而引发的八国联军入侵事件以清朝失败、签订耻辱的《辛丑条约》而结束。

《辛丑条约》规定惩办罪犯、战争赔款白银4.5亿两、北京至海道驻扎外国军队等条款,使得中国彻底陷入了殖民主义的深渊。光绪二十七年(1901年)九月十七日,《辛丑条约》正式签署,而此时,外国军队控制北京已经超过一年。光绪二十六年(1900年)七月,俄国借口镇压暴民,向东北派出一支二十万人的军队,强行占领了东北。这导致了列强纷纷提出租借和划分势力范围的要求,引起了列强瓜分中国的狂潮。

戊戌变法是由于上层士大夫受到甲午战争失败的刺激而主动奋起寻求从内部进行改变来应对外部侵略的一场政治实验。它的失败并不完全在于维新派年轻、缺乏经验,事实上,正是这些年轻而对国家的未来有着深切忧虑的士大夫才会舍身投入这样一场与个人利益无关的与旧势力的搏斗中,而那些位极人臣的实权派

1901年9月,奕劻、李鸿章(右起第一、二位)与各国驻华公使议和。

所做的，仅仅是为了保全个人利益而置王朝的整体利益于不顾。但是，在中国传统社会，精英阶层的话语很少能与底层民众的日常需求相一致。底层民众被各种神秘信仰、气功、武术等小传统所吸引。在列强强大的政治经济侵略背景下，他们自发的反抗为清政府所利用，造成了义和团运动的悲剧。但义和团声势浩大的反侵略运动，也让列强看到了中国民间蕴藏的巨大力量。因此，他们瓜分中国的企图有所收敛。

光绪二十六年（1900年）七月三日，美国向列强各国发出第二次门户开放的照会，强调应保持"中国领土与主权的完整"和"长远的安全与和平"。从此，明目张胆的瓜分行为逐渐冷却下来。

对于体制内的官僚集团来讲，在最近二百多年的统治中，极端的君主专制将官僚体制内的生物成功改造成了一种习惯匍匐、人格低下的奴才，他们贪恋的仅仅是权位和金钱，而对国家的整体利益和长远命运没有任何考量。原因一点都不奇怪，在极权主义的政治文化中，以政府名义做出的罪恶行为的后果是由全体人民来承担的，从未有人试图去追究参与决策者个人的责任。这就导致了以损害国家整体利益和长远利益为个别集团谋取私利的行为甚嚣尘上，在大多数时代甚至搞到王朝都要分崩离析的地步，那些利益集团依然不愿罢手。原因很简单，政权崩盘的后果都是由全民来承担的，其中灾祸影响最深的是那些普通民众。即使这些利益集团大都在改朝换代的战火中玉石俱焚，他们也停不下掠夺的脚步。原因也很简单，利益集团一旦形成，本身有着盘根错节的关系网，自身具有运行的惯性与动力，虽然这种动力是非理性的。正是这种非理性的政治文化，导致了王朝一个个崩溃，但又一个个重建，人们尚未从中得出有益的行动经验。从晚明到晚清的历史中，我们尤其能看出这种罪恶的繁衍机制。

晚清"新政"。义和团运动是以慈禧为首的清朝官僚集团在绞杀戊戌变法后的第一件"政绩"工程，从大张旗鼓的挞伐到落荒而逃离开京城，慈禧集团经历了最为可耻的失败。这场以杀害二百三十一位外国人和成千上万中国教徒为成果，使中国完全陷入殖民主义深渊的离奇战争引起的全国人民的愤怒，让慈禧集团坐立不安。

为了掩盖她扼杀改革运动的愚蠢和消解风起云涌的革命思潮，慈禧下诏表示要实行新政。光绪二十七年（1901年）一月，还在西安"流亡"的清政府下诏令各地大员限两月上奏改革方案。但是，靠近权力中枢的军机处官员向外透露了慈禧"内意不愿多言西法"的真实意图。各地大员都是精于权斗谋略的老手，他们精明地揣测到最高统治者的真实目的，所以无人敢真正上书改革方案。四月，清廷设立督办政务处，敦促各地尽快上书。

在拖延了将近两个月后，湖广总督张之洞与两江总督刘坤一经过长达数月的草拟准备，完成了著名的《江楚会奏变法三折》。两人七月从江宁以两江总督府的名义联合发出三折一片，对新政提出了几近完整的方案。这个方案包括：教育改革，建立学校，改革科举制度，奖励游学；整顿吏治，改良司法，调整满汉关系；学习西方，进行经济、军事改革。可以看出，老奸巨猾的地方大员小心翼翼地回避了最核心的政治改革问题，甚至对戊戌变法时期人人畅言的"君主立宪"也只字未提，这个方案的主要目标是保住自己的官位，不去触怒慈禧。所以，新政只是重复了几年前慈禧痛加诋斥的戊戌变法中的一些内容，合并了一些闲散的衙门，设立了外务部代替总理衙门，建立了商部，建立了巡警，进行练兵。

光绪三十一年（1905年），日俄战争在中国东北爆发，对这场两个外部国家在第三国领土上进行战争的行为，清朝不但没有表示任何抗议，反倒宣布中立，使得东三省再次遭受战争涂炭。日俄战争以君主立宪小国日本一举战胜西方独裁大国而结束，引起举世瞩目。这个结果再次证明维新派向日本学习的合理性，甚至连《江楚会奏变法三折》起草人之一的实业家张謇都说："日本的胜利和俄国的失败是立宪主义的胜利和专制主义的失败。"梁启超等流亡日本的维新人士通过《新民丛报》等报纸大力宣传民族主义，反对专制，倡导建立君主立宪、进行渐进的政治改革，反对激烈的革命。但是，时代已经发生了巨大变化，人民不再在原地等候统治阶级的恩赐了。孙中山等革命人士通过《民报》与维新派论战，倡导推翻满族政权，建立共和政府。经过几次耻辱的失败，人民的选择变成了实行改革还是革命的问题。

迫于日益高涨的革命压力，清政府再次做出姿态，任命五人考察团出国考察立宪政体，为实行君主立宪做准备。慈禧的策略是，立宪需要长期的准备，这可以成功地将改革拖延到她的最后时日。光绪三十四年（1908年）十一月，光绪皇帝与慈禧太后先后离开人世，这项未竟的事业由醇亲王载沣摄政继续进行。

在各地代表的压力下，清政府于宣统三年（1911年）五月宣布了内阁名单：这个内阁的十三人中有五位是皇亲国戚，八位满族人与一位蒙古旗人，只有四位汉人。"皇族内阁"的出台，再次证明了《辛亥条约》以后启动的所谓"新政"，不过是清朝官

立宪派请愿代表合影。光绪二十七年（1901年）六月，立宪派发动第二次大规模请愿活动，要求清政府次年召开立宪会议，组织责任内阁。

僚集团欺骗和愚弄全国人民、保持独裁统治的把戏。从此，人民在维新和革命之间，做出了自己的选择。

慈禧太后的统治是具有象征意义的，对她个人的责难和仇恨是没有意义的。后宫或者内宦擅权干政，是中国传统政治体制中最为普遍的顽疾，也是许多王朝毁灭的原因。但是，中国古代政治体制一直没有找到解决这个问题的办法。王朝权力无限集中于最高统治者之手，使得皇帝的个人素质与行为习惯对整个国家产生巨大影响。国家制度在赋予最高统治者至高无上权力的同时，并没有制度来规范皇权的使用，也没有制度来更好地解决皇权的继承，以保证皇帝是最优化选择。道光皇帝晚年，清朝处于外部列强入侵、内部人民起义等内外交困的状态，朝廷急需一位能够担当大任、挽救王朝命运的人选担任皇帝。道光皇帝在皇六子奕䜣与皇四子奕詝之间犹豫不决。此时，两个皇子都竭力在父皇面前表现出最强的一面。在各种素质的比较中，奕䜣都较胜一筹。但是，奕詝的师傅杜受田对道光的心理深有揣测，他应用了"示弱"的策略，让奕詝在道光面前尽力掩饰能力的不足，只是一味装扮出悲哀、仁慈、对皇帝的健康深为关切的姿态。这种伪装出来的仁慈成功地击败了竞争对手，使得奕詝顺利地成为咸丰皇帝。也正是这位皇帝，使得清朝在太平天国和列强的打击下，江河日下。皇位继承制度中的缺陷是显而易见的，而对于接近权力中枢的人物疏于控制，更是专制极权制度的痼疾。近代，是民族国家互相争霸的时代，海洋已将原来相距万里老死不

维新与革命

相往来的世界连为一体，王朝不能再依靠自身的惯性而存在了。早在乾隆五十九年（1794年），英国派往中国的特使马戛尔尼勋爵在经历了觐见乾隆皇帝的种种曲折后，有过一个深刻而富有洞见的预言："中华帝国是一艘陈旧而古怪的一流战舰，在过去的一百五十年中，代代相继的能干而警觉的官员设法使它漂浮着，并凭借其庞大与外观而使四邻畏惧。但当一位才不敷用的人掌舵领航时，它便失去了纪律与安全。它可能不会立即沉没，它可能像残舸一样漂流旬日，然后在海岸上粉身碎骨，但却无法在其破旧的基础上重建起来。"

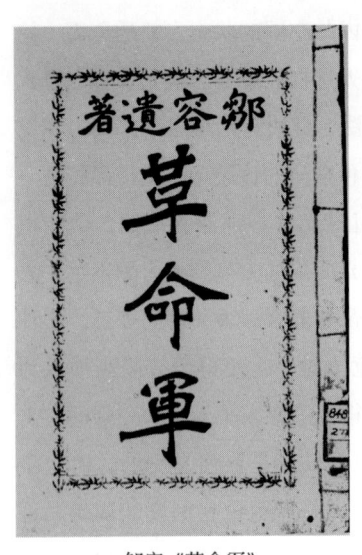

邹容《革命军》

辛亥革命。香港兴中会于光绪二十一年（1895年）组织的广州起义流产后，孙中山前往美国，继续在海外华人中宣传革命。光绪二十二年（1896年），孙中山抵达伦敦，但被清朝驻英国公使馆秘密诱捕，准备租轮船送回国受审。孙中山设法通过清洁工把此消息传递给外界。此事被《伦敦环球报》报道后，引起英国公众和政府的抗议，英国外交部迫使清公使馆释放了孙中山。这一事件，使得孙中山作为一个被清朝政府通缉的革命家在西方广为人知。孙中山此后在大英博物馆学习了九个月，系统地总结了革命的目标与思想，形成民族主义、民权主义与民生主义的三民主义思想。民族主义要求推翻满族统治，同时摆脱外国帝国主义的压迫；民权主义旨在实现人民的四大权利，即创制权、复决权、选举权与罢免权，要求政府应当将行政、立法、司法、监察与考试五大部门各自分立；民生主义则强调节制资本以克服资本主义贫富分化的弊病，并且应当平均地权作为保障民生的基础。这一目标，就是中国突破传统王朝模式、走向近代民族国家的总目标。

戊戌变法和《辛丑条约》引起的列强瓜分狂潮，使越来越多的仁人志士投入到革命事业中来，海外革命组织也在蓬勃发展，日本留学生创办《国民报》和《二十世纪之支那》宣传革命，另一些年轻学生则回国创办《苏报》等报刊，刊载邹容撰写的《革命军》等文章，唤醒了众多年轻人投身革命。光绪三十一年（1905年）八月，孙中山在日本与黄兴、宋教仁等革命同志成立同盟会，以"驱除鞑虏，恢复中华，创立民国，平均地权"为宗旨，并创办《民报》作为机关报，开始领导新的革命斗争。

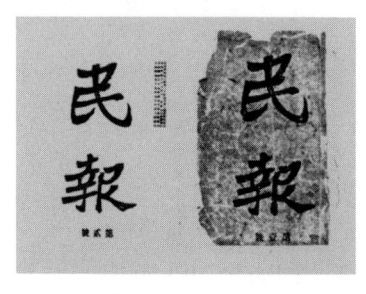

同盟会机关报——《民报》

甲午战争后，铁路的修建在各地迅速发展起来，由北京至汉口的京汉线、上海至南京的沪陵线都开建修通。湖广总督张之洞在光绪三十一年收购了广州至汉口的粤汉线的路权，允许各省绅商自行筹款建设通往各省的连接线。四川士绅筹资开建川汉铁路，并开始通过发行铁路股票以及向银行贷款来筹集资金。宣统三年（1911年）五月九日，清政府宣布将粤汉铁路、川汉铁路收归国有，由清政府任命的督办铁路大臣盛宣怀负责与四国银行签订年息五厘的四十年贷款协议进行经营。由于四川绅商在铁路上投入了巨大资金，所以立即组建保路会来保卫四川各界的利益，联络各省咨议局代表，并派代表团前往北京请愿，要求惩办盛宣怀出卖人民权益给外国的行径。八月二十四日，上万名四川民众在成都发起集会，宣布停止纳税，发动罢学、罢市。民众供奉着光绪皇帝的灵位，开始维权运动。清政府得知消息，严令新任四川总督赵尔丰进行弹压。九月七日，赵尔丰逮捕保路会领导人，民众前往总督府请愿，素有"屠户"之称的赵尔丰竟然下令开枪，酿成三十二人死亡的"成都惨案"。赵尔丰的暴行激起了全川人民的怒火，四川各地保路会同志军迅速联络调集起来二十万之众包围了成都。九月二十五日，同盟会会员吴玉章、王天杰等人在

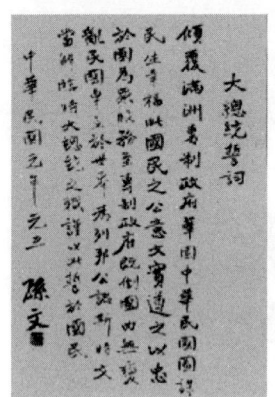

孙中山就任中华民国临时大总统时宣读的誓词

四川荣县宣布独立，建立起第一个县级革命政权。十月十日，武昌新军中的革命党员趁部分新军调往四川支援赵尔丰的机会，发动起义。工程营、炮兵营首先攻占总督府，很快控制全城。十月十二日，武汉三镇全部被占领。至十二月，上海、南京都被革命党人攻陷。十二月二十九日，孙中山被全票选举为中华民国临时大总统，并以1912年1月1日为共和纪元的开端。

面对全国起义和通电独立的浪潮，清政府在垂死挣扎中重新任命此前被撤职的袁世凯出任总理大臣。袁世凯此时掌握着北洋新军。为了减少国内战争给人民带来的损害，南京中华民国临时政府决定与袁世凯谈判，在接受废除帝制、拥护共和、建立内阁等革命事业目标的条件下，孙中山决定顾全大局，推举袁世凯为中华民国临时大总统。袁世凯充分利用清皇室退位这张牌与民国政府谈判的目的已经达到，他与清皇室达成优待协议，清帝正式宣布退位。1912年2月12日，由隆裕太后颁行退位诏书，宣称："前因民军起事，各省响应，九夏沸腾……今全国人民心理多倾向共和，……人心所向，天命可知。……是用外观大势，内审舆情，特率皇帝将统治权公诸全国，定为共和立宪国体。……总期人民安堵，海宇乂安，仍合满、汉、蒙、回、藏五族完全领土为一大中华民国。予与皇帝得以退处宽闲，优游岁月，长受国民之优礼，亲见郅治之告成。岂不懿欤！"

这份退位诏书，标志着统治中国二百六十八年的清王朝正式退出历史舞台，也标志着中国历史上最后一个专制王朝的终结。

辛亥革命虽然是由一场保路运动引起的具有相当偶然性的革命运动，但是革命力量在此期间的种种不周和措手不及给中外人士都留下了深刻印象。这场始料未及的革命一举推翻了大清王朝，将中国社会的发展方向转向了民主、共和，这也反映了辛亥革命代表了中国社会各阶层最广泛的人民愿望。尽管这条道路注定充满曲折，但是革命成了中国社会发展的动力，获得了空前的支持和响应。

在马戛尔尼预言一百二十年后，清朝这艘老旧的大船终于粉身碎骨了。不过它不是被海上的风浪所撞击而沉没的，而是被人民从内部给推翻的。鸦片战争以来，清朝的统治集团面对一次次外来的严峻挑战，从未形成过同仇敌忾、奋发图强的共识，如日本明治维新那样，使自强自救成为全体国民的共识。清朝的统治阶层总体上处于为了保住官位和自身利益而不惜牺牲国家利益，并不择手段的集体共谋中，而使得少数富有远见且心怀天下的仁人志士寸步难行。上层统治集团的这种惰性，只能由底层民众燃起的熊熊烈火来摧毁。马戛尔尼的远见在于，他预见到了中国终将处于一个近代民族国家的体系中，自上而下的变革如果不能发生，那自下而上的民族主义就会将其完全淹没。中国这艘大船不可能在原地重建。清朝的结束，共和与民主成为中国人民继续追求的目标，也是中国这艘大船新的航程。

帝制的终结

清帝退位诏书

1912年2月12日,紫禁城从睡梦中醒来。这是一个平凡的日子,但对两千多年帝制统治的中国来说,却是一个不平凡的日子;对统治中国二百六十八年的清皇室来说,更是一个不平凡的日子。这一天,隆裕太后带着年仅六岁的小皇帝宣统,连续发布三道诏书,宣布清帝退位。

诏书宣布:清廷同意袁世凯与南方政府达成的清帝退位条件,劝诫人民保持冷静,维持秩序,不信谣言,听从皇帝旨意,接受新政府;同意放弃皇位,赞同中华民国政府,命内阁总理大臣袁世凯全权组建中华民国临时政府,以接替现在的中华民国南京临时政府。

清政府外务部同时也向各国驻华公使馆发出照会,宣布皇帝旨意，期待列强承认中华民国政治体制合乎宪法，强调清室已顺从民意，自动退位，并已按照人民意愿选择、确认了合法继任者。

大清皇帝的权力黯然从广袤的国土退回到了紫禁城一隅。这不是数千年来一个王朝替代另一个王朝的轮回，也不是政治权力一家一姓的又一次转换。这是中国历史上从未有过的大变化。一个全新的共和国家出乎意料地悄然而生！

由盛而衰的悲歌。一切都显得那么平静！

清廷很平静，没有做绝地反击、鱼死网破、玉石俱焚的抵抗。

隆裕太后很平静，退位诏书充满着理性色彩，体现出皇室应有的政治责任和尊严。朝廷的最后期待就是臣民们顺应天意，放弃反抗，归顺新的国体和政体，冷静面对历史的大变局。

中国最大的商业中心上海发来的电报语气轻松，宣告上海市民普遍接受了清王朝终结、民国建立的事实。各国使馆不过履行一下外交使节名称变更的手续而已。习惯了帝制统治的人民也显得很平静，依旧打理着每天的生活，没有因失去习惯了的天子而捶胸顿足。

政治家们似乎也很平静，他们继续给清廷提供优厚的待遇，让他们享受着皇室应有的尊严。

一切似乎都在预料之中，人人都在称赞袁世凯的睿智、远见和政治家的风度，期待着共和的美好未来。

清帝退位后，仍然保留着优厚的待遇。这是中国人的创造，是过去改朝换代从来没有出现过的结局。旧的王朝退出了实体统治，但新政府并没有完全抹杀旧王朝的历史，而是给予适度尊重、礼遇。旧王朝的统治者除了少数极端势力外，大多数人比较坦然地接受了清帝退位的事实。

为袁世凯处理文稿的汪荣宝在当天的日记中无限感慨地写道，从此统治权将还付国民，合满、汉、蒙、藏、回五大民族为一大中华民国，开千古未有之局，这是全国志士辛苦奔走之功，更是隆裕太后"尊重人道，以天下让之"的结果。隆裕太后是"至德"之人，国民对她应当"感念于无极矣"。

清廷顾虑退位带来的全国性动荡是多余的，清室的退位，无论世界还是中国，确实都很平静。次日，英国《泰晤士报》的首席记者莫理循发自北京的报道说："北京很安静。清帝退位诏书已经被人民普遍接受。除了贴在各个路口，宣告国体改变，命令保守秩序，警告扰乱和平将处死刑的措辞严厉的告示外，一切如常。"

清室的退位当然不是统治者理性思考的结果，而是日薄西山，大势已去。但一个自秦始皇以来就延续的国体与政体，一个立国近三百年的王朝，就这样轰然坍塌、戛然而止，这样的崩溃发人深省。让我们再次走近它，去探究这平静后面的悲歌。

这是一个有着辉煌历史的王朝。它崛起于白山黑水之间，迅速发展，一统中原。这个庞大帝国虽依满族而兴起，但入关以后很快就调整了其军事征伐政策，积极吸收中原文化，继承历代先贤之智慧，励精图治，在政治、经济、社会、文化上创造出为人津津乐道的康乾盛世，最终奠定了统一多民族国家的版图格局，为中华民族的最终形成做出了杰出贡献。

中国社会科学院历史研究所所长 卜宪群

统一是中国历史的潮流，但是历代的统一都没有达到清王朝这样的高度。中国作为一个统一多民族国家的世界大国应当说是在清初，即康雍乾时期奠定的。辽阔疆域的形成对我们中华民族的影响是非常深远的，以汉族为主体的各民族之间的交流和融合也达到了前所未有的程度。康雍乾时期，经济得到了进一步的恢复与发展，荒地的开垦、人口的增加、新的经济作物的生产，都达到了一个新的高度。

城市的繁荣、人口的增长、耕地的扩大、农业和手工业技术的进步、海外贸易的出超，铸就了康乾盛世的物质基础。据经济史家麦迪森（Angus Maddison）《世界经济千年史》测算，鸦片战争爆发前二十年，即1820年前后嘉庆、道光年间，中国的总产出，即今天所说的GDP，在世界经济构成中仍占32.9%。领先欧洲核心十二国，即英、法、德、意、奥、比、荷、瑞士、瑞典、挪威、丹麦、芬兰的产出总和（约占世界经济的12%），更遥遥领先于美国（1.8%）、日本（3.0%）。

文化也在这个基础上繁荣起来。具有资本主义生产关系某些特征的生产方式在江南部分行业中隐约地出现。西方的科技伴随着传教士的到来渐渐引起了统治者的好奇。尽管自给自足的自然经济仍然占着主导地位，但经过两千多年的发展与积累，勤劳的中华民族在17—18世纪前期的百年时间里，塑造了一个举世瞩目的东方大国形象。

这个大国输出着贸易，也输出着文明的价值观。同时代的德国哲学家莱布尼茨感慨地说："中国是一个大国，它在版图上不次于文明的欧洲，并且在人数上和国家的治理上远胜于文明的欧洲。""我们从前谁也不信在这个世界上还有比我们伦理更完善的立身处事之道、更进步的民族存在，现在从东方的中国，竟使我们觉醒了。"稍后的启蒙思想家孟德斯鸠也由衷地感叹："那个幅员广漠的中华帝国的政体是可称赞的，它的政体的原则是畏惧、荣誉和品德兼而有之。"伟大的启蒙思想家伏尔泰更是惊呼："人类肯定想象不出一个比这（指中国）更好的政府！"

启蒙思想家对中国的赞美当然是真诚的，但他们的目的，只是在为本国新兴的资产阶级摆脱封建专制桎梏呐喊。他们对中国的理解更多的也只是文化和表象上的东西，是借助中国的传统文化来抒发自己的胸襟。但令人感到嘲讽的是，这个备受他们赞美的东方大国，不久的将来就沦为西方列强凌辱的对象。盛衰转变之速，令人瞠目。

与中国历史上曾经的文景盛世、汉武盛世、贞观盛世不同，17世纪兴起的康乾盛世所面对的局势，已经与中国传统的任何一个王朝相异其趣。虽然清王朝最终较好地解决了周边民族问题，也与历史上其他入主中原的王朝一样最终接受了中原文化，但她面对的却是一个全球史到来的时代。无论清王朝如何规避这个世界，蓬勃发展的资本主义为扩张市场和掠夺资源的需要，都会无情地把这艘古老的航船推进波涛汹涌的无边海洋。

中国传统文化虽然具有很强的融合外来文化的能力，中华传统文化中也确有不少外来文化的因素，但她的核心价值观具有自己的独特性。独特的历史文化传统、独特的地理环境，使中华文化与外来文化仍然具有较强的异质性。从根本上说，中国封建社会晚期资本主义的因素始终没有发展起来，中西方文化根本不是建立在共同的经济基础之上。所以，当西方资本主义突然来临时，坚守古老传统的清王朝上上下下无疑会将其视为一个怪物。

"祖宗家法"不可变。历史并不是没有给清王朝机会，清王朝统治者也不是没有试图做过种种努力。接替乾隆帝的是他的儿子嘉庆帝。嘉庆帝在乾隆帝登基六十年的时候就接班并改元，尊乾隆帝为太上皇。在太上皇还健在的时候，嘉庆帝虽没有掌控多少权力，但他已深刻理解了大清帝国的内在困境。因此，当乾隆帝一死，嘉庆帝一方面将前朝权臣贪官和珅处死；另一方面为安抚满朝文武，宣布只要忠于今上，便可以既往不咎。那时，嘉庆帝已有意调整政策，重开新局。

不过，中国的政治精英们已经陶醉在经济的富足之中。他们简单地认为，白银大规模流入中国，意味着中国的富强和吸引力，是天朝大国无所不有的象征。他们只看到中国在与西方的贸易中获得的好处，却不愿敞开自己的大门。更为荒唐的是，他们竟然为了自己的颜面、尊严而放弃了贸易谈判。

乾隆五十八年（1793年），英国使臣马戛尔尼的使团来到中国，他们代表英国政府希望与中国建立新型的国家关系，让失衡的中英贸易趋于平衡，方法就是打开国门，开放贸易，让更多的中国人购买西方的商品。

今天看来，这并不是一个非常复杂或难以理解的事情，但在当时，却颇令不少中国人费解。因为我们的东西好，所以你们愿意买；至于中国不能购买更多的西方产品，是因为中国人不需要、中国人节俭。然而，使团与清廷纠结的是觐见乾隆皇帝的礼仪问题，虽然最终乾隆在热河接见了使团，但断然拒绝了他们提出的签订通商条约的要求，中西贸易的失衡问题没有解决。

中国社会科学院历史研究所所长 卜宪群

由于清王朝自认为是天朝大国，无所不有，不需要跟外界进行贸易往来。马戛尔尼使团这次和清王朝之间关于通商问题交流的失败，使中国失去了一次与世界进行经济和文化交流的机会。马戛尔尼使团虽然没有达到和清王朝通商贸易的目的，但是他沿途搜集了大量关于清王朝政治经济、社会文化等各方面的情报。他回去后，把这些情报带到了西方，使西方对清王朝有了进一步的了解。

嘉庆二十一年（1816年），英王乔治三世再次派出以阿美士德为正使的外交使团出使中国，试图接续二十多年前马戛尔尼的未尽使命。尽管距离乾隆皇帝接见马戛尔尼使团已经过去了二十多年，嘉庆皇帝依然记得上次觐见时的种种不快和程序。他只想按照老皇帝的惯例来安排这个再次不期而至的远夷使团，对正在欧洲各国兴起的远洋贸易、殖民活动却一无所知。

历史当然不能假设，但历史的经验可以总结。

嘉庆在位的时候，世界工业革命才刚刚兴起，凭借康乾以来积累的实力，如果适时改革，踏准世界工业革命的节奏，不仅中国的历史、大清的历史要改写，世界近三百年的历史也肯定不一样。

一切伟大的变革都起源于对历史与现实的反思。嘉庆固然有革新的企图，但其思维还是历代王朝"中兴"的套路，与近代化的模式大相径庭。历史的惯性在于，一个王朝建立了，祖宗家法也就出现了，任何试图改变祖宗家法的改革，都很难得逞。祖宗家法是不可轻易改变的，专制下的朝政更是不可随意批评议论。嘉庆五年（1800年），当翰林院编修洪亮吉上书言事，痛陈数十年来之弊政时，立刻就逆了龙鳞，被流放到新疆。建言者犯忌，刚刚出现的改革新气象瞬间即逝。前前后后，中国错失了近二百年的历史机遇期。如果要追寻1912年清王朝终结的深层原因，目光至少要上溯到这个时期。

就近代国家交往的一般原则而言，单向的优惠固然不合时宜，双向的互惠并非都是伤害主权，一切都是可以谈的。清政府无论出于什么样的想法和目的，其闭关锁国的方法是不足取的。但从根本上来说，那个时代的中国还没有出现代表先进生产力的资产阶级，更没有其政治上的代言人。中西对话的不和谐是可想而知的。

西方的资本主义正在疯狂地增长，资本的原始积累刺激着资本家及其政府的贪婪欲望，炮舰加掠夺的血腥利润获得方式，刺激着商人们把目光伸向世界的每一个角落。自马可·波罗以来就被描述成富庶繁荣的东方，更是他们垂涎欲滴的对象。而古老的中国，在闭关锁国、孤芳自赏的夕阳下，根本没有意识到黑暗即将降临。

失去了走向世界的机遇,将自己封闭起来,并不等于安然无恙,这是清王朝不同于中国历史上其他王朝的显著时代特征。十九世纪二三十年代,也就是嘉庆、道光时期,中国的危机开始加深。为摆脱贸易的不平衡,西方列强开始了罪恶的鸦片贸易。转瞬间,贸易的顺差变成了逆差,白银外流越来越多,越来越快。中原已无可用之兵,国库更无可用之饷。不平衡造成的矛盾和冲突,最终需要武力来解决了。

任何腐朽的时代,都有睁着眼睛清醒的人。道光十九年(1839年)暮春,细雨蒙蒙,繁花盛开,在中国社会即将发生重大转变的前夕,后来被称为"中国的但丁"的著名学者、诗人龚自珍辞官寂然南归。他看到过、享受过盛世的繁华,归途所见,却使他更深切地预感到中国社会已病入膏肓,不可救药。颓风日盛,江河日下,"四海变秋气,一室难为春"。世界中心可能已经转移,大清王朝的残山剩水已经"日之将西,悲风骤至",等待大清、等待中国的,可能是一种并不美妙的结局。旧时代不可挽回,中国必须"走出中世纪"。但龚自珍对中国怎样才能走出中世纪并没有知识储备,他还不可能知道西方资本主义的真正意义,他只是内心预感到中国应该尽早变法。

龚自珍认为:"一祖之法无不敝,千夫之议无不靡。与其赠来者以劲改革,孰若自改革?"意思是说,祖宗之法是有弊端的,与其让外力来改革，不如自己先起来改革，至少这样还可以保全自身吧？他看到了危机，看到了新奇，但是，他同样不可能认识到如何来改革，如何面对这突如其来的西方世界。"何敢自矜医国手，药方只贩古时丹"，正说明他内心的苦闷与彷徨。

在龚自珍生活的时代，大清政治体制已经严重僵化，高度的专制与集权，使皇权比历史上任何时期都缺乏监督。贪婪奢靡的腐败之风已经吹遍了官僚阶层的上上下下。思想的禁锢与落后的经济意识，塑造了清王朝冷酷呆板的性格与面孔。这个未老先衰的王朝步履蹒跚，没有巨大力量的冲击，显然已无力改革。这位曾发出"我劝天公重抖擞，不拘一格降人才"的中国改良主义先驱于道光二十一年（1841年）秋天突然辞世。

事局如故。错过了自我革新，错过了与时俱进，也错过了与世界同步的机会。道光二十年（1840年），中国与英国爆发了一场战争。这场战争在中国因其内涵被命名为"鸦片战争"；而在英国，则因其诉求被命名为"通商战争"。双方的命名各有其理由，中国在诉说自己的委屈，英国则在强调自己的目的。

鸦片战争之后，中国紧闭着的大门被迫打开，五口通商让外国物品比较顺畅地进入中国。这极大地冲击着中国的自然经济，但也为中国社会经济结构的调整、为新的生产方式的发生提供了极为恰当的机会。先前肆虐中国的"倭寇"随着五口通商不剿而灭，合法贸易渐渐成为中外贸易的主导，海关收入在清王朝财政收入中的比重渐趋增加。一个新的经济形态呼之欲出，中国缓慢步入近代资本主义发展道路似乎又有了新的转机。

大门虽然是被迫打开的，但如果清王朝能够痛定思痛，及时抓住这个历史赋予的被动机遇，迎难而上，君臣同心，上下同心，励精图治，仍然可以有一番作为，也还有希望避免日后更为悲惨的命运。

道光二十一年（1841年）七月，力主抵抗的林则徐被清政府视为"肇事者"发配伊犁。途经镇江时，他与老友魏源一聚。回顾往事，林则徐、魏源感慨万千；遥望漫漫前途，林则徐大约不敢奢望还有机会重返中原。临别时，林则徐将尚未完成的《四洲志》托付给魏源，希望魏源修订、充实，并尽快出版，以开拓国人的世界视野。

遵照老友的嘱托，魏源将《四洲志》扩编为《海国图志》，并于两年后在扬州初刻五十卷本。

《海国图志》是中国人用主权、鲜血和生命换回来的经验教训。这部书详细介绍了世界各国的历史、地理、资源、行政、社会、教育等，其编辑主旨就是打开国人眼界，让国人能"睁眼看世界"，激励国人"师夷之长技以制夷"。

没有一个强大的民族和国家不是在学习中成长的，赵武灵王

"胡服骑射"造就了一代枭雄。"师夷长技以制夷",是一个伟大的进步思想,是傲慢的中央帝国在被征服后的最佳选择,也是最后的选择。中国被打败了,不是想翻盘吗?可以,但是首先要放下身段,俯首来了解那些曾经被藐视为"夷"人的情况。知己知彼,百战不殆,本来就是中国圣贤的教诲。魏源按着这样的思路往下走,顺理成章,无可挑剔。清王朝按照这个方向往下走,路虽艰难,但仍可见一线光明。

然而,"天朝大国"的惰性实在太强大了,失败很快就成为被忘却的过去,醒来的雄狮似乎打了个哈欠又睡着了。中国辜负了林则徐、魏源的一片苦心,历史再次停滞了。左宗棠在为《海国图志》作序时愤然写道:"书成,魏子殁,廿余载,事局如故。"

"事局如故"是说这二十多年根本没有什么变化。林则徐、魏源的心声根本无人理会。令人感叹的是,《海国图志》在中国没有产生很大的影响,但却在日本掀起了很大的波澜。不少日本知识界的人都读过这本书,这本书启发了他们以近代的眼光来审视西方,规划日本的未来。

被动的改变。历史走到了19世纪后半期。中国又生生错过了二十年的改革机遇,这在很大程度上说明,清王朝的政治架构已经很难容纳新的社会生产力。生产关系成了生产力发生、发展的严重障碍。

最后的覆亡当然不只是外来敌人这唯一的因素。同治六年六月二十日（1867年7月21日）的傍晚，清廷重臣曾国藩与其最为赏识的机要幕僚赵烈文有一段对话，在这段对话中，对天下大事有着极为精准判断的赵烈文认为，清朝一系列的历史问题没有解决，这些问题到了关键时刻必将像梦魇一样缠绕着满洲人。这些历史问题就是"诛戮太重"。嘉定十日、扬州三屠，诸如此类，满洲人都没有及时给予合理解释。赵烈文预见了大清最后十几年种族主义必然崛起，大清欲学晋宋南渡皆无可能。满汉双轨既是清朝统治稳定的关键，又是大清王朝的命门，是一把双刃剑。他预言，清王朝的覆灭超过不了五十年。

赵烈文是在目睹着清王朝"同治中兴"的曙光中说出这段话的。赵烈文一语成谶，不到五十年，大清王朝就成了历史的陈迹。

大门既然被列强洞开，尊严就无从谈起，宰割便成了寻常之事。五口通商让西方各国看到了中国市场的巨大潜力，他们普遍期待有机会扩大对华出口，扩大市场份额。根据《南京条约》及《中美望厦条约》十二年到期修约的规定，英、法、美三国在1854年、1856年两次向清政府提出修约。俄国在过去若干年也从中国获得了巨大的贸易好处，因而也加入了要求修约的阵营。

对于四国的修约要求，清政府并没有轻易答应。《南京条约》签订后，广东地方因五口通商将他们先前一口垄断的好处均分、稀释，因而长时期不履行条约规定，不让外国人进城居住。一些史书称之为"反入城斗争"。允许外国人在通商口岸居住是《南京条约》规定的权利，另外四个新开的口岸没有发生广州这样的事情，这自然就使外国人对广东地方当局长期不履行条约很不满意，一直期待寻找机会与清中央政府直接交涉，而咸丰六年（1856年）十月发生的"亚罗号事件"终于让他们找到了一个动武的理由。翌年，英、法两国集结近二十艘军舰、近六千人于珠江口登陆，占领广东。

咸丰八年（1858年），英法舰队在美俄两国支持下，北上袭击大沽口，兵临城下，武力胁迫之下，清政府派员与英法美俄四国分别签订《天津条约》，清政府同意扩大开放，增设通商口岸，修改关税税则，允许自由传教，允许外国人在内地旅游，允许外国兵船在通商口岸停泊。

从商定《天津条约》的内容到最后各国要求进京换约，中间充满曲折与冲突。似乎中国的皇帝最害怕的事情莫过于外夷踏进北京城或者见到他本人。各种贸易、司法权益都可以谈，就是皇帝本尊的面目不可示人。

中外冲突再度爆发。英、法两国集结百余艘战舰、两万五千人攻克天津，占领北京。又是兵临城下，咸丰皇帝仓皇出逃，只留下恭亲王奕䜣作为全权代表议和。咸丰十年（1860年）十月，钦差大臣奕䜣在礼部大堂交换了《天津条约》，签订了《北京条约》。十一月，又签订了中俄《北京条约》。

帝制的终结

《北京条约》是《天津条约》的扩大，西方资本主义国家在中国攫取了更多的利益，破坏了中国领土与主权的完整，将古老的中华帝国进一步推进了半殖民地半封建化的灾难深渊。

丛林法则，弱肉强食。落后的中国在西方主导的规则下，被动地进入了世界，被动地接受着丛林法则的蹂躏。连续的教训，也在推动着它进行某种变革。《北京条约》意味着又一个时代的开始。根据《北京条约》，中国增加了通商口岸，特别是天津的开埠，对于后世中国来说具有不可低估的意义，北部中国从此面貌大变，并且深刻影响了中国的政治中心——北京。近代国际关系新体系，使中国开始与各国互派公使，中国为此专门设立了总理各国事务衙门，负责处理与各国的往来事务。这是中国历史的重大转变。

《北京条约》被动地化解了中国与西方列强二十年来的冲突。知耻而后勇，在被英法联军打败后，清王朝内部反而出现了诚心诚意向西方学习的现象。

清帝国在两宫皇太后、恭亲王奕䜣的领导下，以及"中兴大臣"曾国藩、左宗棠、胡林翼、李鸿章等人的努力下，终于平定了洪秀全太平天国运动，侥幸地解决了困扰大清王朝十余年的心腹之患。中国与外部世界的关系，也在这一过程中获得改善，一场以学习西方为标志的洋务运动正在逐步展开，"同治中兴"的欢呼声充斥朝野。

清政府如果沿着这条道路走下去，也可能就不会发生赵烈文的悲观预计，半个世纪之后的清王朝可能会以全新的面貌屹立在世界东方。

然而,清政府没有在学习西方的道路上坚定不移地走下去,而是半信半疑,中体西用,用了几十年的时间,到头来发现学习西方的结果,差不多就是一系列半吊子工程:中国拥有一支亚洲最强的现代化海军,但是缺少近代的海权意识;中国拥有一大批近代企业,诸如福州船政局、轮船招商局、制造局、电报局、开平矿务局等,但没有产生自己的资产阶级。掌管这批近代大型企业的人,差不多都是"红顶商人",因而这些企业虽然在基本装备上非常现代化,但管理它们的却是旧式衙门。

落后的政治体制,旧传统背景下不可克服的腐败,让清政府陷入无法自救的恶性循环中,腐败、贪污、惊人的浪费,是晚清官场的常态,清政府找不到重建新秩序的契机,经济上的"同光中兴"并没有给中国带来一个新的时代,中国没有利用这个千载难逢的历史机遇加入与世界同步发展的轨道,更没有踏上世界资本主义发展的节拍。

没有什么比思想的束缚更能阻碍传统的突破。旧的观念严重禁锢了中国人,扼杀了人才,窒碍了创新。中国在收获"同光中兴"经济成功时,没有适时实现社会转型,没有培养出自己的社会中坚阶级,这是最为可惜的一件事。它为后来的历史突变,为大清帝国的瓦解,埋下了一颗最具生命力的种子。

帝制的终结 | 461

难挽倾覆之势的觉醒。没有冷静的头脑就不可能有冷静的智慧。光绪二十年（1894年），朝鲜问题凸显，中日之战一触即发。中国究竟应该怎样应对东北亚危机？假如中日不幸开战，中国究竟应该如何应对？后来的中国人知道在战略上要蔑视敌人，在战术上要重视敌人，但1894年的中国人，被"同光中兴"热昏了头脑，在战略、战术两个层面均不将日本当回事。著名诗人易顺鼎在甲午年（1894年）七月上了一份《陈治倭要义疏》，其中一段这样说："日本鼠也，非虎也。言其饷，则借债；言其船，则木质；言其兵，则市人；言其技，则浅学；言其国势，则中干；言其人心，则内乱；言其土地、人民、赋税，则不过敌中国一二省。中国之财力，胜十日本而有余，岂制一日本而不足？"

易顺鼎是一位天才诗人，究竟是什么遮蔽了他的双眼？即便在甲午战争过去两个甲子的今天，仍值得我们深思。

唯一看到问题症结的是孙中山。孙中山与易顺鼎年龄相仿，但其见解却大相径庭。孙中山认为，不应该被所谓"同光中兴"所迷惑，真实的情形是："中国积弱，非一日矣。上则因循苟且，粉饰虚张；下则蒙昧无知，鲜能远虑。近之辱国丧师，剪藩压境，堂堂华夏不齿于邻邦，文物冠裳被轻于异族。"

表面的风光掩饰不住内在的空虚，扪心自问，有志之士，能不抚膺？问题究竟在哪里？孙中山的答案是："夫以四百兆苍生之众，数万里土地之饶，固可发奋为雄，无敌于天下。乃以庸奴误国，荼毒苍生，一蹶不振，如斯之极！"说到底，只有一句话，就是满洲人建立的清王朝，从一开始就潜藏着巨大的问题，这一看法不正与二十年前赵烈文的分析相吻合吗？

谁也没有想到，孙中山一个人的觉醒，点燃了焚毁清王朝的星星之火，而这颗火星是那么顽强，那么富有生命力。他一个人的觉醒，变成了一个民族的觉醒、一个国家的觉醒。这是时代的必然，这是历史的逻辑，这是中国人民在经历了一系列挫折之后的自觉自醒。但是，大清帝国的终结，在孙中山醒来的时候，基本上已经注定。

清王朝先天不足或许是真的，但是清王朝如知错能改，急起直追，踏踏实实地进行改革，诚心诚意地学习东、西洋，追求富强，浴火重生，并不是没有机会，帝国体制并不必然成为历史陈迹。

甲午战争再次给了国人重重一拳。甲午战争，特别是黄海海战、威海保卫战之后，精神受到强烈刺激的莫过于严复。作为福州船政学堂的第一届毕业生，作为第一批前往英国海军学校学习的留学生，作为北洋水师学堂二十年的教习、总教习，那些在海战中牺牲的将士们，不是严复的同窗，就是严复的学生，由此，我们应该可以理解二十年浑浑噩噩的严教习，为什么在光绪二十一年（1895年）春天拍案而起，成为当时中国最愤怒的人。

严复没有将注意力放在追究战争的责任上，他虽然认为李鸿章的战略、战术都有问题，但他并没有停留在浅层次的埋怨、指责上，而是从中西文明大背景的角度来探究中国何以败，何以败得这样惨。

据严复分析，甲午之战非同寻常，这是中国自秦朝以来的大转折，是中国冥冥之中的"运会"，不可捉摸，无法言说。其结果之所以这样，主要应该归结于传统，归结于中西文明的根本不同。严复从多方面比较了中西文明的差别："中国最重三纲，而西人首明平等；中国亲亲，而西人尚贤；中国以孝治天下，而西人以公治天下；中国尊主，而西人隆民……"

严复的这些分析，或许并不那么严谨，但一百多年过去了，这些差别仍然值得我们深思。差别当然并不意味着优劣，但在一个凭借实力说话的丛林世界中，力量就是一切。

物竞天择，适者生存。落后就要挨打。落后不仅局限于政治、经济和军事方面，还包括观念与文化。这就是甲午之战留给中国人最深刻的教训。

历史还是给清王朝留下了一线生机。甲午战后，中国人有过一次非凡的觉醒，新的理论开始在中国传播，中国面对西方刺激所做出的反应，已经超越器物层面，开始向制度层面转型。

梁启超在《变法通议》中说，前此三十余年洋务新政"之言变者，非真能变也。即吾向者所谓补苴罅漏，弥缝蚁穴，漂摇一至，同归死亡。而于去陈用新、改弦更张之道，未始有合也"。在梁启超等人看来，中国只有彻底放弃旧有的一切，涤荡旧俗，冲决网罗，重建新的制度与统治模式，才有可能报仇雪耻、重振雄威。谭嗣同在《仁学自序》中说："窃揣历劫之下，度尽诸苦厄，或更语以今日此土之愚之弱之贫之一切苦，将笑为诳语而不复信,则何可不千一述之,为流涕哀号,强聒不舍,以速其冲决网罗,留作券剂耶?"

遗憾的是,路走得太艰难了。王朝的执政者,总以为时间还多,不在乎一朝一夕,殊不知,工业化时代在时间上根本输不起。

维新失败,民族主义崛起,亚洲觉醒,清王朝的政治改革重新起步,力度之大,意志之坚定,都超出人们的预料。当慈禧太后、光绪皇帝兴冲冲地在1906年宣布政治改革启动时,革命党

1907年12月19日《中外日报》刊登的一幅揭露清政府出卖铁路主权的宣传画。四川保路运动是辛亥革命爆发的导火索。梁启超在回顾这段惊心动魄的剧变时说:"我国辛亥革命之役。以区区四川一隅铁路国有之争议,遂乃覆前清三百年之社稷,以变国体为共和。宁非绝可怪骇之象?而治国闻察世变之士,必能知前乎此者,并乎此者,有极深远、极复杂之因果关系。"对革命前夜深刻的社会演化逻辑给予了清晰的揭示和概括。

民国政治舞台上的重要人物

经过十年挫折，已经对清政府的改革毫无兴趣。回望 1905 年革命派与改良派的大论战，就可以清晰地看到历史留给大清王朝制定政治改革方案的时间已经不够了，政治改革已经不能引起知识精英的兴趣了，更不能变成中国人的共识。清王朝在最后的岁月试图高歌猛进，但这个高歌，只是为帝制中国唱响了一曲哀婉的悲歌！中国由此"猛进"至一个全新的共和时代，清王朝成为历史陈迹。

紫禁城的平静并不代表新的共和国的平静。共和与复辟、独裁与民主、战乱与腐败，仍旧像梦魇一般缠绕着古老而又新生的中国。历经苦难、饱受欺凌的中华民族在经历了辛亥革命这样的历史剧变后，并没有停止对救国之路的探寻。

推翻帝制后的中国并没有立即走上和平稳定、建设共和之国的阳关大道，相反却步入了前清旧军阀势力割据斗争的局面，共和国需要进行艰苦的整合。而一向为中国学习榜样的西方各国，却由于民族国家本身的缺陷而开始暴露出致命的危机。历史进入了20世纪，欧洲各国基本上都成了民族国家，而老牌的民族国家都已经存在了一个多世纪。民族国家的价值边界以及双重标准，必然导致国家之间弱肉强食的竞争关系。而双重标准并不能保证这个民族国家"俱乐部会员"之间的安全，随着殖民地瓜分殆尽以及革命风暴的风起云涌，"俱乐部会员"之间的强弱关系每时每刻都在改变，民族国家之间兵戎相见随之不可避免。各资本主义国家之间赤裸裸的丛林法则与早期资本主义内部对人民的残酷压榨，致使欧洲的革命思潮再次风起云涌。以批判资本主义生产关系、重构新型国家体制与国际关系为主要思想的马克思主义学说在欧亚大陆兴起并开始传播。中国早期民主革命的追随者，最先吸取了这种批判思潮，并进行了艰苦的学习、尝试，试图使中国摆脱早期帝国主义的丛林模式，走向一个以世界人民为主体的大整合时代，并终于在第一次世界大战之后，抓住了十月革命的历史性机遇，将马克思主义基本原理与中国实际相结合，为中国、为世界进行了一次伟大的尝试与探索。